AF667965

Φρίξος Κλάρας

Αλλοκοσμικό

Φρίξος Κλάρας

Ένα

Αλλοκοσμικό

περιδιάβασμα σε Θεϊκές Πράξεις και Διαβολικά Μέρη

Bibliografische Information der Deutschen Nationalbibliothek:

Die Deutsche Nationalbibliothek verzeichnet diese Publikation in der Deutschen Nationalbibliografie; detaillierte bibliografische Daten sind im Internet über http://portal.dnb.de abrufbar.

Dieses Werk ist ein Roman. Folglich sind alle Namen, Charaktere, Ortschaften, Institutionen und Ereignisse fiktional und ein Hirngespinst des Autors, der sie verdrehen, umwandeln, zerstückeln, zusammenfügen, oder anders beliebig bearbeiten darf, je nach Willen seiner Schizophrenie...

Infolgedessen, gehört das Urheberrecht des Textes und der Bilder offenbar dem Autoren. Deswegen ist jede Form der Vielfältigung, Abschrift, Fotokopie, Ablichtung, sowie auch die Ausstellung oder Präsentation mit allen Mitteln des Buchinhalts ohne schriftliche Genehmigung des Authors und/oder des Verlags untersagt.

Kontakt: fritz.karol@web.de

Illustration: *Alkistis* alkistis.karouli@gmail.com

Αυτό το έργο είναι ένα μυθιστόρημα. Συνεπώς όλα τα ονόματα, χαρακτήρες, τοποθεσίες, οργανισμοί και συμβάντα είναι απλά αποκυήματα της φαντασίας του συγγραφέα, ο οποίος, λογοτεχνική αδεία, μπορεί να τα διαστρεβλώσει,, μετουσιώσει, επεκτείνει, τεμαχίσει, συνθέσει, ή άλλως πως να τα επεξεργαστεί κατά τη βούληση της σψιζοφρένειάς του...

Απόρροια προφανής των ανωτέρω είναι ότι η πνευματική ιδιοκτησία του κειμένου και των εικόνων παραμένει ολοκληρωτικά στον συγγραφέα. Ως εκ τούτου, απαγορεύεται η ανατύπωση, αντιγραφή, φωτοτύπηση, φωτογράφηση ή οποιαδήποτε άλλη μέθοδος αναπαραγωγής, όπως επίσης και η έκθεση, παρουσίαση ή προβολή με οποιαδήποτε μέθοδο του περιεχομένου του βιβλίου αυτού χωρίς την έγγραφη άδεια του συγγραφέα και/ή του εκδότη.

Επικοινωνία: fritz.karol@web.de

Εικονογράφηση: *Alkistis* alkistis.karouli@gmail.com

ISBN 978-3-98527-127-6
Copyright (2021) Rediroma-Verlag
Alle Rechte beim Autor
www.rediroma-verlag.de
8,95 Euro (D)

ΠΕΡΙΕΧΟΜΕΝΑ

Εγώ δεν είμαι λογοτέχνης,
του λόγου μάστορας, λεξιπλάστης, δεξιοτέχνης.
Εγώ είμ' απλός παραμυθάς, ταξιδευτής της σκέψης,
της αφήγησης, της δράσης, της πλοκής ο υπηρέτης.
Την ψυχή σας δεν μπορώ ν' αποπλανέψω
με τεχνήματα όμορφα, ανάρια, πλουμιστά.
Μπορώ όμως το μυαλό σας να κουρσέψω,
σ' εκστρατείες μαγικές, σ' άλλα μέρη ελκυστικά.

Αφήστε με λοιπόν περιπαθώς να ιστορήσω
πιστοί και άπιστοι, θεούσες κι άθεοι
για μια Ψυχή που ψάχνει της Αλήθειας τον βωμό
σ' έναν Κόσμο άφαντο, αλλιώτικο, αόρατο κι αχνό
'κεί που λάμπει το σκοτάδι, 'κει που κρύβονται οι θεοί
κι οι ανθρώποι λεύτεροι περιδιαβαίνουν γελαστοί
τα πάθη τους, τα λάθη τους, τη Φύση τους σφιχτά
μαζί τους λάθρα θέλοντας να την κρατήσουν αγκαλιά...

ΜΕΡΟΣ 1: Το Ταξίδι

Ένα δυστύχημα αλλιώτικο απ' τα άλλα

Ο ήλιος με χτυπάει στα μάτια. Άει στον διάολο, με ξύπνησε!

Έπ! Μην βρίζεις! Μπορεί κάποτε πραγματικά να σε πάρει ο διάολος!

Εντάξει, ας είναι! Καλό είναι και το ξύπνημα, ώρα να σηκωθώ... Τι μέρα έχουμε;

Δευτέρα, είναι Δευτέρα πρωί.

Και τότε γιατί δεν είμαι στη δουλειά;

Γιατί έχει κλείσει το γραφείο για λίγες μέρες, να γιατί! Ο χέστης το αφεντικό φοβάται, λέει, να μην του το σπάσουν οι μπαχαλάκηδες που ξεχύθηκαν στους δρόμους.

***

Ας πάρουμε όμως τα πράγματα απ' την αρχή. Ζω σε μιαν ευτυχισμένη χώρα! Ωραίο κλίμα, γαλάζιος ουρανός, εύφορα χώματα, απέραντη θάλασσα, έτοιμο φαγητό, δωρεάν Ίντερνετ και κινητά. Επιπλέον απολαμβάνουμε καλή οικονομία με άνετη διαβίωση, χωρίς καθόλου γυμναστική που είναι κουραστική. Χαιρόμαστε δηλαδή μια ζωή συνεχούς απόλαυσης και διασκέδασης, ακριβώς ό,τι χρειάζεται ο άνθρωπος για να είναι ευτυχισμένος...

Χμ, ακούγεται πολύ καλό για να 'ναι αληθινό! Η αλήθεια είναι ότι δουλεύουμε σαν γάιδαροι, απ' το πρωί μέχρι το βράδυ για να μπορούμε να απολαμβάνουμε όλα αυτά τα καλούδια. Όμως για δέκα ολόκληρες μέρες τον χρόνο, στις διακοπές μας δηλαδή, χαιρόμαστε τη θάλασσα και τον ήλιο που βλέπουμε στα ντοκιμαντέρ, τρώμε καλομαγειρεμένα φαγητά που μαγειρεύουμε μαζί με το Master Kitchen και διασκεδάζουμε ξεφαντώνοντας στο Φατσοτετράδιο ή κάνοντας τατουάζ και τρύπες πάνω μας!

Τον υπόλοιπο χρόνο ασχολούμαστε με την αγαπημένη μας δουλειά. Τρώμε ετοιματζίδικα για να μην χάνουμε χρόνο, δεν κοιτάμε ποτέ τον ουρανό για να μην αφαιρεθούμε, ούτε πηγαίνουμε βόλτες στην εξοχή για να μην κουραζόμαστε και πέφτει η απόδοσή μας. Δεν μας λείπει όμως η διασκέδαση! Την έχουμε εξασφαλισμένη με τις δωρεάν εντυπωσιακές, τεράστιες οθόνες που είναι θρονιασμένες σε όλα τα σαλόνια, παρέχοντάς μας το αίσθημα της θαλπωρής και της ασφάλειας όταν πλημμυρίζουν τον χώρο με την απαλή φωσφορίζουσα λάμψη τους. Με λαχτάρα τις ανοίγουμε όλες τις ώρες που είμαστε στο σπίτι για να απολαύσουμε την τυποποιημένη, δωρεάν προσφερόμενη διασκέδαση, ίδια για όλους, ώστε κανείς να μην διαμαρτυρηθεί ότι ο γείτονας διασκεδάζει καλύτερα. Αλλά ούτε καθ' οδόν μας λείπει! Παντού, σε όλους τους δημόσιους χώρους, στα καταστήματα, ακόμα και στα λεωφορεία υπάρχουν οθόνες για να παραμένουμε συνεχώς ενημερωμένοι για τα νέα υπέροχα προϊόντα που παράγονται με καταιγιστικό ρυθμό και κάνουν τη ζωή μας πιο άνετη κι ευχάριστη. Αναρωτιέται κανείς, πώς ζούσαν οι άνθρωποι τόσους αιώνες χωρίς όλα αυτά;

Όμως εγώ δεν είμαι και πολύ σίγουρος αν είμαστε ευτυχισμένοι. Η επαναστατική φύση μου, καθώς εγώ δεν είμαι σαν τους άλλους, μου ψιθυρίζει ότι μπορεί τα ΜΜΕ και οι διαφημίσεις με τους ευχαριστημένους, χαμογελαστούς ανθρώπους να μας λένε ότι έτσι είναι η ευτυχία, όμως εμένα με έχει αναστατώσει η ανακάλυψη του γεγονότος ότι κάποιοι αποκαλούν τα ΜΜΕ "Μέσα Μαζικής Εξαπάτησης". Αχάριστοι άνθρωποι θα είναι μάλλον αυτοί οι ποταποί αμφισβητησίες, αχάριστοι και τυφλοί, αφού δεν βλέπουν τα τόσα καλούδια γύρω μας που μας προσφέρει τόσο απλόχερα ο αγαπητός σε όλους μας Καπιταλισμός. Αρκεί βέβαια να έχει κανείς τα χρήματα για να τα αγοράσει. Όμως αυτό δεν είναι πρόβλημα, αφού όλοι μας δουλεύουμε από τις 6 το πρωί μέχρι τις 10 το βράδυ, οπότε τα λεφτά που βγάζουμε μας φτάνουν και μας περισσεύουν. Λένε μάλιστα ότι κάποιοι ανάβουν τα πούρα τους με χαρτονομίσματα, αλλά εγώ δεν το πιστεύω. Εγώ είμαι επαναστάτης, δεν τα χάβω όλα όσα ακούω!

Πού οφείλεται όμως όλη αυτή η ευδαιμονία; Στο εμπορικό δαιμόνιο και στην εργατικότητα του λαού μας φυσικά! Χάρις σε αυτά τα δυο στοιχεία, η χώρα μας έχει καταλάβει τη μερίδα του λέοντος στην παγκόσμια παραγωγή ζάχαρης και ζαχαρωδών προϊόντων, που είναι το εθνικό μας προϊόν! Ίσως να ακούγεται περίεργο, όμως η ζάχαρη είναι ένα προϊόν που δεν γνωρίζει και δεν θα γνωρίσει ποτέ κρίση, όσο οι άνθρωποι εξελίσσονται και επιδιώκουν την τελειότητα. Η ανθρώπινη γεύση θα αποζητά αιώνια όλο και πιο γλυκά τρόφιμα, τόσο γλυκά που να ξεπερνάνε και την ίδια τη Φύση, αφού μπανάνες, χουρμάδες, σύκα, ανανάδες και πεπόνια θεωρούνται πια γεύσεις ξεπερασμένες, γεύσεις ξινές για τα γούστα μας, τροφές κατάλληλες μόνο για εκείνα τα χοντρά κι αντιπαθητικά γουρούνια. Για τα ζώα λέμε...

Α, ναι! Η χώρα μου πρωτοστατεί στον εφοδιασμό όλου του πλανήτη με τη βασική αυτήν ουσία που ανεβάζει τη γαστριμαργική απόλαυση των καταναλωτών στα ουράνια, κι ας λένε κάποιοι κακόπιστοι ότι παράλληλα καταβαραθρώνει την υγεία. Σιγά τώρα, στις λεπτομέρειες θα κολλήσουμε; Μην ακούτε τι λένε στη θεωρία! Στην πράξη, ποιόν ενδιαφέρει η υγεία των άλλων, όταν εμείς μπορούμε να κερδίσουμε λεφτά; Ας ασχοληθούν οι άλλοι με την υγεία τους!...

Απ' τα απέραντα χωράφια με τα ζαχαροκάλαμα και τα ζαχαρότευτλα, η σοδειά μας πηγαίνει σε ένα πλήθος από εργοστάσια που έχουν χτιστεί σε όλη την επικράτεια. Χιλιάδες τόνοι ζάχαρης για όλες τις χρήσεις παράγονται νυχθημερόν, για να μετατραπούν στη συνέχεια σε τσίχλες, γλειφιτζούρια, βιομηχανικά γλυκαντικά για τα διάφορα τρόφιμα, ζελεδάκια, ενισχυτές γεύσης, χρωστικές και φυσικά στα δύο προϊόντα που αποτελούν το βαρύ πυροβολικό μας: τις διάσημες καραμέλες μας, που εξάγονται στα πέρατα του Κόσμου και -κυρίως!- το φημισμένο μας καραμελόζουμο που, συσκευασμένο σε κουτάκια με το κατοχυρωμένο λογότυπο *"Κόκκινο Βόδι - RedOx"*, έχει γίνει το νούμερο ένα ποτό σε ολόκληρο τον Πλανήτη, παρέχοντας ηδονή και δύναμη σε εκατομμύρια φανατικούς καταναλωτές του! Δεν νοείται στην εποχή μας σύγχρονος πολίτης που να μην κυκλοφορεί στον δρόμο με ένα κουτάκι RedOx στο ένα χέρι και το κινητό στο άλλο. Οι πιο cool βάζουν στο στόμα τους και μια καραμέλα!

Το μυστικό μας; Δεν είναι καν μυστικό! Είναι γνωστό ότι την ιδιαίτερη γεύση της ζάχαρής μας την χρωστάμε στα χώματα της υπαίθρου μας που είναι μοναδικά!

Βέβαια πάλι οι κακές γλώσσες υποστηρίζουν ότι η αιτία για την ιδιαίτερα πικάντικη γεύση της ζάχαρής μας είναι η μανία που έχει ο λαός μας με τις κυριακάτικες εκδρομές, όπου όλοι διαγωνίζονται στο εθνικό μας σπορ, που είναι ποιός θα λιπάνει με τα περισσότερα σκουπίδια τα χωράφια μας. Μέσα σε πλαστικές σακούλες βέβαια, πολιτισμένα πράγματα! Εγώ έχω επίσης παρατηρήσει ότι κάθε φορά που βρέχει, οι σταγόνες της βροχής καθαρίζουν την ατμόσφαιρα απ' τα καυσαέρια των εργοστασίων που συσσωρεύονται στον ουρανό, ρίχνοντας έτσι ένα στρώμα θρεπτικής αιθαλολάσπης στα χωράφια μας, εμπλουτίζοντας κι αναζωογονώντας τα χώματα με φρέσκο άνθρακα...

***

Όμως τον τελευταίο καιρό, η γαλήνια κι ευτυχισμένη ρουτίνα της ζωής μας κινδυνεύει να διασκορπιστεί στα τέσσερα σημεία του ορίζοντα, σαν αποτυχημένη διαδήλωση οικολόγων.

Εδώ και μερικές μέρες κάτι δεν πάει καλά στη χώρα αλλά κανείς δεν ξέρει τι ακριβώς. Οι φήμες γενικά οργιάζουν, άλλοι λένε ότι επίκειται πόλεμος με την Γείτονα Χώρα, άλλοι ότι ο στρατός ετοιμάζει επανάσταση κι άλλοι απλά το φχαριστιούνται, απολαμβάνοντας την αναμπουμπούλα. Ο λαός έχει βγει στους δρόμους με έντονη λαχτάρα να βιώσει στο πετσί του αυτήν τη διαφυγή απ' την καθημερινότητα, επιδιδόμενος σε κάθε είδους τρέλα και αποκοτιά. Οι ληστείες μαγαζιών ειδών κιγκαλερίας, οι γυμνές παρελάσεις μπροστά στη Μητρόπολη, το πήδημα απ' τις γέφυρες πάνω στα περαστικά τρένα και οι επιθέσεις με χρωματιστά αυγά σε περαστικούς είναι πια καθημερινό φαινόμενο, ενώ τα αυτοκίνητα τρακέρνουν για πλάκα μεταξύ τους, σαν να παίζουν συγκρουόμενα, χωρίς κανείς να δίνει πλέον σημασία ή να σταματάει. Οι οδηγοί απλά χαιρετιούνται και πάνε παρακάτω. Η αστυνομία δεν επεμβαίνει, με την κλασική δικαιολογία "δεν έχουμε άντρες". Γιατί δεν στέλνουν τότε γυναίκες;

Εγώ όμως ξέρω ότι η αιτία για όλα αυτά είναι οι αγαπημένες μας καραμέλες! Το εθνικό μας προϊόν βρέθηκε ξαφνικά στο επίκεντρο των συζητήσεων, καθώς αποκαλύφθηκε ένα σκάνδαλο.

Ένα σκάνδαλο που προσπαθούν να το κουκουλώσουν όπως όπως, αλλά εις μάτην, αφού εκτός από εμένα, υπάρχουν κι άλλα ανήσυχα μυαλά που δεν αρκούνται μόνο στην ενημέρωση απ' το γουρλοκασόνι στο σαλόνι μας, αλλά τολμάμε να συζητάμε και μάλιστα να αμφισβητούμε αυτά που μας λένε! Το θράσος μας είναι μάλιστα τόσο μεγάλο, ώστε να τα συζητάμε ακόμα και στη δουλειά μας, ακόμα και στον δρόμο ή στο λεωφορείο! Αρκεί βέβαια να μην μας ακούσει καμιά οθόνη και μας συλλάβουν...

Τι ακριβώς συνέβη; Κάποιοι, λένε, έκαναν σαμποτάζ στο μεγάλο κρατικό εργοστάσιο καραμέλας στην πρωτεύουσα κι έριξαν στα καζάνια που βράζει ο καραμελοπολτός διεγερτική ουσία για να γελάσουν. Παραμένει άγνωστο σε πόσο μεγάλη έκταση και σε τι βάθος εξαπλώθηκε η ζημιά, όπως επίσης άγνωστο παραμένει και το αν μολύνθηκε και το καραμελόζουμο. Το πιο σημαντικό όμως είναι ότι το μισό φορτίο απ' τις καραμέλες με το διεγερτικό πουλήθηκε στη Γειτονοχώρα, όπου οι άνθρωποι άρχισαν να συμπεριφέρονται περίεργα, όμως περισσότερες λεπτομέρειες δεν ξέρουμε για την ώρα. Πάντως, σύμφωνα με ανεπιβεβαίωτες πληροφορίες, οι Γειτονοχωρίτισσες δείχνουν τώρα τελευταία ιδιαίτερα ανανεωμένες, ενώ, πράγμα μυστήριο, έχουν εξαφανιστεί εκεί όλα τα οικόσιτα ζώα, όπως κατσίκες, πρόβατα, σκύλοι, πάπιες και άλλα τέτοια.

Σύντομα όμως η ιστορία με τις καραμέλες πήρε συνέχεια, γιατί ακούστηκε ότι οι Γειτονοχωρίτες έβαλαν για εκδίκηση καθαρτικό στις καραμέλες που τους πουλήσαμε και τις διοχέτευσαν πίσω στη δική μας αγορά!

Φυσικό επακόλουθο ήταν να δημιουργηθεί άμεσα μια στοιχηματική εταιρία, που ζητούσε απ' τους παίκτες να στοιχηματίσουν ποιά καραμέλα έφαγαν οι περαστικοί που περνούσαν έξω απ' την πόρτα της. Όμως φαλίρισε γρήγορα, καθώς το στοίχημα ήταν πολύ εύκολο: οι πολίτες έχουν πλέον χωριστεί σε δυο κατηγορίες, σε αυτούς που φαίνεται σαν να έχουν βάλει κάτι σαν αγγούρι μέσα στο παντελόνι τους, και σε αυτούς που κυκλοφορούν στον δρόμο με ποντιακές βράκες. Οι πιο εύποροι πάντως προτιμούν τις χειροποίητες κρητικές βράκες, υφασμένες στον αργαλειό από κρητικές παρθένες. Περιττό να αναφέρουμε ότι οι βράκες αυτές είναι εξαιρετικά δυσεύρετες και πανάκριβες...

Σαν να μην φτάνουν όλ' αυτά, ο άσπονδος εχθρός των εργοστασίων καραμέλας, ο πολύς κ. Μαστιχίδης, εκμεταλλευόμενος την παρούσα κατάσταση, εξαπέλυσε τρομερή προπαγάνδα για τις τσίχλες του και οι κακιές γλώσσες λένε ότι αμόλησε μάλιστα ποντικούς στις αποθήκες καραμελών! Και το κακό κορυφώθηκε προχθές όταν οι ποντικοί κατάφεραν να διεισδύσουν σε μιαν αποθήκη με μολυσμένες καραμέλες. Το αποτέλεσμα είναι να κυκλοφορούν πια στους δρόμους μας ορδές ποντικών με αγγουράκια τουρσί μέσα στα παντελονάκια τους. Ή με βρακάκια από ποντιακές παιδικές κούκλες, κρητικά ποντικοβρακάκια δεν είδα ακόμα...

Όπως ήταν αναμενόμενο, μετά απ' όλα αυτά η Κυβέρνηση κλονίστηκε ανεπανόρθωτα και στην προσπάθειά της να μην την γαμήσει ο λαός (τουλάχιστον ο μισός που είχε φάει απ' τις πρώτες καραμέλες), αναγκάστηκε να προκηρύξει άμεσα εκλογές, πιάνοντας απροετοίμαστα στον ύπνο τα υπόλοιπα πολιτικά κόμματα. Μόλις συνήλθε απ' το ξάφνιασμά της, σύσσωμη η αντιπολίτευση ξεσηκώθηκε με τη σειρά της, καλώντας τους οπαδούς της να βγουν στους δρόμους για να ματαιώσουν τις πρόωρες εκλογές. Στις διαδηλώσεις όμως που οργανώθηκαν βιαστικά κι απ' τα δυο μέρη ξέσπασαν ταραχές, καθώς *και* η κυβέρνηση *και* η αντιπολίτευση θεώρησαν φρόνιμο, πάντα για την ασφάλεια του λαού, να καλέσουν σε συγκέντρωση τους οπαδούς τους την ίδια μέρα και την ίδια ώρα στην *«Πλατεία Εθνικής Ομονοίας»*, η οποία μετατράπηκε σε πεδίο μάχης. Έκτοτε μετονομάστηκε σε *«Πλατεία Εθνικής Διχονοίας»*.

***

Χάος λοιπόν φίλοι μου επικρατεί στη χώρα σήμερα το πρωί την ώρα που βγαίνω να αγοράσω τις καραμέλες μου απ' το καραμελείο της γειτονιάς μου. Μπαίνοντας μέσα κοιτάω καχύποπτα δεξιά κι αριστερά, έχοντας την αίσθηση ότι επικρατεί η ηρεμία που προμηνύει τη θύελλα. Δυο τρεις θαμώνες είναι μόνο εδώ πίνοντας το καραμελόζουμό τους, χωρίς κουβέντα και χωρίς καν να ανταλλάσσουν μια ματιά, λες και περιμένουν το τέλος του κόσμου. Σαν συνειδητοποιημένοι και υπεύθυνοι σύγχρονοι πολίτες είναι βυθισμένοι στα κινητά τους, ρουφώντας αφηρημένοι πού και πού τον καραμελοναργιλέ τους.

Προχωράω αποφασιστικά προς τον πάγκο, όπου ο μαγαζάτορας με υποδέχεται χαμογελαστός, σε μια προσπάθεια να φωτίσει λίγο το μαγαζί του που σκυθρωπιάζει κάθε φορά που οι μουρτζούφληδες εκεί μπροστά ρουφάνε μονοπνευστί νέα τζούρα, αναστενάζοντας ηχηρά σαν αφυδατωμένες γκαμήλες.

- Μισό κιλό καραμέλες, παραγγέλνω θαρραλέα.

- Απ' τις κανονικές ή απ' τις μολυσμένες; με ρωτάει. Τις μολυσμένες τις έχω προσφορά, ολόκληρο κιλό, μισή τιμή!

- Απ' τις κανονικές, Ισίδωρε! Τις μολυσμένες να τις δώσεις στον νεαρό που προσέλαβες για κηπουρό. Έχεις 50% πιθανότητες να σταματήσει η γυναίκα σου την γκρίνια!...

Γελάμε κι οι δυο αυθόρμητα για το πετυχημένο καλαμπούρι μου, που ο Ισίδωρος δεν το κατάλαβε, όταν ξαφνικά ακούγεται ένας δυνατός θόρυβος, σαν κάποιος να κλωτσάει την πόρτα. Πράγματι, η πόρτα ανοίγει με βία κι ένας αγριεμένος τύπος μπουκάρει με φασαρία στο μαγαζί. Τα μαλλιά του είναι ανάκατα και φοράει μιαν ωραία, χειροποίητη, στον αργαλειό υφασμένη κρητικιά βράκα που κυματίζει αγέρωχα σαν σημαία μισοβυθισμένης γαλέρας ακολουθώντας τον ρυθμό του τρέμουλου των ποδιών του. Είναι τόσο χαριτωμένο και ρυθμικό αυτό το τρέμουλο, που ασυναίσθητα αρχίζω κι εγώ να λικνίζομαι χαριεντιζόμενος στον ρυθμό των γουργουρητών της κοιλιάς του που μάταια πασχίζει να μουγγάνει ο θόρυβος της εφόδου του.

Το χαμόγελό μου όμως παγώνει ξαφνικά κι ο θαυμασμός μου για την περίκομψη πραγματικά βράκα του σταματάει εδώ, καθώς με το αετίσιο βλέμμα μου διακρίνω ότι στο χέρι του κρατάει πιστόλι, ένα πιστόλι που τρέμει κι αυτό στον ρυθμό των ποδιών του. Η φάτσα του έχει αλλοιωθεί, έχει πάρει μια τελείως γελοία έκφραση καθώς σφίγγεται, με τις άκρες των χειλιών του να ανεβοκατεβαίνουν σιγοντάροντας το αφρικάνικης εκφραστικότητας τρέμουλο που έχει πια κυριαρχήσει σε όλο του το σώμα και τον κάνει να χορεύει πιο σπαστικά κι απ' τον Φρέντυ τον Αστέρη. Άσε που βρωμάει ολόκληρος σκατό!

- Βρε πούστη! φωνάζει με την αγριοφωνάρα του, πάλι καραμέλες με καθαρτικό μου 'δωσες;

Ο Ισίδωρος μένει άλαλος. Είναι γνωστό σε όλους ότι προμηθεύεται πάντοτε τις καλύτερες καραμέλες, αφού ψωνίζει πάντα από εγγυημένους χονδρεμπόρους. Πώς συνέβη λοιπόν αυτό; Ασφαλώς θα είναι έργο εκείνου του αχώνευτου του Μαστιχίδη, αυτός πρέπει να νόθευσε τις καραμέλες!

Ο αλαφιασμένος αριστοκράτης όμως, με την ομολογουμένως πανέμορφη βράκα, δεν κρατιέται πια. Θυμωμένος ορμάει κι αρπάζει τον μαγαζάτορα απ' τον λαιμό. Εγώ μόλις που προλαβαίνω να τραβηχτώ και να γλιτώσω τον δικό μου τον λαιμό. Το πιστόλι όμως το κρατάει ακόμα στο χέρι του. Δυστυχώς!

Ξαφνικά σταματάει, τα μάτια του γουρλώνουν υπερβολικά και παίρνοντας μιαν αστεία τρεμουλιαστή έκφραση, σαν βιολιστής που ανατριχιάζει κι ο ίδιος στις στριγκές νότες του, αρχίζει να σφίγγεται, ενώ ένα "μμμμ" βγαίνει απ' τα σφιχτά χείλια του...

- Μμμμμμμ, ώχ, ώωωχ, μου 'ρχεται πάλιιιι!

Και με το πολύ σφίξιμο πατάει άθελά του τη σκανδάλη.

Η τελευταία ανάμνηση που έχω απ' τη ζωή είναι ένας απόκοσμος ήχος αουστερλιτσιανής ομοβροντίας, κάτι σαν ουράνιο μπουμπουνητό εμπλουτισμένο με τσιρίδες της Μαρίας Κάλος και μια ανυπόφορη μπόχα βραστού κουνουπιδιού...

Κρίμα την υπέροχη βράκα!

Άλλοι τόποι, άλλα ήθη...

Πρέπει να με κηδεύουν με τιμές, δημοσία δαπάνη, αφού είμαι θύμα πολέμου. Αντιλαμβάνομαι αχνά μια μπάντα που παίζει πένθιμη μουσική και το κούνημα του φέρετρου που φαίνεται να το κατεβάζουν στην τρύπα. Ατζαμίδικα είναι η αλήθεια, όμως εγώ, σαν νεκρός που σέβεται τον εαυτό του, πρέπει να παραμείνω ακίνητος, με κλειστά τα μάτια και κρατώντας την ανάσα μου. Κάτι άλλοι καραγκιόζηδες που κουνήθηκαν κι ανάσαναν κάτι τέτοιες σοβαρές στιγμές, κατηγορήθηκαν για νεκροφάνεια και ξανάμπλεξαν με τους γιατρούς! Δεν είναι για μένα αυτά, δεν θέλω άλλους μπελάδες!

Ξαφνικά ακούγεται μια γουργουριστή κλανιά και κάποιος να φεύγει τρέχοντας, ενώ το φέρετρο χάνοντας απ' την μια μεριά το στήριγμα του, κατρακυλάει αυτοδύναμα στον λάκκο κοπανώντας με, γυρίζοντάς με ανάποδα και τσουλώντας με με το κεφάλι στην μια του άκρη. Ευτυχώς όμως δεν τραυματίζομαι, η επένδυση από μέσα είναι μαλακή και αφράτη, αυτές οι ''δημοσία δαπάνη'' κηδείες είναι χλιδάτες, όλα τα λεφτά, αξίζει να τις δοκιμάσετε κι εσείς! Όμως δεν υπάρχει κανείς για να με ξανατοποθετήσει στη θέση μου, το φέρετρο βρίσκεται πια αραχτό στον πάτο του λάκκου κι ερμητικά κλεισμένο, καρφωμένο!

- Εεε, ρε σείιις! Έτσι θα περάσω μιαν αιωνιότητα, τυλιγμένος σαν σαλιγκάρι, με το δάχτυλο του ποδιού μου στο ρουθούνι μουυυ;;;

Μετά, καθώς ακούω το χώμα να πέφτει ρυθμικά από πάνω, ένας βαρύγλυκος, σαν καφές, ύπνος έρχεται να με κουκουλώσει. Ας κοιμηθώ λοιπόν πολύ και καλά. Τον ύπνο του δικαίου που λένε. Στην περίπτωσή μου, του δικαίου σαλιγκαριού. Και γιατί όχι; Σάματις έχω τίποτα άλλο να κάνω, εκτός απ' το να ξύνω το ρουθούνι μου για να περνάει η ώρα;

***

Τώρα όμως ξύπνησα και είναι πια μέρα. Για να είμαι ακριβής, με ξύπνησαν. Το φέρετρο βρίσκεται ανοιγμένο σε έναν χώρο σαν πάρκινγκ κι από μακριά ακούγεται ο χαρακτηριστικός ήχος αεροπλάνων. Η μέρα είναι ζεστή και γύρω υπάρχει μόνο λιβάδι. Πράσινο κι ανθισμένο. Στο βάθος κάτι βουνά, πουθενά όμως δεν φαίνεται δρόμος ή πόλη ή κάποιο άλλο σημάδι κατοικημένης περιοχής. Το μόνο κτίριο, στη μέση του πουθενά, είναι αυτό το κτίριο του αεροδρομίου.

Κοιτάω ζαβλακωμένος πλάι μου. Μια πανέμορφη νοσοκόμα, νέα κι όμορφη με μεγάλα στήθια, όπως ακριβώς δηλαδή είναι όλες οι νοσοκόμες, είναι γονατισμένη πλάι μου και χαμογελάει γλυκά. Στο ένα της χέρι κρατάει ένα μυστρί και στο άλλο στόκο.

- Ελάτε, ξυπνήστε!, μου λέει και με βοηθάει να βγω απ' το φέρετρο. Υπάρχουν πολλά φέρετρα στη σειρά, πολλές σειρές, εκατοντάδες, χιλιάδες φέρετρα γεμίζουν όλο αυτό το φερετροπάρκινγκ. Άλλα είναι κλειστά, άλλα ανοιχτά και άδεια και σε άλλα οι ένοικοι μόλις έχουν σηκωθεί από μέσα, καλή ώρα όπως εγώ. Εκεί που τελειώνουν οι σειρές με τα φέρετρα είναι αυτό το κάτι σαν αεροδρόμιο.

- Σας έκλεισα την τρύπα, συνεχίζει με γλυκό και πονηρό χαμόγελο η τσαχπίνα νοσοκόμα. Αλλά πρέπει να πηγαίνετε, το επόμενο αεροπλάνο φεύγει σε μιαν ώρα. Εγώ θα τακτοποιήσω λίγο εδώ, θα σιδερώσω, θα ξεσκονίσω και θα σφουγγαρίσω...

Ασυναίσθητα φέρνω το χέρι μου στο κούτελο. Έχει δίκιο, εκεί που θα έπρεπε να υπάρχει η τρύπα απ' τη σφαίρα, υπάρχει τώρα φρέσκος στόκος.

- Με πιστεύετε τώρα; ρωτάει ψευτοπειραγμένη. Θα μου κάνετε όμως τη χάρη να μην το πειράζετε, γιατί ο στόκος πρέπει να κρατήσει μέχρι να φτάσετε στο Κπεμάκ. Εκεί θα σας δώσουν καινούριο σώμα. Εντάξει; Αν είσαστε καλό παιδί, θα σας δώσω κι ένα φιλάκι. Ορίστε!

Χωρίς να περιμένει απάντηση σηκώνεται στις μύτες των ποδιών της και με φιλάει πεταχτά στο στόμα. Αυτό με ξυπνάει τελείως. Νιώθω να μου ανάβουν τα αίματα.

- *«Ρε συ!»* λέω μέσα μου *«σοβαρά τώρα, είμαι στον Άλλο Κόσμο; Ποιός μου κάνει πλάκα;»*

Γυρνάω και λοξοκοιτάω την ουρανοκατέβατη. Έχει φέρει το χέρι της στο στόμα και κρυφογελάει όλο νάζι, έχοντας τα μάτια της χαμηλωμένα σεμνά. Κοιτάω κι εγώ προς τα κάτω και τότε συνειδητοποιώ τι γίνεται. Είμαι τελείως γυμνός μπροστά της, καθώς οι πεθαμένοι φοράνε μόνο ένα σάβανο, το οποίο μάλιστα σκίστηκε με την κουτρουβάλα μου μέσα στο φέρετρο και στην συνέχεια τα κουρέλια μου έπεσαν όταν σηκώθηκα όρθιος. Επιπλέον η στύση μου, μετά τον πολύωρο ξεκουραστικό ύπνο μου, είναι εμφανής και γι' αυτό η μικρή με κοιτάει και γελάει. Γυμνός λοιπόν, με μια τεράστια στύση μπροστά σε μια νεαρή, σεμνή κι ευσυνείδητη νοσοκόμα. Δεν θα μου αρνηθεί τις ανθρωπιστικές υπηρεσίες της, είναι η δουλειά της! Άλλωστε όλοι ξέρουν ότι όλες οι νοσοκόμες κάνουν έρωτα με τους ασθενείς τους!

Την αρπάζω αμέσως, τη ρίχνω μέσα στο φέρετρο και πηδάω κι εγώ από πάνω της. Οι καλοί μου οι συγγενείς λες και το ήξεραν. Αλήθεια, είχα συγγενείς; Δεν θυμάμαι! Πρόβλεψαν πάντως και παρήγγειλαν ευρύχωρο φέρετρο. Ή μήπως η Δημόσια Δαπάνη το παρήγγειλε; Σκοτίστηκα! Νοερά τους ευχαριστώ όλους και τραβάω το καπάκι να μην μας βλέπουν τα άλλα πτώματα από γύρω και ζηλέψουν. Βυθιζόμαστε στο απόλυτο σκοτάδι, πηχτό και πνιγηρό, σαν καμένη μαρμελάδα της γιαγιάς. Μπορούμε επιτέλους να παίξουμε σκάκι με την ησυχία μας.

- Έλα τώρα να σου δείξω πώς τρώει ο βασιλιάς τη βασίλισσα!...

Όπως και να το κάνουμε όμως, μπορεί ένα φέρετρο να είναι ιδιαίτερα ρομαντικό μέρος για συνευρέσεις, αλλά είναι πάντα άβολο και στενάχωρο. Με το που τελειώσαμε – το σκάκι, εσείς τι φανταστήκατε; – ανοίγω το καπάκι και σηκώνομαι να τεντωθώ λίγο. Είναι ώρα να δω που ακριβώς βρίσκομαι και να εξερευνήσω λιγάκι τον περίγυρο.

***

Μάλιστα, είμαι, είμαστε στη μέση μιας τεράστιας σπηλιάς! Τεράστια όμως! Αυτά που φαίνονταν για βουνά στο βάθος είναι ουσιαστικά τα τοιχώματα αυτής της γιγαντοσπηλιάς. Πάνω απ' το απέραντο λιβάδι που βρισκόμαστε εμείς, ψηλά από πάνω μας κάπου κοντά στο πουθενά φαίνεται μια οροφή, σαν να πέτρωσε με μάγια ο ουρανός, την ώρα που ετοιμάζονταν να βρέξει. Η απεραντωσύνη αυτή είναι επιπλέον άπλετα φωτισμένη από αναρίθμητα, εκατομμύρια δυνατά φωτιστικά καρφωμένα στην οροφή. Σαν LEDάκια μου φαίνονται, αλλά είναι πολύ πιο δυνατά απ' αυτά που θυμάμαι εγώ στον Πάνω Κόσμο. Γι' αυτό λοιπόν έχει αυτό το διάχυτο φως και την σταθερή θερμοκρασία εδώ...

Κάτι τεράστια σιδερένια κατασκευάσματα χάνονται προς αυτήν την οροφή, κάτι σαν τεράστιες σκαλωσιές ή πύργοι του Άϊλεφ που είναι φανερό ότι μέσα τους ανεβοκατεβαίνουν ασανσέρ μέχρι το ιλιγγιώδες ύψος εκεί πάνω. Προφανώς οι επιβάτες τους, όποιοι κι αν είναι αυτοί οι λεοντόκαρδοι αλαφροΐσκιωτοι, είναι αναίσθητοι στην υψοφοβία. Ρίχνω ένα βλέμα απορίας στην ευτυχισμένη δίπλα μου δείχνοντας ερωτηματικά προς τα πάνω, προς την οροφή και τα αναβατόρια.

- Καλέ εκεί είναι ο Πάνω Κόσμος, τι νόμιζες; Εργάτες ανεβοκατεβαίνουν συνέχεια με τα ασανσέρ, σκάβουν λίγο το χώμα και μαζεύουν τους πεθαμένους για να σας φέρουν εδώ κάτω. Στην θέση σας βάζουν σκελετούς και ξανακλείνουν τα χώματα, ώστε να νομίζουν τα κουτορνίθια οι από πάνω ότι ...λιώσατε!

- Καλά, και γιατί το κάνουν αυτό;

- Εδώ κάτω χρειαζόμαστε εργατικό δυναμικό φυσικά! Εσένα κι εμένα για παράδειγμα. Εγώ στον Πάνω Κόσμο ήμουνα μια απλή νοικοκυρά, όλο να ταΐσω τα παιδιά, να τα στείλω σχολείο, φαΐ για τον ανεπρόκοπο και μετά όλο καφέ, καφέ, καφέ με εκείνες τις κουτσομπόλες τις άσπονδες φιλενάδες μου! Πω, πω, πω, κάτι κουμάσια, πού να στα λέω! Να φανταστείς, ο άντρας της μιας... Καλά, άστο, τίποτα! Πάντως, εδώ τώρα κάνω τη νοσοκόμα και μου αρέσει, επιτέλους βλέπω και λίγο κόσμο!

Αααα, μάλιστα! Έτσι δουλεύει δηλαδή το κόλπο! Έτσι βρίσκουν εδώ εργατικό δυναμικό, ενώ παράλληλα μπορούν οι παπάδες εκεί πάνω να πουλάνε τις κηδείες τους και τα μνημόσυνά τους, και οι ανθοπώλες κι οι μαρμαράδες τα δικά τους. Όλοι ευχαριστημένοι δηλαδή...

Έστω! Ζαχαρία, παράτα τώρα αυτήν τη φλύαρη παπαγαλίνα να συμμαζέψει τα συντρίμμια απ' το φέρετρο που το σπάσαμε με το άγριο σκάκι που παίξαμε και τράβα προς το αεροδρόμιο, είναι ώρα. Προχωράω προς το κτίριο του αεροδρομίου σιγοσφυρίζοντας ένα παλιό αγαπημένο τραγουδάκι:

Δυο κότες έχει η Ζωή
έσφαξ' τη μια για σούπα
κρατάει την άλλη για τ' αυγά
κι αν το κοκόρι δεν λαλά
το σκιάζει με τη σκούπα...

*

Όλα είναι ένα γεύμα
μια σαλάτα, ένα κρασί
μ' ένα χάδι, λίγο λάδι
φχαριστιέται κι η Ζωή...

***

Μπροστά στην κεντρική πύλη κοντοστέκομαι. Είναι ένα εντυπωσιακό κτίριο με μοντέρνα αρχιτεκτονική, ισόγειο, άσπρο, με τεράστιες τζαμαρίες, χωρίς διακοσμήσεις και χαζά, είναι απλό σαν σουπερ-μάρκετ βενζινάδικου. Κοιτάω τα μεγάλα φωτεινά γράμματα:

ΑΕΡΟΛΟΙΜΗΝ ΚΕΝΤΡΗΚΟΥ ΝΕΚΡΟΤΑΦΙΟΥ.
ΣΑΣ ΕΥΧΟΜΑΣΤΕ ΚΑΛΟ ΤΑΞΙΔΗ.
ΠΙΝΕΤΑΙ *Chondro-Cola*! ΚΑΝΕΙ ΚΑΛΩ! ΣΕ ΜΑΣ...

Μάλιστα, μας φώτισε! Ανεβαίνω την κεντρική σκάλα και μπαίνω στην αίθουσα. Είναι τεράστια, ψηλοτάβανη, φωτεινή και με αιρ-κοντίσιον, τι το θέλουν άραγε αφού έχει την ίδια θερμοκρασία μέσα-έξω; Υποθέτω όμως πως κάθε αεροδρόμιο που σέβεται τον εαυτό του πρέπει να είναι κλιματιζόμενο. Πού και πού ακούγονται οδηγίες απ' τα μεγάφωνα κι έτσι πληροφορούμαι ότι το επόμενο αεροπλάνο φεύγει πράγματι σε μια ώρα. Το παράκανα με τη μικρή και το 'χασα το προηγούμενο. Πρέπει τώρα να προμηθευτώ εισιτήριο, απ' το γκισέ 32 λένε...

Όμως έχω ανάγκη από έναν καφέ κι αφού υπάρχει χρόνος, κατευθύνομαι προς ένα μπαρ που βλέπω εκεί μπροστά. Παραγγέλνω τον καφέ.

Όταν ο υπάλληλος τον φέρνει, μου λέει

- Ένα χέρι στο ταμείο, παρακαλώ!

Δεν κατάλαβα. Να του βάλω χέρι στο ταμείο θέλει;

- Τι είπατε; ρωτάω

- Ο καφές σας κύριε κοστίζει μια παλάμη.

- Μούτζα θέλετε;

- Σοβαρευτείτε παρακαλώ! Εδώ πληρώνουμε με μέλη του σώματος. Πληρώστε παρακαλώ εκεί στο ταμείο!

Α, κατάλαβα! Λογικό, αφού κανείς δεν παίρνει μαζί του πορτοφόλι! Αλλά, με "μέλη του σώματος"; Τέλος πάντων, στο κάτω κάτω η μικρή μου είπε ότι στο Κουλάκ, πώς σκατά το είπε, θα μου δώσουν καινούριο σώμα. Ξεκινάω για το ταμείο.

Με σταματάει όμως ένας χοντρός με προγούλια που στέκεται δίπλα μου. Με κοιτάει αρκετή ώρα περίεργα. Είναι χαμογελαστός, το σώμα του όμως θυμίζει γριά. Έχει μεγάλα κρεμαστά βυζιά, ενώ το ένα του χέρι λείπει, όπως και το ένα του αυτί. Επίσης είναι κουτσός, το ένα του πόδι είναι πιο κοντό απ' το άλλο. Ο υπόλοιπος όμως μου χαμογελάει.

- Μην γίνεστε κορόιδο αγαπητέ μου! μου λέει με φωνή γριάς καρακάξας, μιας πρόσχαρης καρακάξας. Ελάτε μαζί μου και θα σας εξηγήσω τι γίνεται εδώ. Καινούριος είσαστε, δεν τα ξέρετε ακόμα καλά τα πράγματα...

Σαν μαγνητισμένος τον ακολουθώ, αλλά μάλλον καχύποπτα. Πρέπει να είμαι προσεκτικός, δεν ξέρω πού μπορεί να καταλήξω με αυτόν τον αδιευκρίνιστο. Με οδηγεί με το κωμικοτραγικό του περπάτημα σαν ανάπηρος πιγκουΐνος, σε μια θυρίδα που από πάνω γράφει: "**ΣΩΜΑΤΗΚΕΣ ΠΟΙΣΤΟΣΕΙΣ**". Κάτι λέει στον υπάλληλο κι εκείνος, αφού μου ρίχνει μια διερευνητική ματιά, χαμογελάει κουνώντας καταφατικά το κεφάλι του κι αρχίζει να συμπληρώνει κάτι χαρτιά. Εμένα με πιάνει κρύος ιδρώτας, τι ζητάνε τώρα αυτοί από μένα;

- «*Φαντάσου να μου ζητήσουν για εισιτήριο το κεφάλι μου!*»

Υπογράφω τα χαρτιά που μου βάζει κάτω απ' τη μύτη μου και παραλαμβάνω ένα βιβλιαράκι που μου τείνει. Είναι ένα βιβλιάριο με τσεκ, που στις σελίδες του δεν γράφει τίποτα, παρά έχει μόνο ζωγραφιές των μελών του σώματος. Δάχτυλα, μύτες, κεφάλια, πόδια...

- Ελάτε αγαπητέ μου, κοάζει πάλι ο χοντρογριός με τα προγούλια, πάμε τώρα να πιούμε τον καφέ μας...

Πάμε ξανά στο ταμείο. Δίνω την παλάμη μου σε τσεκ, παίρνουμε τους καφέδες μας και καθόμαστε σε ένα τραπέζι.

- Που λέτε αγαπητέ μου, αρχίζει ο άγνωστος, από εδώ μέχρι το Κπεμάκ πληρώνουμε, όπως διαπιστώσατε, με μέλη του σώματος. Είσαστε φρεσκοπεθαμένος, γι' αυτό δεν τα ξέρετε ακόμα αυτά. Κι εγώ δεν τα 'ξερα και την πάτησα...

Αναστενάζει και πίνει μια γουλιά απ' τον καφέ του. Το μοναδικό χέρι του κινείται άκομψα, πιάνει με δυσκολία το φλιτζάνι και το φέρνει άγαρμπα στο στόμα. Έχει δηλαδή και αρθριτικά...

- Όταν πρωτοήρθα εδώ, είπα κι εγώ να πιω έναν καφέ. Δεν ήξερα για τη σωματική πίστωση κι έτσι πλήρωσα τοις μετρητοίς, με την παλάμη μου. Το εισιτήριο στο αεροπλάνο είναι τσουχτερό, κοστίζει ένα σώμα. Πήρα και μια σοκολάτα για τον δρόμο και πλήρωσα άλλα τέσσερα δάχτυλα. Έβαλα λοιπόν ό,τι μου είχε απομείνει σε μια νάιλον σακούλα κι ανέβηκα στο αεροπλάνο. Όταν έφτασα στο Κπεμάκ, πήγα στο γραφείο σωμάτων για να πάρω καινούριο σώμα. Ο υπάλληλος όμως εκεί κοίταξε τα χαρτιά μου και μου είπε:

- «Αδύνατον, κύριε, γιατί ο φάκελός σας εδώ λέει ότι ήρθατε απ' τη γη με πλήρες σώμα!»

Ξανά μια γουλιά απ' τον καφέ του. Το χέρι του μπλόκαρε στη διαδρομή, τον μισό τον έχυσε πάνω του...

- Βλέπεις, εγώ πέθανα από καρκίνο, αρτιμελής. Όσοι πάνε από τροχαίο, όλο και κάτι θα τους λείπει, αλλά εγώ τα είχα όλα. Κάπνιζα όμως πολύ κι έπινα στα νιάτα μου, όλο κραιπάλη, τέλος πάντων. Ο υπάλληλος όμως είχε λύση να προτείνει, καθώς δεν ήμουνα ούτε ο πρώτος, ούτε ο τελευταίος που έφτανα εκεί μέσα σε μια σακούλα. Συνέχισε λοιπόν:

- «Αυτό που μπορείτε να κάνετε τώρα» μου είπε «είναι να πάτε πίσω στο αεροδρόμιο. Έχουν κι εκεί γραφείο σωμάτων, μόνο που εκεί τα συναρμολογούν απ' τα διάφορα τυχαία μέλη που μαζεύουν. Δεν μπορώ να σας εγγυηθώ το αποτέλεσμα! Εμείς εδώ έχουμε μόνο επιλεγμένα, πρώτης ποιότητας σώματα!»

Πάλι αναστεναγμός και γουλιά απ' τον καφέ.

- Ξαναήρθα λοιπόν εδώ στο γραφείο σωμάτων του αεροδρομίου και μου έδωσαν τη χλαπάτσα που βλέπεις, μόνο και μόνο επειδή έχω γερό κεφάλι και καλό μυαλό. Ήμουνα βλέπεις επιστήμονας στον Πάνω Κόσμο. Αλλιώς θα μου έδιναν ρετάλια να τα συρράψω μόνος μου, φρίκη! Αλλά από ολόκληρα σώματα, δεν έχουν τίποτα το καλό εδώ, μόνο γέρους και γριές έχουνε! Απ' αυτούς έχουν περίσσευμα, καθώς οι γέροι που πεθαίνουν από φυσιολογικό θάνατο, από γηρατειά, όταν έρχονται εδώ δεν έχουν στην πλειοψηφία τους κέφι για τίποτα παραπάνω. Παρατάνε λοιπόν το σώμα τους στο αεροδρόμιο και την αράζουν στα Αερολιβάδια, πέρα στους διαδρόμους απογείωσης, χωρίς σώμα, αφού δεν τους χρειάζεται πια. Αυτά τα βρωμοσώματα που με το ζόρι μπορούν να ξαναχρησιμοποιηθούν, αφού είναι σχεδόν λιωμένα και όλο προβλήματα και δυσλειτουργίες, τα δίνουν μετά τζάμπα σε όσους δεν έχουν σχεδόν τίποτα να ανταλλάξουν, παίρνοντας τα υπολείμματά τους. Όπως εγώ, ο κόπανος...

Σταματάει πάλι, αλλά αυτήν τη φορά δεν αναστενάζει, καθώς φαίνεται να διασκεδάζει με την απορία που έχει σχηματιστεί στο πρόσωπό μου.

- Και τι τα κάνουν όλα αυτά τα γερο-υπολείμματα, αφού οι περισσότεροι παίρνουν καινούριο σώμα στο Κουλάκ;

Σκύβει μπροστά και μου λέει σχεδόν συνωμοτικά.

- Κπεμάκ! Βλέπεις, αυτοί εδώ οι ''υπάλληλοι'', αλλά και οι άλλοι που θα δεις στο αεροδρόμιο του Κπεμάκ, δεν είναι σαν κι εμάς, πεθαμένοι. Είναι μισο-πεθαμένοι. Άλλοι στην εντατική, άλλοι σε χρόνιο κώμα κι άλλοι φυτά στις αναπηρικές καρέκλες ή στα σπίτια τους. Οι πονηρούληδες αυτοί λοιπόν, δουλεύουνε εδώ κανονικά και δουλεύουνε και στον Πάνω Κόσμο σαν φαντάσματα ή σαν ζόμπι, όταν τους χρειάζονται τίποτα σκωτσέζοι ευγενείς για τους πύργους τους. Πολλοί μάλιστα δουλεύουν και στο Χόλλυμπουντ σαν κομπάρσοι στις ταινίες τρόμου...

Χαμογελάει πλατιά.

- Κάνουν όμως καλή μπάζα, αφού μοσχοπουλάνε ό,τι υπολείμματα μαζεύουν εδώ. Τα πάνε πίσω στη γη για λίπασμα, οπότε κονομάνε και γήινα λεφτουδάκια. Έχεις ξαναδεί φάντασμα με καταθέσεις στην τράπεζα της Εγγλεζίας; Κι όμως υπάρχουν!...

Σκάει ξανά στα γέλια, ένα πλατύ, φθισικό, πηγαία υποχθόνιο γέλιο που μου προκαλεί ανατριχίλες, αλλά συνεχίζει αμέσως.

- Όμως εσύ, αγαπητέ μου, δεν έχεις πια τέτοιον φόβο! Στο Κπεμάκ θα πάρεις κανονικά το καινούριο σου σώμα και τότε μπορείς να πας στο εκεί αεροδρόμιο και να εξαργυρώσεις με το παλιό σου σώμα τα τσεκ που τώρα πληρώνεις. Βέβαια θα σου περισσέψουν κάποια κομμάτια, τα οποία όμως δεν έχουν πια καμιά αξία! Από εκεί και πέρα, ξέρεις, είναι όλα δωρεάν, δεν χρειάζεσαι χρήματα ή κάποιο άλλο ανταλλάξιμο είδος. Θα σε παρακαλέσω λοιπόν να δώσεις τα υπόλοιπα σε μένα, σαν ανταμοιβή για την υπηρεσία που σου προσφέρω. Εσένα έτσι κι αλλιώς σου είναι άχρηστα, ενώ εγώ χρωστάω ακόμα. Και αν ποτέ σου κατέβει να έρθεις εκδρομή σε κάποιο απ' τα δυο αεροδρόμια, μπορείς να προσφέρεις την ίδια υπηρεσία σε κάποιον νεοφερμένο και να κερδίσεις έτσι κάποια χέρια και πόδια για να κεράσεις την παρέα σου. Κάνουν, ξέρεις, πολύ καλό καφέ εδώ!

Σκύβει ξανά προς το μέρος μου. Το γριο-χνώτο του βρωμάει.

- Λοιπόν τι λες, είμαστε σύμφωνοι;

Η ιδέα είναι καλή, δεν έχω λόγο να αρνηθώ, άλλωστε κοντεύω να λιποθυμήσω απ' την μπόχα του. Θα του 'δινα και τον σκύλο μου να τον φάει, αρκεί να τελειώνουμε! Αν είχα σκύλο. Όμως με έχει προφυλάξει από μια ταλαιπωρία χωρίς λόγο. Γνέφω "ναι" με το κεφάλι. Νιώθω να κουνιέται ο στόκος και σταματάω.

- Ωραία λοιπόν, είμαστε σύμφωνοι! λέει ο χοντρογριός. Ξέρεις, συνεχίζει, λέω να κάνω λίγο ακόμα αυτήν τη δουλειά, μέχρι να κερδίσω αρκετά για να αγοράσω κάνα καλό σώμα. Έχουν οι αθεόφοβοι κάτι σωματάρες εκεί στο Κπεμάκ, αλλά πανάκριβες! Μόλις αγοράσω κι εγώ ένα τέτοιο, θα τα παρατήσω και θα έρθω να σε βρω. Εντάξει;

Χαμογελάει πάντα, αλλά σαν να θυμήθηκε κάτι.

- Α, μια λεπτομέρεια ακόμα! Επειδή το εισιτήριο του αεροπλάνου είναι ακριβό, δεν μπορώ να έρθω μαζί σου τώρα. Γι' αυτό, αφού τα ξοφλήσεις όλα, πήγαινε μετά σε παρακαλώ στη Γενική Σωματική Τράπεζα στο Κπεμάκ και κατέθεσε εκεί την αμοιβή μου, ό,τι έχει απομείνει δηλαδή από σένα. Έχω λογαριασμό ανοιχτό, σύμφωνοι; Ορίστε το νούμερο...

Γνέφω πάλι "ναι", προσεκτικά αυτήν τη φορά και σκέφτομαι ότι τα επιχειρηματικά δαιμόνια δεν ησυχάζουν ούτε στον Άλλο Κόσμο. Δαιμόνια γαρ, εδώ είναι άλλωστε στο στοιχείο τους...

Η πτήση για το άγνωστο

Το μεγάφωνο με πληροφορεί ότι πρέπει πια να προμηθευτώ το εισιτήριό μου. Σε είκοσι λεπτά φεύγει το αεροπλάνο. Αποχαιρετώ λοιπόν τον χοντροσωτήρα μου που χαμογελάει ευχαριστημένος –«Έχετε ωραίο σώμα, ναι πολύ ωραίο! Θα κερδίσω πολλά!»– και κατευθύνομαι στη θυρίδα εισιτηρίων. Πληρώνω το σώμα μου σε τσεκ, παίρνω το εισιτήριό μου κι επιβιβάζομαι.

Πρόκειται για ένα υπερσύγχρονο αεροπλάνο με άνετους χώρους, όπως είναι δηλαδή όλα τα αεροπλάνα, και όμορφες αεροσυνοδούς, μανεκέν με μεγάλα ντεκολτέ και μίνι φούστες, όπως είναι δηλαδή όλες οι αεροσυνοδοί. Χαρούμενες και χοροπηδηχτές περνάνε απ' τα καθίσματα για να ελέγξουν τις ζώνες και να δουν αν όλα είναι εντάξει. Προς στιγμήν μου μπαίνουν προκλητικές και πονηρές σκέψεις. Στο κάτω κάτω εδώ όλα φαίνονται να έχουν τους δικούς τους νόμους και κανόνες, ίσως μπορώ λοιπόν να εκπληρώσω ατιμωρητί κάποιο απωθημένο μου φετίχ. Να παίξω σκάκι και με αεροσυνοδό, για παράδειγμα. Όμως νιώθω ακόμα κουρασμένος απ' την παρτίδα με τη νοσοκόμα –για σκάκι λέμε!– οπότε αφήνω την εκπλήρωση του ονείρου ζωής μου γι' άλλη φορά. Πρέπει να κρατήσω τις δυνάμεις μου, τι στο καλό, στην άλλη ζωή βρίσκομαι, με ένα κεφάλι τρύπιο από σφαίρα κι ένα σώμα που πρέπει να το αλλάξω σύντομα. Αποφασίζω να είμαι μαζεμένος, δεν ξέρω τι με περιμένει ακόμα...

Κοιτάω απ' το παράθυρο. Το αεροπλάνο έχει ήδη τεθεί σε κίνηση. Απ' τα μεγάφωνα ηχεί μια απόμακρη φωνή που μόλις και μετά βίας ακούγεται γεμάτη παράσιτα, όπως πρέπει δηλαδή να είναι η σωστή φωνή στα αεροπλάνα.

- Αγαπητοί επιβάτες καλημέρα σας. Ο κυβερνήτης Βαρώνος φον Ριχτοχαμόθεν και το πλήρωμά του σας καλωσορίζουν στο Γιούμκερ 142 της Αυτοκρατορικής Δημοκρατίας του Άλλου Κόσμου. Η πτήσις μας θα διαρκέσει μισόν αιώνα και θα γίνει σε ύψος παραδείσου με ταχύτητα φωτός. Σας ευχόμαστε καλό ταξίδι. Όσοι απ' τους επιβάτες μας έχουν ακόμα σώματα, παρακαλούνται να προσδεθούν και να μην καπνίζουν. Οι υπόλοιποι παρακαλούνται να παραμείνουν στις νάιλον σακούλες τους και να περιμένουν μέχρι να απογειωθούμε. Σας ευχαριστούμε για την προσοχή σας!

Το αεροπλάνο απογειώνεται απαλά, χωρίς σχεδόν καθόλου να το καταλάβω. Προμηνύεται μια υπέροχη πτήση. Χαζεύω λίγο απ' το παράθυρο, αλλά δεν βλέπω τίποτα το συναρπαστικό. Λιβάδι και πάλι λιβάδι, χωρίς προβατάκια, αλλά με κάτι εκατομμύρια ανεμοστροβιλάκια πάνω του. Οι γέροι θάναι, χέστους...

Σύντομα βαριέμαι την υπέροχη αυτή θέα και κοιτάζω γύρω μου ψάχνοντας κάτι άλλο να περάσω τον αιώνα μου.

Ανακαλύπτω ακουστικά στο ακουμπιστήρι και τα φοράω αμέσως. Ωραία, ας ακούσουμε λίγη μουσική για να περάσει η ώρα. Στο πρώτο κανάλι έχει ψαλμωδίες, τα Χερουβείμ έφτιαξαν, λέει, χορωδία και μας παρουσιάζουν τη δουλειά τους σε πρώτη πρεμιέρα (υπάρχει δηλαδή και δεύτερη πρεμιέρα;). Στο δεύτερο κανάλι έχει κήρυγμα, κάποιος κάνει πραγματικά θεϊκή προπαγάνδα. Γυρίζω στο τρίτο. Ο Χρήστος Ράε τραγουδάει The Road to Hell. Πάμε και στο τελευταίο. Διαφημίσεις! Ελάτε, λέει, στην Κόλαση, να περάσετε μια καυτή κι αξέχαστη αιωνιότητα...

Βγάζω τα ακουστικά και συνεχίζω την εξερεύνηση της θέσης μου. Ωραία, υπάρχει επίσης μια μικρή βιβλιοθήκη για να περάσει κανείς την ώρα του. Βιβλία: "Ο Θεός και ο Διάβολος", "Η καταραμένη ψυχή", "Η Αγία Γραφή", "Η Κόλαση" το γνωστό έργο του Δάντε Αγκιλέρι κι άλλα τέτοια. Τζίφος κι εδώ...

Μπροστά μου ανακαλύπτω μιαν ατομική τηλεόραση. Ωωω! Αυτό ακούγεται πιο ελπιδοφόρο! Την ανοίγω και ρίχνω μια ματιά στο πρόγραμμα. Ντοκιμαντέρ: "Στον Δρόμο για τη Βηθλεέμ", Τηλεταινία: "Στην κόλαση του Παραδείσου", Μαγειρική:

"Θεϊκές Συνταγές για Όλους", Τηλεπαιχνίδι: "Ποιος θέλει να πάει στον Διάβολο;". Αρχίζω να εκνευρίζομαι με όλην αυτήν την προπαγάνδα και τους στέλνω νοερά όλους στον διάβολο...

Ξαφνικά μου γεννιέται μια απορία. Πατάω το κουμπί και σε λίγο εμφανίζεται γελαστή μια αεροσυνοδός.

- Τι επιθυμεί ο κύριος; λέει σχεδόν ξεκαρδισμένη στα γέλια.

- Έχω μια ερώτηση δεσποινίς. Έχει συμβεί ποτέ εδώ αεροπορικό δυστύχημα;

- Μα τι λέτε κύριε; απαντάει πειραγμένη η ξανθιά. Ξέρετε πόσο έμπειρος είναι ο κυβερνήτης μας, πόσες χιλιάδες ώρες πτήσης έχει; Να φανταστείτε, όλοι οι φίλοι του και οι εχθροί του έχουν εδώ κι αιώνες ολοκληρώσει τις καταρρίψεις τους κι έχουν κρασάρει τα αεροπλάνα τους, ενώ αυτός πετάει ακόμα! Άλλωστε το αεροπλάνο μας είναι το καλύτερο και το πιο σύγχρονο που υπάρχει σε αυτόν τον Κόσμο! λέει με καμάρι.

- *«Είναι το μοναδικό, γι' αυτό!»* σκέφτομαι εγώ...

- Καλά, και δεν μου λέτε; επιμένω. Ας υποθέσουμε, ας υποθέσουμε λέω, ότι γίνεται ένα δυστύχημα. Τότε τι θα συμβεί; Θα πεθάνουμε για δεύτερη φορά;

- Με συγχωρείτε κύριε, αλλά η Εταιρία μας απαγορεύει να απαντάμε τέτοιου είδους ερωτήσεις, λέει και μου γυρίζει περήφανα την πλάτη.

- *«Κατσίκα!»* λέω μέσα μου, *«φοβάστε να πείτε ότι έτσι μπορεί να ξαναγυρίσουμε στην πρώτη μας ζωή, ε;;»*

Αλλά μια σκέψη που μου περνάει απ' το μυαλό μου κόβει τη φόρα.

- *«Ναι σύμφωνοι, αλλά ΠΟΥ θα ξαναγυρίσουμε; Στον πάτο της θάλασσας; Να μου λείπει! Καλά είναι κι εδώ...»*

Προσπαθώντας να διώξω αυτές τις απογοητευτικές σκέψεις απ' το μυαλό μου που με διαολίζει, ανοίγω ξανά την τηλεόραση.

Αυτήν τη φορά πέφτω σε τσόντα, αλλά ποιοτική τσόντα, όχι σαν αυτές τις μπας-κλας του Πάνω Κόσμου! Εδώ μιλάμε για πλοκή και δράση που σε αιχμαλωτίζει. Το "Φλογερή σαν την Κόλαση" είναι, για όσους δεν το γνωρίζουν, η πραγματική ιστορία μιας αγνής καλόγριας που αμάρτησε κι ερωτεύτηκε έναν κατώτερο ιεραρχικά διάβολο, έναν Φτωχοδιάβολο, ενώ ήταν παντρεμένη με ένα Χερουβείμ. Το έργο έχει αρκετό μυστήριο και αγωνία, ιδιαίτερα στο τέλος, όταν το Χερουβείμ με τη ρομφαία του μονομαχεί με τον Φτωχοδιάβολο που κρατάει τρίαινα. Όμως σε κάποια φάση η ρομφαία μπλέκεται στην τρίαινα, οπότε μένουν κολλημένοι, σαν αγκαλιασμένοι μποξέρ, κοιτώντας ο ένας τον άλλον. Αφού στριφογυρίσουν έτσι αρκετή ώρα χορεύοντας μπλεγμένοι σαν ερωτευμένα χταπόδια και μη βγάζοντας άκρη, αποφασίζουν τελικά να παίξουν την γκόμενα στο τάβλι. Επειδή όμως προβλέπουν ότι η παρτίδα θα κρατήσει ώρες, μιας και είναι κι οι δυο τους γεροί τζογαδόροι, αυτό που λέμε "καλά κουμάσια και του λόγου τους", παραγγέλνουν να τους φέρουν και τίποτα τσίπουρα με μεζέ. Όμως έρχονται και στο τάβλι ισόπαλοι! Τώρα τι; Η θεϊκή λύση δίνεται σε ένα φαντασμαγορικό φινάλε με τη μέθοδο "το Χάπι του Έντι": Παρατάνε σύξυλη την τσούλα που περιμένει γυμνή τον νικητή στο κρεβάτιδια τα περαιτέρω και πάνε αγκαλιασμένοι να συνεχίσουν τα τσίπουρα σε ένα κουτούκι εκεί κοντά, αφού πρώτα της χώσουν έναν δονητή στο χέρι και κλειδώσουν πίσω τους την πόρτα...

Εδώ μπαίνουν διαφημίσεις, αν πρόλαβα να δω καλά, διαφημίζουν κάτι φέρετρα με αιρ-κοντίσιον και W-Lan. Μάλιστα...

Αφοσιώνομαι να κοιτάω έξω απ' το παράθυρο τα σύννεφα και να μυρίζω την μπαγιατίλα απ' το πεθαμένο μου σώμα που πρέπει άμεσα να το αλλάξω. Φυσικά βρωμάει όλη η καμπίνα πεθαμενίλα, καθώς είναι πολλοί σε πολύ χειρότερη κατάσταση από μένα. Αλλά, όπως και να το κάνουμε, ο καθένας πεθαίνει μόνος του και παίρνει το πτώμα του μαζί, όπως αποδείχθηκε. Άσε τι λένε για ψυχές και κολοκύθια οι παπάδες στον Πάνω Κόσμο που ψάχνουν πελατεία για το μαγαζί τους...

Τελικά φτάνουμε στον προορισμό μας. Το αεροπλάνο χαμηλώνει σιγά σιγά και τελικά προσγειώνεται το ίδιο απαλά όπως απογειώθηκε, σε ένα πανομοιότυπο αεροδρόμιο με το πρώτο. Πραγματικά άσος ο πιλότος, αλλά γιατί δεν έχει βάψει το αεροπλάνο του κόκκινο; Άσε που δεν έχει τρία φτερά...

Βγαίνω κρατώντας τη μύτη μου και προχωρώ προς το κεντρικό κτίριο. Ισόγειο, κάτασπρο, με τεράστιες τζαμαρίες, σωστό βενζινάδικο. Έχει μια μεγάλη επιγραφή:

ΚΕΝΤΡΙΚΟΣ ΑΕΡΟΛΟΙΜΗΝ ΚΠΕΜΑΚ

ΜΕΡΟΣ 2: Κπεμάκ

Στο Κπεμάκ

Στην κεντρική αίθουσα ρίχνω μια βιαστική ματιά γύρω μου. Εντοπίζω αμέσως το γραφείο σωμάτων του αεροδρομίου. Δεν είναι δύσκολο, καθώς απ' έξω είναι μαζεμένοι ένα μάτσο κουτσοκουλόστραβοι που φωνάζουνε. Κεφάλια εδώ κι εκεί, χέρια, πόδια, μύτες περιμένουν τη σειρά τους για να παραπονεθούν...

Δεν με αφορά τίποτα απ' όλα αυτά, εγώ θα πάρω το νέο μου σώμα απ' το επίσημο γραφείο στην πόλη. Προχωράω και βγαίνω απ' την αίθουσα. Η ατμόσφαιρα έξω απ' το κτίριο είναι πολύ διαφορετική. Δεν μυρίζει πια πεθαμενίλα, εκτός απ' την δική μου βέβαια. Ο καιρός είναι θαυμάσιος και φαίνεται ότι έτσι μένει πάντα, καθώς τα λιβάδια, τα δέντρα και η όλη ατμόσφαιρα έχουν ένα έντονο καλοκαιρινό χρώμα, όπως και στο πρώτο αεροδρόμιο. Οι άνθρωποι είναι κοινά ντυμένοι, τα κτίρια επίσης, συνηθισμένα κι άχρωμα. Τι άλλαξε δηλαδή που πεθάναμε; Είμαι πια στο καθαυτό έδαφος του Άλλου Κόσμου, όμως δεν βλέπω να διαφέρει σε τίποτα απ' αυτόν των ζωντανών.

Κάτι ετοιμόρροπα λεωφορεία στη σειρά περιμένουν τους επιβάτες του αεροπλάνου. Επιβιβάζομαι και πληρώνω έξι δάχτυλα εισιτήριο. Τους παλιοκλέφτες!

Η σακαράκα ξεκινάει καμιά φορά, αλλά περπατάει απελπιστικά αργά. Όμως η διαδρομή δεν είναι μεγάλη, μακριά φαίνεται ήδη μια κωμόπολη. Προσπαθώ να βάλω μια τάξη στις δουλειές που έχω να κάνω. Πρώτα απ' όλα πρέπει να πάω στο γραφείο σωμάτων να αλλάξω αυτό το βρωμερό τομάρι που φοράω. Έπειτα πρέπει να πάω στην τράπεζα να ξοφλήσω τις πιστώσεις μου και να καταθέσω τα υπόλοιπα στο όνομα του χοντρογριού. Μετά πρέπει να μάθω αν θα πάω στον Παράδεισο ή στην Κόλαση, γιατί σύμφωνα με τις εκτιμήσεις μου αυτό το Κεμπάπ, πώς σκατά το λένε, πρέπει να είναι μόνο για την αρχική υποδοχή. Μετά, κάθε κατεργάρης στον πάγκο του.

Πω πω γραφειοκρατία! Ξέρω τι πρέπει να κάνω! Θα φροντίσω να μείνω μερικές μέρες στην πόλη να διασκεδάσω! Αυτό είναι! Στον Πάνω Κόσμο όλο δουλειά και σπίτι, σπίτι και δουλειά, καιρός να το ρίξουμε τώρα και λίγο έξω. Λογικό, γιατί αν με στείλουν στον Παράδεισο θα πλήξω μέχρι θανάτου, ενώ αν πάω στην Κόλαση θα πρέπει να αντέξω τόσα μακάβρια βασανιστήρια που δεν θα μου μείνει καθόλου καιρός για διασκέδαση. Εκτός πια κι αν έχω λαθεμένη γνώμη για την Κόλαση και τον Παράδεισο, αλλά δεν το πιστεύω. Τόσοι σοφοί και σεβάσμιοι άνθρωποι, παπάδες, θεολόγοι, γονείς, δάσκαλοι, η κυρα-Παναγιώτα από δίπλα, με τρομοκράτησαν όλο αγάπη και με τα ζωντανότερα χρώματα όσο ζούσα, δεν μπορεί να κάνουν λάθος!

Μακριά στον δρόμο εμφανίζεται μια μεγάλη πινακίδα που πλησιάζει. Όπως την περνάει το σαράβαλο διαβάζω:

ΚΑΛΟΣ ΗΛΘΑΤΕ ΣΤΩ ΚΠΕΜΑΚ

(Κέντρω Πρώτις Επαφης Μεταναστόν στον Άλο Κωσμο)

Α, μάλιστα! Αυτό είναι λοιπόν!

Η κωμόπολη τούτη είναι μάλλον ένα χωριό. Ένα χωριό βγαλμένο από κάποιαν άλλην εποχή, με έναν φαρδύ κεντρικό δρόμο με μικρά σπιτάκια δεξιά κι αριστερά, καθαρά κι ομοιόμορφα, έτσι ώστε να μην μπορείς να σχηματίσεις μιαν εικόνα για το πώς πρέπει να είναι η Κόλαση ή ο Παράδεισος. Πάντως όχι σαν αυτό το μέρος, δεν μπορεί, εδώ θα ξαναπεθάνουμε απ' την ανία!

Το γκαζοζέν μας ξεψυχάει στην κεντρική πλατεία. Κατευθύνομαι χωρίς καθυστέρηση στο Γραφείο Σωμάτων.

- Καλημέρα σας! Θα ήθελα ένα καινούριο σώμα.

- Βεβαίως! Περάστε στο ιδιαίτερο να το συζητήσουμε, μου λέει ένας υπάλληλος και μου δείχνει μια πόρτα.

Μπαίνω μέσα, μπαίνει κι αυτός, κλείνει την πόρτα, κάθεται στο γραφείο του και μου δείχνει μια ξύλινη καρέκλα καφενείου.

- Καθίστε σας παρακαλώ! Βλέπετε, πρώτα πρέπει να σας κάνουμε μερικές τυπικές ερωτήσεις. Δεν μπορούμε να δίνουμε τα σώματά μας όπου να 'ναι. Όπως θα έχετε ίσως ακούσει κι εσείς, έχουμε μόνο άριστης ποιότητας σώματα κι ένας τυπικός έλεγχος είναι πάντοτε αναγκαίος. Καταλαβαίνετε, τυπικούρες...

- Καταλαβαίνω, καταλαβαίνω...

- Ωραία, ας αρχίσουμε λοιπόν! Πρώτα απ' όλα: Πώς πεθάνατε;

- Με φάγαν μπαμπέσικα.

- Α! Με δηλητήριο;

- Όχι, με σφαίρα! Ηρωικά, είμαι θύμα πολέμου!

- Καλά, το σημειώνω.

Βγάζει τη γλώσσα του στο πλάι κι αρχίζει να ορνιθοσκαλίζει στο χαρτί κάτω απ' τη μύτη του:

«Πέθαναι μπαμπέσηκα με σφέρα απώ ηρoϊκό διλητείριο»

- Διευθυντής σε σχολείο ήσασταν στον Πάνω Κόσμο; τον ρωτάω με ένα ίχνος ειρωνείας στη φωνή μου.

- Ναι! Πώς το καταλάβατε;

- Έχετε δύναμη στην έκφρασή σας, ωριμότητα, γλαφυρότητα!

- Ευχαριστώ, ευχαριστώ, αλλά ξέρετε, η γυναίκα μου ήταν η αδελφή του υπουργού, γι' αυτό μου έδωσαν τη θέση...

- Ααα, τώρα εξηγείται γιατί σας αναθέσανε να γράψετε εδώ τις πινακίδες! Να υποθέσω ότι η κουνιάδα του αδελφού της γυναίκας σας είναι η θεία του μπατζανάκη της ανιψιάς του δημάρχου του Κπεμάκ;

Μένει άναυδος, με κοιτάει με τα φρύδια ψηλά ενώ ένα χαμόγελο σχηματίζεται στο πρόσωπό του.

- Λοιπόν, εσένα σε συμπάθησα! Αλλά πρέπει να προχωρήσουμε! Απ' έξω περιμένουν κι άλλα πτώματα...

- Ναι, ναι! Να τελειώνουμε...

- Ωραία λοιπόν, δεύτερη ερώτηση: Τι νούμερο παπούτσια φοράτε; Καταλαβαίνετε, αυτά είναι τυπικά, αλλά εδώ...

- Σαράντα δύο.

- Μάλιστα, το σημειώνω, "42". Πόσες ελιές έχετε;

- Εκατόν είκοσι οκτώ και μισή.

- Και μισή;

- Ναι, στο πόδι μου. Δεν ξέρω αν είναι κάλος ή ελιά. Ας την βάλουμε μισή!

- Ναι, ας την βάλουμε μισή, το σημειώνω κι αυτό: “**1⊊8** ℰ *μυσί* ”

Το ορνιθοσκαλίζει κι αυτό στα χαρτιά του και μετά σηκώνει το κεφάλι του κοιτώντας με σοβαρά.

- Τώρα πρέπει να σας κάνουμε κι ένα τεστ γενικών γνώσεων. Καταλαβαίνετε, αυτά είναι τυπικά πράγματα...

- Καταλαβαίνω, καταλαβαίνω...

- Λοιπόν, ερώτηση πρώτη: πόσα πόδια έχει ένας άνθρωπος;

- Αν δεν πληρώσει τίποτα στ’ αεροδρόμια, δυο.

- Σωστά! Δεύτερη ερώτηση: Τι ήταν ο Τσάο Τε Μούνγκ;

Τον κοιτάω περίεργος. Τι κάθεται και με πρήζει; Αν δεν θέλει να μου δώσει σώμα, ας μου το πει να τελειώνουμε...

- Μπράβο αγαπητέ μου, λέει τότε αυτός με ικανοποίηση. Και πάλι μπράβο που δεν απαντήσατε! Η πολιτική δεν έχει θέση σε αυτόν τον κόσμο. Και τώρα η τρίτη ερώτηση: Τα παιδιά του Ζεβεδαίου ποιόν είχαν πατέρα;

- Τον Αχιλλέα τον Γαλάτη απ’ τη Σαμαρκάνδη!, απαντάω μπαϊλντισμένος.

Ο υπάλληλος με κοιτάει με θαυμασμό.

- Συγχαρητήρια αγαπητέ μου, είσαστε τέρας μόρφωσης, λίγοι ξέρουν αυτήν την απάντηση! Περάσατε με άριστα! Και τώρα ήρθε η μεγάλη στιγμή. Τι σώμα προτιμάτε;

Αυτό δεν το είχα σκεφτεί, η ερώτησή του με βρίσκει απροετοίμαστο, οπότε απαντάω διπλωματικά.

- Μήπως μπορώ να δω τίποτα;

- Μα βεβαίως! λέει αυτός κι ανοίγει τον υπολογιστή στο γραφείο του. Εμφανίζονται τσόντες...

- Α! Συγγνώμη! λέει. Αυτά είναι τα γυναικεία σώματα...

- Οι άντρες που είναι μπουρδουκλωμένοι με τα “γυναικεία σώματα” στις εικόνες να φανταστώ ότι είναι για διακόσμηση;

- Μα, βεβαίως, βεβαίως, έτσι είναι! Για διακόσμηση, βέβαια!

Βγάζει ξανά τη γλώσσα του στο πλάι κι αρχίζει να παλεύει με το μηχάνημα. Περιπέτεια, αγωνία, σκέτο θρίλερ! Βαράει την οθόνη ανυπόμονα, βρίζει χαμηλόφωνα το ατίθασο αυτό παλιοκούτι που δεν του κόβει ντιπ για ντιπ, και τελικά, θρίαμβος! Στο στόμα του εμφανίζεται ένα πλατύ χαμόγελο και στην οθόνη αντρικά σώματα. Χωρίς διακοσμητικές γυναίκες. Μετά από λίγο ψάξιμο, διαλέγω ένα που νομίζω ότι θα μου ταιριάζει.

- Αυτό!

- Συγχαρητήρια! λέει πάλι αυτός. Πρέπει να ξέρετε ότι επειδή περάσατε με άριστα, σας έδειξα μόνο τα σώματα πρώτης ποιότητας. Και ειδικά αυτό που διαλέξατε, είναι το καμάρι μας! Καλύτερη επιλογή δεν θα μπορούσατε να κάνετε, συγχαρητήρια πάλι! Και τώρα, αν δεν σας πειράζει, περάστε στο πλαϊνό δωμάτιο να σας το φορέσουν...

Λέγοντας αυτά πατάει ένα κουδουνάκι. Σχεδόν αμέσως εμφανίζεται ένας μαυριδερός, κακομούτσουνος νάνος, φρεσκοαγορασμένος από σκλαβοπάζαρο της Μπαρμπαριάς, με μια τελείως αλητοράδικη γυφτόφατσα, ξανθό βαμμένο μαλλί καρφάκια, χέρια γεμάτα τατουάζ κι έναν χαλκά περασμένο στη μύτη του.

- Πάνε ρε άθλιε τσόγλανε το κουφάρι Κ-37 στο πλαϊνό δωμάτιο, θα το πάρει ο μπάρμπας από δω...

Μου δείχνει ευγενικά μια πόρτα που γράφει "**ΑΠΟΔΗΤΥΡΙΑ**". Την σπρώχνω και μπαίνω. Το πρώτο πράγμα που αντικρίζω είναι δυο νέγροι με τερατώδεις διαστάσεις. Στον πάνω κόσμο θα ήταν σίγουρα ευνούχοι ή παλαιστές, πάντως είναι φανερό ότι έκαναν βόδι-building, ή όπως αλλιώς το λένε τέλος πάντων. Στους τοίχους πρόλαβα να δω μερικά χατζάρια, μπαλτάδες, πριόνια, κουτάλες και τέτοια, πριν με αρπάξει ο πρώτος νέγρος απ' τον λαιμό. Με μια αστραπιαία κίνηση ξεκρεμάει απ' τον τοίχο ένα τεράστιο γιαταγάνι και με μιαν αέρινη κίνηση μου κόβει το κεφάλι. Ο δεύτερος παίρνει απ' τον τοίχο μια κουτάλα κι αρχίζει να αδειάζει τα μυαλά μου σε ένα μπολ πάνω στο τραπέζι.

Εντωμεταξύ ο πρώτος δεν χάνει τον καιρό του. Βουτάει την χερούκλα του μέσα στον κομμένο μου λαιμό και τον νιώθω να ψάχνει την καρδιά. Την βρίσκει εύκολα, με μιαν επιδέξια κίνηση την ξεριζώνει και την αφήνει κι αυτήν στο τραπέζι σε μια πιατέλα, τακτοποιώντας την πλάι στα μυαλά μου. Η καρδιά χοροπηδάει λιγάκι απ' τη χαρά της για τον καθαρό αέρα, αλλά με μια σφαλιάρα μαζεύεται και κουρνιάζει στη θέση της.

Δουλεύουν και οι δυο σιωπηλοί, με κατάνυξη και δεν μπορώ παρά να θαυμάσω την ευσυνειδησία τους. Αν είχα κεφάλι, θα μου είχε ξεφύγει ένα σφύριγμα θαυμασμού.

- *«Για κοίτα βρε παιδί μου, που και στον άλλο κόσμο υπάρχουν ευσυνείδητοι άνθρωποι!»* λέω μέσα μου.

- Ευχαριστώ! απαντάει ο νέγρος που είναι από πάνω μου.

Και τότε συνειδητοποιώ ότι ''μέσα μου'' δεν υπάρχει πια, αφού με έχουν ανοίξει.

Για να περάσω την ώρα μου μέχρι να τελειώσουνε, προσπαθώ να θυμηθώ κανένα τραγουδάκι, αλλά δεν θυμάμαι κανένα.

- Α, με συγχωρείτε! λέει ο νέγρος που είναι στο τραπέζι, κάπου θα έχω βάλει ξέχωρα τη μνήμη σας! Δυο λεπτά παρακαλώ!

Ψάχνει λίγο ανάμεσα στα μυαλά μέχρι που την βρίσκει. Την βάζει στη θέση της κι εγώ αρχίζω αμέσως να τραγουδάω.

Πάνω στην ώρα έρχεται κι ο τραμπούκος νάνος με το καινούριο μου σώμα. Όμως επειδή το σώμα είναι τουλάχιστον δυο φορές μεγαλύτερο απ' αυτόν, ο εφευρετικός αυτός σκατιάρης το σέρνει στο πάτωμα τραβώντας το απ' το πόδι, σκουπίζοντας παράλληλα όλες τις αράχνες του διαδρόμου. Ο νέγρος όμως δεν συμφωνεί με την πρωτότυπη κι αποτελεσματική ιδέα του λεχρίτη υφισταμένου του. Θυμώνει, τον αρπάζει απ' το πέτο, τον σηκώνει με ευκολία στο ύψος του και τον αρχίζει στις μπάτσες. Ο χαλκάς κουδουνίζει σαν ντέφι όσο ο ελεεινός αλητάμπουρας τσινάει στον αέρα τα πόδια του στον ρυθμό των μελωδικών σκαμπιλιών του προϊσταμένου του. Μου 'ρχεται να χορέψω...

- Πόσες φορές σου 'χω πει, ρε σκατόμουτρο, να μην σέρνεις έτσι τα πτώματα; Ε; Πόσες φορές; Δεν το καταλαβαίνεις επιτέλους ρε ηλίθιε ότι τα λερώνεις και γεμίζουν ελιές και πανάδες; Να πάρεις τώρα το Τεννεχ να το καθαρίσεις! Αμέσως καθίκι!

Πράγματι, σε χρόνο ρεκόρ το υποκοσμικό αυτό παλιοτόμαρο, δουλεύοντας σαν άσπρος σίφουνας, καθαρίζει το σώμα μου και το σηκώνει όρθιο για να μου το δείξει.

Είναι πράγματι πολύ ωραίο, από κοντά φαίνεται ακόμα καλύτερο. Δυνατοί μυώνες, όμορφο πρόσωπο, φαίνεται να σφύζει από υγεία, πολύ καλύτερο απ' το παλιό μου! Χαίρομαι πολύ που το βλέπω και δεν κρατιέμαι μέχρι να τελειώσουν με το "φόρεμα" για να με θαυμάσω στον καθρέφτη.

- Μην βιάζεστε, μου λέει ο ένας νέγρος ενώ τακτοποιεί τα μυαλά μου στο καινούριο κρανίο. Σε πέντε λεπτά τελειώνουμε!

Πράγματι, δεν κάναν ούτε δευτερόλεπτο παραπάνω. Σε πέντε λεπτά είμαι καινούριος, του κουτιού που λένε! Ο ένας νέγρος παίρνει μια βούρτσα και μου ξεσκονίζει την πλάτη ενώ ο άλλος μου φέρνει έναν ολόσωμο καθρέφτη και καταπιάνεται να χτενίσει τα μαλλιά μου.

- Ωραία σας πάει!, λέει με θαυμασμό. Φτυστός ο Καναζόβας, θα 'χετε μεγάλο σουξέ!

Δίκιο έχει! Δεν αισθάνομαι πουθενά να με στενεύει ή να είναι φαρδύ. Όλα πηγαίνουν ρολόι...

Τους ευχαριστώ όσο καλύτερα μπορώ και παίρνοντας στο μπράτσο το παλιό μου σώμα, που το είχαν στο μεταξύ πακετάρει καλά, ανοίγω την πόρτα και βγαίνω πάλι στον δρόμο.

***

Τραβάω κατευθείαν για την τράπεζα. Εκεί δεν μου φέρνουν καμιά δυσκολία, άλλωστε θέλω να ξοφλήσω χρέη και να κάνω κατάθεση, αυτό έλλειπε! Πληρώνω λοιπόν και βάζω τα υπόλοιπα στον λογαριασμό του χοντρογριού. Παραδίδω και το βιβλιάριο των τσεκ και βγαίνω έξω ξαλαφρωμένος. Από 'δω και πέρα, τέρμα τα δίφραγκα...

Έχω αρχίσει να βαριέμαι όλην αυτήν τη γραφειοκρατία, ούτε στον Άλλο Κόσμο δεν γλιτώνει κανείς! Πρέπει όμως απαραίτητα να περάσω κι απ' το γραφείο κατάταξης για να μάθω αν θα πάω στην Κόλαση ή στον Παράδεισο.

Στρίβοντας στη γωνία σταματάω. Μπροστά μου περνάει μια μεγαλειώδης πομπή. Μπρος και πίσω πηγαίνουν χρυσοποίκιλτοι κληρικοί ψέλνοντας, ενώ στη μέση είναι τέσσερις γεροί βαστάζοι που σηκώνουν ένα ολόχρυσο φορείο. Μέσα στο φορείο βρίσκεται ένας φοβισμένος γεράκος που κοιτάει τρομαγμένα γύρω του. Στο κεφάλι του φοράει ένα ολόχρυσο στέμμα με διαμάντια και στο χέρι του που τρέμει βαστάει μια χρυσοσκαλισμένη πατερίτσα. Είναι φανερό ότι πρόκειται για μια σεμνή θρησκευτική πομπή, συμβατή με τις προσταγές της θρησκείας περι λιτότητας, εγκράτειας και πενίας, αλλά ποιος είναι αυτός στο φορείο;

Κάποιος πλάι μου μου σφυρίζει:

- Είναι ο Πάπιας! Τα κακάρωσε σήμερα την ώρα της στέψης κάποιου καραμυδράλιου, έπαθε έμφραγμα είπανε... Τον φέρανε γρήγορα εδώ, γιατί οι κακές γλώσσες λένε ότι έχουν ξεσπάσει πάλι κάτι σκάνδαλα στο Βαλτικανό, κάτι για τα Ταμεία Απόρων λένε... Θέλουν να ξεκαθαρίσουν γρήγορα την κατάσταση, ανάγιος άνθρωπος είναι, πρέπει να διαλύσουν τις υποψίες...

- Ζωή σε λόγου μας, ψιθυρίζω αφηρημένος...

Ο άλλος με λοξοκοιτάει.

- Καινούριος είσαι;

Γυρνάω τότε κι εγώ για να αντικρίσω έναν τύπο μάλλον παχουλό με μουστάκι, που θα τον χαρακτήριζες σαν έναν χαμογελαστό και φιλικό μαφιόζο. Γελώντας με το πλατύ του χαμόγελο συνεχίζει.

- Δεν πειράζει, θα συνηθίσεις σιγά σιγά! Όλα είναι ζήτημα συνήθειας, ακόμα κι ο θάνατος. Πάμε να πιούμε κανένα ποτηράκι...

Ο τύπος μου κάνει καλή εντύπωση. Φαίνεται ανοιχτόκαρδος και γλεντζές. Παρ' όλα αυτά πρέπει για την ώρα να αποκρούσω την πρότασή του.

- Πρέπει να πάω στο Γραφείο Κατάταξης, του λέω. Θέλω να τελειώνω με αυτήν την ιστορία για να κανονίσω από κει και πέρα το πρόγραμμά μου.

- Αδύνατον φίλε μου! λέει. Τώρα που βάζουν εκεί τον Πάπια, δεν τελειώνουν ούτε σε τρεις μέρες. Άκου 'με που σου λέω! Εγώ είμαι απ' την Κόλαση, αλλά βρίσκομαι εδώ με απόσπαση, δυσμενή εννοείται, γιατί έσπασα στο ξύλο ένα διαβολάκι που με είχε κυριολεκτικά διαβολίσει. Δεν πειράζει όμως, κι εδώ καλά περνάω. Έχω εδώ πιο κάτω ένα μικρό ξενοδοχείο...

Και παίρνοντας πάλι το γελαστό του ύφος, συνεχίζει.

- Λοιπόν, στοιχηματίζω ότι θα τον στείλουν κι αυτόν στην Κόλαση. Έχω δει εκεί κάτω πολλούς "άγιους" που στον Πάνω Κόσμο το παίζανε υπεράνω πάσης υποψίας, σωτήρες κι αθώες περιστερές... Φυσικά έχουμε και τα γνωστά καθίκια! Να φανταστείς για τον Χίλτερ χρειάστηκαν ολόκληρη εβδομάδα, και για τον Αττίλια μιάμιση. Έ, να μην κάνουν και τρεις μέρες για τον Πάπια; Άντε πάμε να πιούμε κάτι, έχει εδώ πιο κάτω το μοναδικό καμπαρέ του Κπεμάκ!

Καμπαρέ; Τέλος πάντων με έπεισε, στο κάτω κάτω φαίνεται ευχάριστος τύπος κι εγώ παρέα ζητάω... Του χαμογελάω λοιπόν και του δίνω το χέρι μου.

- Ζαχαρίας, εντάξει, δέχομαι!

- Μανόλο, έτσι μπράβο, βασίσου σε μένα! Άκου που σου λέω, παλιά καραβάνα, παλιά καραβάνα...

Ξαναγελάει...

Το καμπαρέ

Το καμπαρέ είναι υπόγειο, γεμάτο κόσμο που πίνει και διασκεδάζει με αρκετή φασαρία. Μια ευρύχωρη σάλα με μοκέτα κάτω και σκούρο κόκκινο βελούδο στους τοίχους. Στο βάθος το μπαρ με τόσα πολλά ποτά στον τοίχο, όσα δεν έχω ξαναδεί ποτέ μου σε μαγαζί, όλος ο τοίχος είναι ράφια, γεμάτα με ποτά. Στο μεγαλύτερο μέρος της αίθουσας υπάρχουν τραπέζια με αναπαυτικά καθίσματα, στραμμένα όλα προς τα αριστερά, όπου υπάρχει ένα είδος πίστας, αλλά αυτό που τραβάει την προσοχή μου είναι τα πολλά και λαβυρινθώδη χωρίσματα στα δεξιά. Όπως καταλαβαίνω είναι "σεπαρέ", τραπέζια γι' αγαπημένες αμαρτίες, απομονωμένα απ' τα αδιάκριτα βλέμματα. Μπράβο γούστα τα πτώματα! Θα πρέπει να έμεινα αρκετήν ώρα στο κεφαλόσκαλο θαυμάζοντας τη διαρρύθμιση του χώρου, γιατί ο Μανόλο ο μουστάκιας σκύβει και μου ψιθυρίζει.

- Ωραίο, έ; Ξέρεις, κάθε φορά που φέρνω εδώ κάτι φρέσκα πτώματα σαν και σένα, κάθομαι και σας κάνω χάζι.

Σταματάει, παίρνει μιαν ανάσα και συνεχίζει.

- Πάντως φίλε μου, το σώμα σου κάνει θραύση. Για ρίξε μια ματιά τις δυο μικρούλες που είναι εκεί στο μπαρ, πώς σε κοιτάζουν ναζιάρικα και χαμογελάνε...

- *«Εεε, καλά τώρα! Τζάμπα έβαλα τα δυνατά μου για να απαντήσω σωστά τις ερωτήσεις και να πάρω το καλύτερο σώμα;»*

Ασυναίσθητα ρίχνω μια ματιά προς τα εκεί που δείχνει και...

Ω, τι πλάσματα είναι αυτά; Ακουμπάω στον τοίχο για να μην πέσω. Οι ανταύγειες του φωτός σχηματίζουν απίθανα φωτοστέφανα γύρω από δυο αιθέρια κορμάκια που λικνίζονται νωχελικά στο μπαρ, ακολουθώντας τον ρυθμό της μουσικής, κοιτώντας προς το μέρος μου με νάζι περισσό και ουράνια χάρη. Πόδια μακριά, κορμιά λυγερά, πρόσωπα αψεγάδιαστα, με καταρράκτες χρυσά μαλλιά στη μια και καστανά στην άλλη.

- Μπα που να με πάρει ο διάολος! φωνάζω στον Μανόλο μισοδυνατά για να ακουστώ πάνω απ' τη μουσική, δεν είναι για μένα ο κόσμος αυτός! Θα με τρελάνετε όλοι σας εδώ!

Ξαφνικά ανοίγει πίσω μου η πόρτα με θόρυβο. Μπαίνει ένας τύπος ντυμένος αποκριάτικα. Στο κεφάλι του έχει δυο μεγάλα κέρατα, η μύτη του είναι μακριά και σουβλερή, τα αυτιά του κι αυτά μυτερά, ενώ ένα λεπτό, κατάμαυρο μακρύ μουσάκι κρέμεται απ' το σαγόνι του. Φοράει ένα εφαρμοστό κοκκινόμαυρο κολάν που καλύπτει όλο του το σώμα και το οποίο βγάζει παγωμένες φλόγες. Ωραίο εφέ αυτό, πώς το κάνει; Τα παπούτσια του μαύρα και μυτερά, ενώ στο χέρι του κρατάει μια μεγάλη τρίαινα που βγάζει κι αυτή κρύες φλόγες. Πολύ πετυχημένη μεταμφίεση, αν εξαιρέσει κανείς ότι βρωμάει σαν την κόλαση...

- Ποιος με κάλεσε; λέει με μιαν απόκοσμα υπόκωφη φωνή ξεκούρδιστου γραμμόφωνου. Ποιος ζήτησε ταξί για Κόλαση;

Κρύος ιδρώτας με λούζει καθώς με κοιτάει έντονα.

- Όχι εγώ! Απ' έξω ακούστηκε!, του λέω ψύχραιμα.

Αυτός με κοιτάει ερευνητικά. Δεν φαίνεται να πείστηκε, όμως τελικά, αφού σαρώσει προσεκτικά την αίθουσα με το αετίσιο βλέμμα του, γυρίζει κι εξαφανίζεται από εκεί που ήρθε αφήνοντας ένα παγωμένο ρεύμα καυτού αέρα πίσω του.

- Ξέρεις φίλε μου, στρέφομαι προς τον Μανόλο, νομίζω ότι πράγματι χρειάζομαι ένα ποτό!...

Κατεβαίνω βιαστικά τη σκάλα και σωριάζομαι σε ένα τραπεζάκι κοντά στην πίστα όπου έχουν ανέβει εντωμεταξύ τα δυο μωρά και λικνίζονται νωχελικά στον ρυθμό της μουσικής.

Τα ποτά που μας φέρνουν τα λένε "ρατκέν".

- Θα σου πω το μυστικό τους, μου ψιθυρίζει ο νέος μου φίλος. Αλλά θα μου υποσχεθείς ότι δεν θα βγάλεις βρώμα! Δοκίμασέ το όμως πρώτα...

Είναι ένα γαλαζωπό ποτό που μυρίζει έντονα αλκοόλ, θυμάρι και μέλι. Γλυκόπιοτο, κατεβαίνει κελαρυστά στον λαιμό, μεθυστικό, προκαλώντας μια γαργαλιστική ηδονή καθώς σε πλημμυρίζει με το άρωμά του. Πραγματικά θεσπέσιο!

- Εξαιρετικό! λέω. Θεϊκό!

- Ακριβώς, θεϊκό! Έχω κάτι φιλαράκια που μπαινοβγαίνουν συχνά στον Παράδεισο, λέει αυτός. Λαθρέμποροι της δεκάρας δηλαδή, αλλά αυτό το πιοτό είναι όλα τα λεφτά. Το σουφρώνουν απ' τις κάβες του Θεού και το κρύβουν, λένε, σε μια αποθήκη κάπου μέσα στο Παραδείσιο Δάσος. Το "ρατκέν" αν το διαβάσεις ανάποδα τι γίνεται; Μάλιστα φίλε μου, νέκταρ πίνεις! Είδες τι καλά περνάνε οι Θεοί; Αλλά και πόσο συμφέρει στον καιρό μας να πεθάνεις; Τέτοιες ουράνιες μικροαπολαύσεις δεν είχαμε στον Πάνω Κόσμο ούτε στα όνειρά μας...

Γελάμε δυνατά και τσουγκρίζουμε τα ποτήρια μας με κέφι.

- Δεν ήταν πάντα ρόδινα τα πράγματα για τους Θεούς, ξέρεις. Κάποτε πέρασαν κι αυτοί κρίσεις. Ήρθαν πολλοί που δεν τους σέβονταν, κάτι άθεοι, αμφισβητησίες και τέτοιοι, και προσπάθησαν να κάνουν ρεύμα. Θυμάμαι τον χειρότερο απ' όλους, όταν πρωτοήρθε. Ο Λένιμ! Ναι αυτός!

- Ναι, κάτι άκουσα κι εγώ, είπα.

- Λογικό!, αποκρίθηκε. Βούιξε κι ο Πάνω Κόσμος! Λοιπόν άκου με εμένα να σου πω τι ακριβώς έγινε...

Ακουμπάει αναπαυτικά πίσω και παίρνει το ποτήρι στο χέρι.

- Όταν πέθανε λοιπόν ο Λένιμ, τον κράτησαν αρκετές μέρες στο γραφείο κατάταξης. Η απόφαση πάρθηκε γρήγορα, αλλά υπήρχαν γραφειοκρατικά προβλήματα, γιατί, όπως θα κατάλαβες κιόλας, εδώ υπάρχει τάξη και οι επαναστάσεις είναι ανεπιθύμητες. Τελικά πάρθηκαν όλα τα αναγκαία μέτρα και τον έστειλαν συνοδεία στην Κόλαση. Αυτό όμως που φοβόμασταν, τελικά έγινε. Στο λιμάνι της Κόλασης (ναι, η Κόλαση έχει λιμάνι!) τον υποδέχθηκαν με χειροκροτήματα και μουσική! Ήμουνα τότε κι εγώ εκεί και το είδα με τα μάτια μου!

Χαμογελάει.

- Είχα να δω τόσο κόσμο μαζεμένο απ' τον Πάνω Κόσμο, απ' όταν είχα πάει νεαρός στη συναυλία στο Stockwood... Τέλος πάντων, για να μην τα πολυλογούμε, ο Λένιμ δεν αποβιβάστηκε ποτέ κανονικά! Την κοπάνησε με μια μικρή βαρκούλα μόλις πλεύρισε το βαπόρι. Ενώ όλοι τον περίμεναν στη σκάλα, αυτός αποβιβάστηκε σε μια παράπλευρη αποβάθρα κι άρχισε αμέσως να καλεί τον κόσμο σε επανάσταση! Είναι απίστευτο πόσοι οπαδοί του μαζεύτηκαν αμέσως γύρω του! Ήταν τόσοι, ώστε η Κολαστική Αστυνομία έκανε δυο αιώνες να τον πλησιάσει δίνοντας πραγματική μάχη με τους εξαγριωμένους υποστηρικτές του! Τελικά αφού έπεσε το ξύλο της κολασμένης αρκούδας, τον μπουζούριασαν και τον ...εξαφάνισαν. Κανείς δεν ξέρει από τότε που βρίσκεται και σε ποιά βασανιστήρια τον έχωσαν...

Γελάμε και οι δύο με την ψυχή μας, αυτό το ρατκέν κάνει καλό κεφάλι! Ο Μανόλο γυρνάει και φωνάζει προς τις δυο όμορφες.

- Εϊ, κορίτσια! Για ελάτε να μας κάνετε λίγο παρέα!...

Μάλλον αυτήν την πρόσκληση περίμεναν κι αυτές τόσην ώρα. Σε χρόνο λιγότερο από "ανάβει πράσινο - κορνάρει ο από πίσω", θρονιάζονται δίπλα μας.

- Να σας συστήσω: Από δω ο Ζαχαρίας, επιχειρηματίας στον Πάνω Κόσμο. Κι από δω η Λούση και η Σούζη, αρτίστες του Κάτω Κόσμου!

- Χαίρω πολύ, λέω όλο ευγένεια φιλώντας τα λεπτεπίλεπτα χεράκια τους που μου τέντωσαν σαν ξεπεσμένες Κυρίες, τιμώντας το σαβουάρ-βιβρ που δεν κατάφερα ποτέ να μάθω σωστά.

- Και τι ακριβώς κάνατε στον Πάνω Κόσμο; ρωτάω, λες και δεν είναι φανερό. Όμως κάπως πρέπει να σπάσω τον πάγο...

Ο Μανόλο ανακάθεται στην καρέκλα του.

- Αλήθεια κορίτσια, τόσον καιρό και δεν σας έχω ρωτήσει! Τι κάνατε επάνω;

Αυτές ψιλοκοκκινίζουν και καλύπτουν το στόμα τους με τα ντελικάτα, περιποιημένα χεράκια τους.

- Εγώ ήμουνα πολιτικός, για να πω την αλήθεια! λέει σεμνά η Σούζη. Όλη μέρα στο γραφείο, στις προεκλογικές συγκεντρώσεις, στις περιοδείες, ψέμματα στον ένα, μπούρδες στον άλλο, ψόφησα στην τεμπελιά εξήντα χρόνια! Ε, είπα, τώρα που έχω άφθονο χρόνο, να διασκεδάσω λιγάκι...

- Ποιο ήταν το όνομά σου; ρωτάω κοιτώντας την λοξά.

- Η Μέλκερ είμαι καλέ! Τόσο πολύ ομόρφυνα και δεν με γνώρισες; λέει με ένα αυτάρεσκο χαμόγελο.

- Κι εσύ; στρέφομαι προς τη Λούση.

- Εγώ ήμουνα - κομπιάζει λίγο - να, πώς να το πω; Ήμουνα καλόγρια... Η μητέρα Πλερέζα. Αλλά μην με παρεξηγείτε, κι εγώ άνθρωπος είμαι, έστω πτώμα, αλλά με εκείνες τις προσταγές της εγκράτειας μου έλλειψαν πολλά πραγματάκια και τώρα βρίσκω επιτέλους την ευκαιρία να κάνω μερικές μικρές σκανταλιές. Δεν θα το πείτε στον Πάπια, έτσι;

Γελάμε όλοι μαζί...

- Μην ανησυχείτε κορίτσια, δεν είναι στο στυλ μας! Άλλωστε, αυτό δεν κάνουμε όλοι εδώ; Δεν βγάζουμε τον άλλον μας τον εαυτό, αυτόν που δεν μπορούσαμε να τον φανερώσουμε πάνω;

Μια πολύ ευχάριστη βραδιά φαίνεται να ξεκινάει...

Διαβατήριο για τον Άλλο Κόσμο

Η ζωή, ή μάλλον ο θάνατος στο Κπεμάκ είναι μέχρι στιγμής πολύ ευχάριστα. Τίποτα δεν επαληθεύεται απ' αυτά που ακούγαμε στον Πάνω Κόσμο. Όλα φαίνονται ήσυχα κι ειρηνικά.

Όμως δεν μπορεί να είναι όλα όσα μας είπανε σκέτη προπαγάνδα! Μπορεί εδώ και τώρα να περνάω καλά, αλλά σίγουρα στην Κόλαση ή στον Παράδεισο τα πράγματα θα είναι τελείως διαφορετικά. Κι εγώ θα πάω μάλλον στην Κόλαση, δεν ήμουν ποτέ ασκητής, ούτε συμπαθούσα ιδιαίτερα τη θρησκεία. Δεν ήμουν τέλος πάντων ο άγιος άνθρωπος, ο αφιερωμένος στην σωτηρία της ψυχής του κι αυτό λογικά θα πρέπει να μετράει πολύ εδώ, τουλάχιστον απ' ό,τι φαντάζομαι.

Στην Κόλαση θα με περιμένουν καζάνια καυτά, ατμόσφαιρα γεμάτη ατμούς να μην μπορείς να αναπνεύσεις, κάτι σαν χαλασμένη σάουνα, φριχτά βασανιστήρια, ίσως και να με δέσουν σε καμιά ρόδα, να μου τρυπήσουν το καινούριο μου σώμα με παλούκια, να μου βγάλουν τα νύχια...

Οι σκέψεις αυτές μου χαλάνε όλη μου τη διάθεση. Ακουμπάω το σαγόνι στα χέρια και κατσουφιάζω. Ο Μανόλο το κατάλαβε.

- Τι έχεις; με ρωτάει

Του λέω τις σκέψεις μου. Γελάει!

- Ω! Μην σε στενοχωρεί! Επίτηδες δεν σου μίλησα ακόμα για τον Παράδεισο και την Κόλαση και ούτε θα σου πω τίποτα. Θέλω να σε αφήσω να τα γνωρίσεις μόνος σου. Όμως σε ένα πράγμα μπορώ να σε βοηθήσω. Δεν μου λες;

Σκύβει πάλι συνωμοτικά πάνω μου κοιτώντας με απ' ευθείας στα μάτια.

- Ήσουνα μήπως στον Πάνω Κόσμο εξέχουσα προσωπικότητα; Κάποιος πολύ καλός, κάνας καλόγερος ας πούμε ή κάποιος πολύ κακός, πολιτικός για παράδειγμα; Ή ήσουνα ένας κοινός άνθρωπος;

- Το δεύτερο. Κοινός, βαρετός, ο χρήσιμος ηλίθιος...

- Τότε έχεις κάποια πιθανότητα. Υπάρχει και το γκρίζο διαβατήριο! Πολύ σπάνιο, ελάχιστοι το έχουν! Ισχύει και στον Παράδεισο και στην Κόλαση. Ο Παράδεισος έχει κανονικά άσπρο διαβατήριο με το οποίο δεν μπορείς να μπεις στην Κόλαση, και η Κόλαση μαύρο που δεν ισχύει στον Παράδεισο. Επίσης δεν μπορείς να βγαίνεις με αυτά τα διαβατήρια, παρά μόνο σπάνια και γι' αυτό βλέπεις τόσους πολλούς εδώ στο Κπεμάκ να πνίγουν τον πόνο τους στο αλκοόλ. Βγαίνουν μια φορά την αιωνιότητα με άδεια για δυο τέρμινα! Η πόλη μας κατοικείται μόνο απ' όσους έχουν γκρίζο διαβατήριο, το οποίο ισχύει παντού και πάντα, και απ' όσους έχουν δυσμενή μετάθεση, όπως εγώ.

Ακουμπάει ξανά πίσω στην καρέκλα του.

- Πρόσεξε τώρα! Στο Γραφείο Κατάταξης θα βάλουν σε μια ζυγαριά τις αμαρτίες σου και τις καλοσύνες σου. Αν η ζυγαριά ισορροπήσει, παίρνεις γκρίζο διαβατήριο και είσαι τσίφτης, αλλιώς παίρνεις άσπρο ή μαύρο. Οι περισσότεροι παίρνουν μαύρο, άλλωστε είναι γνωστό τι καθίκια είναι το ανθρώπινο είδος μας...

Τεντώνεται στην καρέκλα του και συνεχίζει με έμφαση.

- Τώρα μπαίνουμε στο ψητό, δώσε βάση! Μιας και ήσουνα κοινός άνθρωπος, θα σε κρίνει ένας κατώτερος υπάλληλος. Όλοι αυτοί πρέπει να ξέρεις ότι είναι εδώ με δυσμενή. Είναι δε κατά κάποιον τρόπο σαν δημόσιοι υπάλληλοι και δεν τους πολυενδιαφέρει που θα καταλήξεις εσύ. Αν του πρήξεις το κεφάλι, στο τέλος θα σε βάλει εκεί που θέλεις. Και για να το πετύχεις πιο σίγουρα, καλύτερα να του υποσχεθείς κιόλας ότι θα κάνεις τα αδύνατα δυνατά για να ανακληθεί η μετάθεσή του. Αν δείξει ότι τον ενδιαφέρει, τότε μπορείς να κάνεις τη ζυγαριά να ισορροπήσει. Αν μάλιστα τύχει να είναι απ' την Κόλαση, σου συνιστώ να κρατήσεις την υπόσχεσή σου, γιατί όσοι επιστρέφουν εκεί παίρνουν και προαγωγή και θα έχεις έναν ισχυρό φίλο. Μπήκες;

Νομίζω ότι μπήκα. Μυστήρια πράγματα συμβαίνουν εδώ! Ο υπάλληλος που δουλεύει στο ήσυχο Κπεμάκ να θέλει να ξαναγυρίσει στη φλογισμένη Κόλαση...

- Άντε τώρα!, λέει ο Μανόλο. Πήγαινε, είναι ώρα!

- Έστω λοιπόν, λέω και σηκώνομαι. Ας δοκιμάσουμε...

Σηκώνεται κι αυτός κάνοντας νόημα στα "κορίτσια".

- Ελάτε κούκλες, πάμε κι εμείς στο δωμάτιό μου να παίξουμε ...αμπάριζα!

Υποθέτω ότι έτσι λένε το "σκάκι" στο Κπεμάκ! Χαμογελάω, αλλά χαιρετάω ευγενικά και βγαίνω στον δρόμο.

***

Το ξενοδοχείο είναι στην πλατεία και το Γραφείο Κατάταξης απέναντι. Περπατάω με σίγουρο βήμα. Θα κάνω ό,τι μου είπε ο Μανόλο, γιατί, απ' ό,τι φαίνεται, αυτό το σπάνιο γκρίζο διαβατήριο αξίζει πολλά. Πρέπει να βάλω τα δυνατά μου...

Το κτίριο είναι ήσυχο. Ίσως τέλειωσαν με τον Πάπια. Ρωτάω στις πληροφορίες και με στέλνουν σε ένα γραφείο. Πάνω στο τραπέζι είναι μια μεγάλη ζυγαριά και πίσω της ένας υπάλληλος με βλοσυρό ύφος. Κοντός και καραφλός, θεοκάραφλος, απ' αυτόν βγήκε μάλλον η έκφραση "παρ' τ' αυγό και κούρεψ' το".

Κάτι μουρμουράει μέσα στα δόντια του.

Δεν καταλαβαίνω όμως τι λέει και τον κοιτάω με απορία.

- ΤΟ ΟΝΟΜΑ ΣΟΥ! ουρλιάζει.

Του το λέω. Πάει σε μια μεγάλη βιβλιοθήκη, ψάχνει λίγο και γυρνάει με τον φάκελό μου. Τεχνολογία, όχι αστεία!

- Για να δούμε, λέει κι αρχίζει να ψαρεύει χαρτιά από μέσα...

Ανοίγει ένα συρτάρι και βγάζει κάτι ζύγια που τα ακουμπάει πλάι στη ζυγαριά.

- Μμμμάλιστα, αυτό δέκα γραμμάρια εδώ, μια καλοσύνη, πέντε γραμμάρια εκεί, τώρα τρία πάλι εδώ...

Βγάζει ένα ένα τα χαρτιά, τα κοιτάει κι ανάλογα με το τι γράφουν, βάζει ζύγια στη ζυγαριά. Απ' ό,τι καταλαβαίνω, τα άσπρα χαρτιά είναι οι καλοσύνες μου και τα ροζ οι αμαρτίες μου. Ευτυχώς που δεν έχουν υπολογιστές σε αυτό το γραφείο, οπότε θα μπορέσω ευκολότερα να το διαπραγματευτώ. Είχε δίκιο ο Μανόλο, είναι ώρα να περάσω στην επίθεση. Μπέρδεψ' τον!

- Για ακούστε...

- Σκασμός! Μετράω τώρα!, φωνάζει.

- Μα!...

- Τίποτα! Γαϊδούρι! Κτήνος!

Μάλιστα, τυχερός είμαι, αυτός ήρθε σίγουρα απ' την Κόλαση...

- Μα, κύριε!...

Όμως δεν με ακούει, έχει τον χαβά του.

- Αυτή η κακία, είκοσι γραμμάρια, αυτή η καλοσύνη πέντε...

Πρέπει να βάλω σε ενέργεια τα μεγάλα μέσα, οι αμαρτίες πάνε να το κερδίσουν το ματς! Δεν περίμενα τίποτα άλλο...

- Ε, όχι και πέντε γραμμάρια! πετιέμαι πάνω και φωνάζω.

Ξαφνιάζεται με την αντίδρασή μου.

- Τι;

- Τυρί! Δεν είναι πέντε γραμμαρίων αυτή η καλωσύνη!

- Πώς δεν είναι πέντε;

- Τι λες ρε που είναι πέντε; Εδώ λέει το χαρτί ότι έδωσα μια πληροφορία σε έναν τουρίστα! Λίγο το 'χεις; Ξεχνάς τον χρόνο και τη φαιά ουσία που σπατάλησα;

Αυτός ξύνει το καραφλό κεφάλι του. Οι γρατσουνιές μείνανε.

- Καλά, εντάξει, δέκα...

- Δεκαπέντε!

- Αποκλείεται!

- Τι αποκλείεται; Και ο καημένος ο τουρίστας που θα έχανε τον δρόμο; Χωρίς εμένα μπορεί να έπεφτε θύμα ληστείας! Σκέψου να έπαιρνε λάθος δρόμο και να τον πατούσε αυτοκίνητο...

- Καλά, δεκαπέντε!

- Και η γυναίκα του; Την σκέφτηκες την καημένη τη γυναίκα του που θα έχυνε μαύρο δάκρυ για τον άδικο χαμό του αγαπημένου της; Όλη αυτήν την ανθρωπιά δεν την μετράς; Είκοσι, ακατέβατα!

Εδώ συγκινήθηκε.

- Εντάξει, είκοσι...

- Εικοσιπέντε!

- Τι;

- Και τα παιδιά του; Ξεχνάς τα καημένα τα παιδιά του; Μαύρες νύχτες θα περάσουν χωρίς τον πατέρα τους, μόνα κι έρημα...

- Μα...

- Μαμάκια! Σκέψου τα δικά σου παιδιά πώς υποφέρουν τώρα που τα άφησες στους πέντε δρόμους, άκαρδε...

Με κοιτάει αποσβολωμένος.

- Ωραία, εικοσιπέντε, αλλά ούτε γραμμάριο παραπάνω.

- Εντάξει, συμφωνήσαμε!

Σκύβω συνωμοτικά, στηρίζοντας τα χέρια μου στο γραφείο.

- Φυσικά μην ξεχάσεις τη διάταξη Κ32/26 που λέει ότι επειδή η πληροφορία που του έδωσα ήταν επιπλέον σωστή, διπλασιάζεται το ποσό! Πενήντα λοιπόν!

Με κοιτάει σαν χαζός...

- Καλά, εντάξει, να προχωρήσουμε κάποτε παρακάτω, δεν θα φάμε όλον τον αιώνα εδώ με σένα!

Τραβάει το επόμενο χαρτί.

- Εδώ λέει ότι πάτησες ένα μυρμήγκι. Πρόκειται για φόνο, εκατό γραμμάρια...

- Τιιι;

- Εκατό γραμμάρια είπα!

- Τρελός είσαι άνθρωπέ μου, ε, πτώμα μου; Είκοσι ακατέβατα!

- Καλά, εβδομήντα!

- Ούτε να το σκέφτεσαι! Το καημένο το μυρμήγκι που κουβαλούσε νυχθημερόν φαγητό να χορτάσει η μυρμηγκοκοινωνία! Μια εργατική μονάδα ακούραστη, συνεπής, τίμια, και η αμοιβή του είναι μόνο εξήντα γραμμάρια, όσο δηλαδή το φαγητό που κουβαλούσε; Πενήντα και συμφωνήσαμε! Πάμε παρακάτω...

Έχω πετύχει τον σκοπό μου, τον έχω ζαβλακώσει τελείως, έχασε την μπάλα! Στην επόμενη ώρα τσακωνόμαστε συνεχώς, όμως εγώ καταφέρνω να τα κρατάω όλα κοντά στο ±10, έτσι ώστε η ζυγαριά να είναι συνεχώς κοντά στην ισορροπία. Μέχρι που φτάνουμε στο τελευταίο χαρτί και η ζυγαριά είναι στα 2,5 γραμμάρια καλοσύνη. Χρειάζομαι δηλαδή ακόμα 2,5 γραμμάρια αμαρτία για να πάρω το πολυπόθητο γκρίζο διαβατήριο. Εύκολο φαίνεται, όμως εδώ είμαι πολύ άτυχος! Το τελευταίο χαρτί είναι άσπρο, δηλαδή καλοσύνη. Και μάλιστα τεράστια ατυχία, καθώς αυτό είναι το χαρτί γι' αυτόν τον καταραμένο που έπεσε στην προβλήτα και θα πνιγόταν, αν εγώ ο ηλίθιος δεν βουτούσα να τον σώσω απ' τα γαλήνια κύματα του λιμανιού!

Ο Σπανογλόμπος είναι αμετάπειστος!

- Ενάμισι κιλό, ακατέβατο!

Πρέπει να κάνω θαύμα, απ' αυτά που δεν πετυχαίνουν ούτε οι έμποροι! Πρέπει να κάνω το ενάμισι κιλό να ζυγίζει μείον δυόμισι γραμμάρια!!

- Μα σου λέω, ο άνθρωπος ήταν δολοφόνος! Σκληρός, αιμοδιψής δολοφόνος κι εγώ ο βλάκας τον έσωσα για να συνεχίσει τους φόνους! Να τιμωρηθώ πρέπει, κι όχι να ανταμειφθώ!

- Όχι! Όχι, όχι και πάλι όχι!

- Κοίτα, κάτι που δεν ξέρεις και που δεν το πήρε κανείς είδηση: δεν τον έσωσα για καλό. Όπως τον έβγαζα στην ξηρά του ξάφρισα το πορτοφόλι!

- Είπα όχι!

- Και μετά πούλησα την ταυτότητά του σε λαθρέμπορους όπλων. Ξέρεις πόσα όπλα φτιάξανε αυτοί και πόσους σκοτώσαν με την ψεύτικη ταυτότητα;

- Δεν πείθομαι, ενάμισι κιλό είπα!

Πρέπει να βάλω ακόμα πιο μεγάλα μέσα. Σκύβω πάλι πάνω στο γραφείο του, ρίχνοντας παράλληλα ένα κλεφτό βλέμμα προς την πόρτα, μήπως μας ακούει κανείς.

- Άκου! του ψιθυρίζω, ίσως μπορούμε να το τακτοποιήσουμε φιλικά. Βάλε αυτά τα δυόμισι γαμημένα γραμμάρια κακία και σου υπόσχομαι να κάνω να ανακληθεί η μετάθεσή σου...

Τινάζεται και γυρίζει προς το μέρος μου. Στην καράφλα του γυαλίζουν ξαφνικά δυο σταγόνες ιδρώτα.

- Και πού το ξέρεις εσύ ότι είμαι με δυσμενή εδώ;

Σκύβω ακόμα πιο συνωμοτικά στ' αυτί του.

- Κοίτα, εγώ δεν είμαι κοινός πεθαμένος, είμαι πράκτορας μεταμφιεσμένος! Είμαι μισοπεθαμένος, είμαι στην εντατική ακόμα από τροχαίο στον Πάνω Κόσμο. Μάθε λοιπόν ότι είμαι το δεξί χέρι του Μεθυσοφελή, που με κρατάει μισοπεθαμένο μέχρι να διαλευκάνω μια υπόθεση λαθρεμπορίου. Τελείως εμπιστευτικά θα σου πω ότι κάποιοι πουλάνε μισοτιμής πίσα απ' την Κόλαση στον Πάνω Κόσμο και γι' αυτό έχει έλλειψη εκεί κάτω. Ερευνώντας λοιπόν την υπόθεση, ανακάλυψα τυχαία και τις δικές σου τις βρομιές, κάτι "δωράκια" που τσέπωσες και κάτι υπερτιμολογήσεις που έκανες στις προμήθειες των νέων αυτόματων τριαινών. Έτσι δεν είναι; Δεν σε πήρανε κι εσένα απ' τα γραφεία και σε πήγανε στα καζάνια, όπου σου αλείψανε την καράφλα με λάδι και σε βάλανε να κάνεις το λαμπατέρ;

Τον κοιτάω έντονα στα μάτια. Διακρίνω όλην την έκπληξη του κόσμου. Οι σταγόνες στον ακάλυπτο ετοιμάζουν διαδήλωση, έχουν μαζευτεί ήδη καμιά πενηνταριά...

- Κι αυτό το ξέρεις;

- Εγώ σε ανακάλυψα και σε έβγαλα από εκεί! Σε πήγα στα καζάνια γιατί ήσουν όμορφος και είχαμε έλλειψη από πορτατίφ. Τέλος πάντων, τώρα θα πω στον Μεθύσο για την "διευκόλυνσή" σου εδώ και θα ξαναγυρίσεις στο αγαπημένο σου γραφείο στη διαχείριση, εντάξει; Αλλά τις βρωμιές σου δεν θα τις ξανακάνεις, γλοιώδη σπανοσάλιαγκα!

Κάπως έτσι είναι λοιπόν που βγαίνω απ' το Γραφείο Κατάταξης με το γκρίζο διαβατήριο στην τσέπη. Τι μέρα κι αυτή! Ή μάλλον νύχτα! Ξημερώνει! Είναι δυνατόν να έφαγα τόσες ώρες με αυτόν τον αποψιλωμένο; Ή ο χρόνος τρελάθηκε εδώ ή εγώ...

Τέλος πάντων, τραβάω κατά το ξενοδοχείο. Τώρα που τέλειωσα με τις διατυπώσεις, και μάλιστα με τον καλύτερο τρόπο, θέλω να ηρεμήσω λίγο για να δω τι θα κάνω παρακάτω...

Θάνατε, γλυκέ μου θάνατε!

Μπαίνοντας στο ξενοδοχείο βλέπω τον Μανόλο να κάθεται στην τραπεζαρία του πρωινού. Έχει ρουφήξει καμιά δεκαριά καφέδες, αν κρίνω απ' τα φλυτζάνια μπροστά του. Το παράκανε με εκείνα τα ξανανιωμένα πουρά όλο το βράδυ που έλλειψα. Όσο για μένα, πρέπει να έχω πολύ χαρούμενο ύφος μπαίνοντας, γιατί μόλις με βλέπει καταλαβαίνει.

- Τα κατάφερες λοιπόν, θηρίο; λέει και σκάει στα γέλια. Ευτυχώς που οι υπάλληλοι εδώ είναι το ίδιο "ευσυνείδητοι" όσο και στον Πάνω Κόσμο! Χαχαχα...

Εντάξει, συνήλθε! Παίρνω μια καρέκλα και κάθομαι.

- Δεν μου λες, τον ρωτάω, ποιά είναι τώρα η επόμενη ενέργειά μου;

- Ω, τίποτα πια! λέει αυτός. Καθάρισες! Τώρα με το γκρίζο διαβατήριο είσαι πλέον πολίτης του Κάτω Κόσμου κι απ' τους προνομιούχους μάλιστα! Μπορείς να απολαύσεις τον θάνατό σου και να τον ευχαριστηθείς. Θα κάνεις τα ταξιδάκια σου στην Κόλαση και στον Παράδεισο, θα γνωρίσεις πολλά ωραία κι άσχημα μέρη κι άμα αρχίσεις να βαριέσαι, πιάσε κάπου δουλειά να περνάει η ώρα σου. Εγώ απ' τη μεριά μου, σου διαθέτω το δωμάτιο που είσαι τώρα για όσον καιρό θέλεις. Μιαν αιωνιότητα δηλαδή!

Καινούρια γέλια κι απ' τους δυο αυτήν τη φορά. Αλήθεια, είναι να μην γελάει κανείς με όλα αυτά; Φαντάσου δηλαδή να του πω καμιά μέρα:

- «Μανόλο! Θα πεταχτώ για μια δουλίτσα στον Παράδεισο, κράτα μου το δωμάτιο, σε κάνα-δυο αιώνες θα επιστρέψω...»

Καλό, ε;

Εκείνην τη στιγμή μπαίνει ένας ύποπτος τύπος ντυμένος κινέζος ταξιτζής και κατευθύνεται προς το μπαρ. Ο Μανόλο μόλις τον βλέπει σηκώνεται και πηγαίνει κοντά του. Συζητάνε για λίγο χαμηλόφωνα και μετά χωρίζουν πάλι. Ο γιαπωνέζος χορευτής φεύγει κι ο Μανόλο ξανάρχεται στο τραπέζι.

- Βρωμοδουλειές; του πετάω κοροϊδευτικά.

- Α, μπα! Ψιλοπράγματα, απαντάει. Βλέπεις, εδώ δεν υπάρχουν χρήματα, άρα κατά συνέπεια δεν υπάρχουν και μεγάλες απάτες, αφού δεν υπάρχει κέρδος. Ό,τι θέλει ο καθένας μπορεί να το αποκτήσει και το πολύ πολύ να τσακωθούμε για τα πολιτικά ή για το ποδόσφαιρο. Με αυτόν όμως που είδες κάνουμε μια βρωμοδουλίτσα. Έχουν οι άτιμοι στην Κόλαση όλες τις βιομηχανίες και πολλά πράγματα που παράγουνε τα χρειαζόμαστε κι εδώ. Όμως οι κερατάδες οι διάολοι, σαν μοναχοφαγάδες που είναι, τα κρατάνε όλα για την πάρτη τους και δεν μας δίνουν τίποτα. Αυτός που είδες είναι κλέφτης και λαθρέμπορος, μέχρι να τον πιάσουν βέβαια, που δεν θα τον πιάσουν ποτέ, χαχαχα...

Πολύ γελαστούλης μας βγήκε αυτός εδώ. Μόλις όμως συνέρχεται, συνεχίζει.

- Είναι ο ίδιος που μου φέρνει τα πράγματα απ' τον Παράδεισο. Θυμάσαι το χθεσινό ρατκέν;

Αν το θυμάμαι, λέει! Μια απορία γεννιέται μέσα μου.

- Αφού δεν υπάρχει κανένα κέρδος, όπως λες, γιατί ριψοκινδυνεύει αυτός ο βιετναμέζος βιολιστής το γκρίζο διαβατήριό του και την ησυχία του;

Ο Μανόλο ξανασκάει στα γέλια.

- Πρώτον, αυτός στον Πάνω Κόσμο ήταν κλέφτης και του 'μεινε. Δεύτερον, κλέβει και κουβαλάει πράγματα εδώ γιατί είναι δραστήριος κι αλλιώς θα έπλητε, μισεί την ανιαρή ζωή. Τρίτον, δεν έχει καν διαβατήριο, δεν του χρειάζεται γιατί περνάει πάντα τα σύνορα στη ζούλα με τρόπους που μόνον ο ίδιος ξέρει και τέταρτον, δεν πρόκειται να τον πιάσουν ποτέ! Χαχαχα...

Γέρνει πίσω στην καρέκλα του.

- Ξέρεις ποιος είναι;

- Ο λιβανέζος μπετατζής; Πού να ξέρω, μάγος είμαι;

- Κοντά έπεσες, ο Αλή Μπουμπά είναι, με το καινούριο του σώμα! Χαχαχαχα...

Κρυφογελάω κι εγώ. Ο θρυλικός Αλή Μπουμπά δεν ησυχάζει ούτε στον Άλλο Κόσμο! Τουλάχιστον η ζωή του, παρντόν, ο θάνατός του έχει κάποιο νόημα!

- Ξέρεις, συνεχίζει ο Μανόλο, τι μου 'φερε προχθές;

- Πού να ξέρω;

- Μου 'φερε απ' την Κόλαση ένα υπεραυτόματο ψυγείο **ΑΛΟΖΙ** που δεν χρειάζεται να το ανοίξεις εσύ! Του λες τι θέλεις κι αυτό ανοίγει μόνο του και στο δίνει! Ναι, αλήθεια σου λέω, πάμε να στο δείξω, εκεί στην άκρη το 'χω...

Προχωράμε προς ένα έπιπλο στο σαλόνι, τεράστιο, με λαμπάκια να αναβοσβήνουν, μεγάλη οθόνη και δυο μακριές κεραίες να εξέχουν. Πιο πολύ με χαζοκούτι μοιάζει με αυτήν τη γιγάντια οθόνη που παίζει διαφημίσεις, παρά με ψυγείο. Όπως πλησιάζουμε, το χερούλι της πόρτας του μας χαμογελάει...

- Τασία! Θέλουμε δυο παγωμένα ρατκέν! λέει ο Μανόλο.

Η πόρτα ανοίγει κι ένας ρομποτικός βραχίονας εμφανίζεται με δυο ποτηράκια παγωμένο ρατκέν.

- Καταπληκτικό! αναφωνώ. Εξαιρετικό μηχάνημα! Πόσο έχει προχωρήσει τέλος πάντων αυτή η σατανική τεχνολογία!

- Ναι, είδες;

Επιστρέφουμε στις θέσεις μας συνεχίζοντας το κουτσομπολιό μας. Σε κάποια στιγμή σωπαίνουμε κι οι δυο. Τεντώνεται.

- Αισθάνομαι πολύ καλύτερα τώρα, μου πέρασε τελείως ο πονοκέφαλος. Λέω μάλιστα να δουλέψω κάνα δυο ώρες, έτσι για να κάνω κάτι. Εσύ τι λες να κάνεις;

- Ξέρω 'γω; Είμαι στραβάδι ακόμα και δεν έχω εγκλιματιστεί. Λέω να πάω καμιά βόλτα στην πόλη να συνηθίσω λίγο τη ζωή...

- Τον θάνατο...

- Σωστά, τον θάνατο. Όμως τι υπάρχει να δει κανείς εδώ;

- Βασικά, απολύτως τίποτα! Αλλά μην στεναχωριέσαι, μόλις βγεις έξω στην πλατεία, πήγαινε δεξιά στην οδό Παραδείσου, εκεί είναι όλα τα μαγαζιά. Πεντέξι, δηλαδή...

- *«Μαγαζιά; Ψυχραιμία Ζαχαρία, πάμε να δούμε πρώτα...»*

***

Βγαίνοντας απ' το ξενοδοχείο αισθάνομαι καλύτερα. Ο καιρός είναι πάντα ο ίδιος, ανοιξιάτικος, πράγμα που επιβεβαιώνει τις υποψίες μου ότι μάλλον παραμένει σταθερός όλον τον χρόνο.

Φλασάρω! *«Ποιόν χρόνο; Αφού δεν υπάρχει χρόνος εδώ!»*
- *«Εμ, είδες λοιπόν; Γι' αυτό δεν αλλάζει κι ο καιρός...»* μου απαντάω. Ωραία, το λύσαμε κι αυτό...

Διασχίζω την πλατεία και στρίβω δεξιά στην οδό Παραδείσου. Υπάρχει σαφώς περισσότερος κόσμος εδώ, καμμιά δεκαριά άντρες και γυναίκες πηγαινοέρχονται βιαστικοί, κρατούν πακέτα και μπαινοβγαίνουν στα μαγαζιά που δεν φαίνονται να διαφέρουν απ' του Πάνω Κόσμου, τουλάχιστον από μακριά. Διότι πλησιάζοντας διαπιστώνω ότι δεν έχουν πινακίδες, ενώ ελάχιστα έχουν βιτρίνες για να καταλάβει κανείς τι πουλάνε. Σουλατσάρω λίγο στη μέση του δρόμου, αφού διαπιστώνω ότι δεν υπάρχουν ούτε αυτοκίνητα. Μάλιστα, μοιάζει πράγματι περισσότερο σαν επαρχιώτικο κατσικοχώρι, παρά σαν σύγχρονη κωμόπολη.

Φτάνω σε μια διασταύρωση. Δεξιά μου στη γωνία είναι ένα μαγαζί, απ' τα λίγα που έχουν βιτρίνα, μια βιτρίνα με ωραία ρούχα. Μάλλον εμπορικό είναι το μαγαζί, αλλά στο στενάκι στο πλάι έχει μόνο τοίχο, και μάλιστα βαμμένο πράσινο, τι ωραίο γούστο! Το απέναντι γωνιακό μαγαζί, πάντα απ' την ίδια μεριά, δεν έχει βιτρίνα αλλά στο στενάκι ο τοίχος του είναι βαμμένος μπλε. Ωραία αισθητική αντίληψη, πολύχρωμη, αλλά περίεργο αυτό το στενό δρομάκι που φαίνεται να είναι και πολύ μακρύ. "**Οδός Πλάκας**", κάθετη στην οδό Παραδείσου. Μάλιστα.

Γυρνάω αντίθετα να κοιτάξω απέναντι, στην αριστερή πλευρά της οδού Παραδείσου. Υπάρχει ένα παρόμοιο στενό δρομάκι, με τον ένα τοίχο πράσινο και τον άλλο μπλε! Πλησιάζω.

Στις δύο γωνιές υπάρχουν πάλι ένα μαγαζί με βιτρίνα κι ένα χωρίς. Αντιγραφή δηλαδή της απέναντι πλευράς. Εξαιρετική αρχιτεκτονική σύλληψη, πρωτοποριακή, μοντέρνα, πρωτότυπη!

Πλησιάζω στη βιτρίνα. Έχει ρολόγια! Όμορφα ρολόγια χειρός, μεγάλα ρολόγια τοίχου, τους περίφημους "κούκους" που δεν υπάρχουν πια και απ' τα οποία έβγαινε ένας κούκος για να σημάνει την ώρα. Έχει ακόμα παλιομοδίτικα ρολόγια, κουρδιστά με αλυσίδα για την τσέπη του γιλέκου...

Όμορφα! Ανοίγω την πόρτα και μπαίνω αποφασιστικά μέσα. Πίσω από έναν πάγκο που δεν έχει πάνω του κανένα ρολόι σηκώνεται ένας χαμογελαστός τύπος με μαύρο σακάκι. Στο κεφάλι του φοράει ένα στρογγυλό, μαύρο, πλατύγυρο καπέλο, ενώ δυο μακριές κατάμαυρες κοτσίδες κρέμονται δεξιά κι αριστερά μπροστά απ' τα αυτιά του, διακοσμώντας υπέροχα τη μακριά γενειάδα του, έτσι όπως αιωρούνται πέρα δώθε.

- Καλημέρα σας! μου λέει, πώς μπορώ να σας εξυπηρετήσω;

- Μπορείτε να μου πείτε πόσο κάνει εκείνο το ωραίο ρολόι τσέπης που έχετε στη βιτρίνα;

- Εμμμ, ξέρετε, δεν το πουλάμε!

- Κρίμα! Πείτε μου τότε πόσο κάνει εκείνο το χρυσό ρολόι χειρός που έχετε δεξιά...

- Εμμμ, ούτε κι αυτό είναι για πούλημα!

- Τότε ίσως εκείνος ο ωραίος σκαλιστός κούκος;

- Βασικά, κανένα απ' τα ρολόγια μας δεν είναι για πούλημα!

- Τότε τι τα έχετε στη βιτρίνα;

- Κοιτάξτε κύριε, εμείς εδώ περιτομές κάνουμε... Τι θέλατε να βάλουμε στη βιτρίνα;

Οπισθοχωρώ σαστισμένος προς την πόρτα κι αποχωρώ διακριτικά, αλλά τα γέλια του αντηχούν δυνατά πίσω μου...

Ας μπω στο απέναντι μαγαζί, αυτό με τον μπλε τοίχο στο πλάι. Δεν με απασχολεί που δεν έχει ταμπέλα ή βιτρίνα, αρκεί να γλιτώσω απ' τα γέλια του Μαυροκοτσιδάκια που με ακολουθούν σαν παπάκια τη μαμά τους. Μπαίνω βιαστικά και κλείνω την πόρτα πίσω μου.

Πίσσα το σκοτάδι! Τουλάχιστον εδώ θα κρυφτώ απ' την ντροπή μου. Δεν βλέπω όμως τίποτα, αισθάνομαι σαν κλέφτης σε ξένο σπίτι, προσπαθώ να προχωρήσω λίγο ψηλαφώντας τα αντικείμενα που βρίσκονται στον δρόμο μου.

Ξαφνικά αντηχεί μια φωνή στο πλάι μου.

- Ο Γιεσούς σε βλέπει!

Παγώνω! Κάποιος είναι εδώ! Όμως η ησυχία επανέρχεται και τολμάω να κάνω ένα βήμα προς την κατεύθυνση της φωνής.

- Ο Γιεσούς σε βλέπει! ξανακούγεται η φωνή, αυτήν τη φορά πιο κοντά.

Η τύχη είναι με το μέρος μου! Όπως ψαχουλεύω στα σκοτεινά, νιώθω σαν να έχω αγγίξει κάτι σαν αναπτήρα πάνω σε ένα τραπέζι. Ευκαιρία να εξηγηθώ με τον ιδιοκτήτη που με παρεξήγησε και να του αποδείξω ότι δεν είμαι κλέφτης. Ανάβω τον αναπτήρα προς την κατεύθυνση της φωνής.

Ένας παπαγάλος με κοιτάει πίσω απ' την τρεμουλιαστή φλόγα γέρνοντας το κεφάλι του μια δεξιά και μια αριστερά.

- Αχ, μου βγαίνει ένας στεναγμός ανακούφισης. Παπαγάλος είσαι μωρέ και με κοψοχόλιασες;!

- Ο Γιεσούς σε βλέπει, σου λέω!

- Καλά, εντάξει, σε πιστεύω! Αλλά είναι όνομα αυτό για παπαγάλο; Άκου "Γιεσούς"! Χα!

- Όχι εγώ! Εμένα με λένε Παντελή! Ο Γιεσούς είναι το πιτμπούλ πίσω σου...

Αστραπιαία στρέφομαι και μόλις προλαβαίνω να ακούσω το γρύλισμα και να δω τα δόντια του Γιεσού-Μπούλ να τρεμογυαλίζουν στο ασθενικό φως του αναπτήρα, καθώς μου ορμάει...

Δεν ξέρω πώς βρήκα την έξοδο, δεν ξέρω ούτε καν πώς διακτινίστηκα έξω απ' το μαγαζί. Το θέμα είναι ότι κατάφερα να πετάξω - ο πρώτος άνθρωπος που το κατάφερε! - και να στρίψω τρέχοντας στο στενάκι ανάμεσα στον πράσινο και τον μπλε τοίχο, στην "**Οδός Πλάκας**". Όμως τζάμπα έκανα το παγκόσμιο ρεκόρ, ο Γιεσούς είναι μάλλον τεμπέλης ή προτίμησε να μείνει να φυλάει το σπίτι. Δεν με ακολούθησε.

Ξεφυσάω ανακουφισμένος. Αποφασίζω να προχωρήσω και να εξερευνήσω την οδό Πλάκας, μπορώ να επιστρέψω σε λίγο στα μαγαζιά. Αρχίζω λοιπόν να προχωρώ και να απομακρύνομαι απ' το βουητό της οδού Παραδείσου. Το περιβάλλον αρχίζει να αλλάζει. Μικρά, όμορφα σπιτάκια δεξιά κι αριστερά, με ωραίους κήπους κι ανθισμένα λουλούδια που μοσχοβολούν, παιδιά που παίζουν με σκυλάκια και γατάκια... Εδώ είναι λοιπόν η κατοικημένη περιοχή του Κπεμάκ, όμορφη και ανιαρή.

Μου αρέσει η φάση. Προχωρώ αρκετή ώρα απολαμβάνοντας αυτήν την ανάλατη και ειρηνική ατμόσφαιρα, όμως μια ματιά πίσω μου δείχνει ότι έχω απομακρυνθεί αρκετά, γιατί απ' την οδό Παραδείσου δεν φαίνεται και δεν ακούγεται πλέον τίποτα. Απομακρύνθηκα πιο πολύ απ' ό,τι υπολόγιζα. Αποφασίζω όμως να προχωρήσω λίγο ακόμα, άλλωστε πηγαίνω όλο ευθεία, δεν μπορεί να χαθώ!

Καθώς όμως προχωρώ συνειδητοποιώ ότι μπροστά μου, στο τέλος της οδού Πλάκας, υπάρχει άλλος ένας μεγάλος εμπορικός δρόμος. Αυτό τουλάχιστον μαρτυρεί το βουητό που έρχεται από εκεί και δυναμώνει όσο πλησιάζω. Σε λίγο βλέπω πως δεν γελάστηκα, κόσμος πηγαινοέρχεται με πακέτα, γέλια και φασαρία. Ας ρίξω μια γρήγορη ματιά και σε αυτόν τον εμπορικό δρόμο πριν ξαναγυρίσω πίσω στην οδό Παραδείσου. Βγαίνω λοιπόν στη διασταύρωση, ανάμεσα στους περαστικούς.

Απέναντί μου δεξιά είναι ένα ρουχάδικο με ωραία βιτρίνα με τον πλαϊνό τοίχο του βαμμένο πράσινο, ενώ στην αριστερή γωνία ένα μαγαζί χωρίς βιτρίνα και τον πλαϊνό τοίχο του βαμμένο μπλε! Προχωρώ γοργά προς τα δύο κτίρια και σηκώνω τα μάτια μου να δω το όνομα του δρόμου.

"**Οδός Πλάκασ**", μάλιστα εδώ περπατάω τόση ώρα. Και ο δεύτερος εμπορικός δρόμος; Ορίστε; "**Οδός Παραδήσου**";;

Αυτό πάει πολύ, κάποιος μου κάνει πλάκα! Είναι δηλαδή σαν να γύρισα εκεί που ξεκίνησα, πηγαίνοντας ...ευθεία; Ξαφνικά αισθάνομαι ότι κάποιος με δουλεύει και μάλιστα σατανικά.

Γυρνάω κι αρχίζω να τρέχω προς την αντίθετη κατεύθυνση, για να ξαναγυρίσω από εκεί που ξεκίνησα. Τρέχω σαν τρελός διώχνοντας στο πέρασμά μου τις γάτες και τρομάζοντας τα παιδιά που παίζουν στις αυλές, ενώ οι νοικοκυραίοι με κοιτάζουν ενοχλημένοι και μου πετάνε άδεια κουτάκια μπύρας, κρύα καλαμπούρια, φαεινές ιδέες και άλλα μικροαντικείμενα, φωνάζοντάς μου να κάνω ησυχία. Επιτέλους, διακρίνω μπροστά μου πάλι την οδό Παραδείσου και ακούω την ίδια βοή, τουλάχιστον αυτή είναι στη θέση της. Φτάνω λαχανιασμένος ανάμεσα στον μπλε και τον πράσινο τοίχο, όπου σταματάω και κοιτάω προσεκτικά μπροστά μου. Βλέπω πάλι τον ίδιο κόσμο, να οι δυο κυρίες που κουβεντιάζουν μπροστά στη βιτρίνα με τα ρούχα στη δική μου μεριά, να και ο κύριος με το κόκκινο σακάκι του κλόουν μπροστά στο ρολογάδικο που πουλάει περιτομές!

Εεεεε; Αυτό πάει πολύ! Ψυχραιμία! Το καλύτερο είναι να ρωτήσω κάποιον, αλλά με το μαλακό, μην μας πάρουν και στο ψιλό. Θα ρωτήσω στο μαγαζί πίσω μου που δεν έχει ούτε ταμπέλα ούτε βιτρίνα. Ανοίγω και μπαίνω.

Ένα μεγάλο δωμάτιο, σχεδόν ολόκληρο γεμάτο με ...χόρτο. Ένα βουνό χόρτο με έντονη μυρωδιά. Στην κορυφή κάθεται ένας ισχνός τύπος, μικρόσωμος όλο ζάρες και τατουάζ, με μούσια και μαλλιά. Στρίβει το χόρτο σε τσιγάρα, έχει στρίψει ήδη καμιά πενηνταριά που τα έχει στοιβάξει δίπλα του. Είναι πολύ αφοσιωμένος στο να τα στρίβει ένα ένα και να τα σαλιώνει ή είναι πολύ μαστουρωμένος και δεν με παίρνει είδηση. Χώνομαι σε μια κόχη στον τοίχο να συνειδητοποιήσω αυτό που βλέπω...

Ξαφνικά ανοίγει πάλι η πόρτα κι άλλος ένας μυστήριος μπαίνει μέσα. Είναι κι αυτός της ίδιας κοψιάς αλλά πιο ψηλός, ένα πραγματικό τηλεγραφόξυλο, μια λιγδωμένη στέκα. Είναι ζαρωμένος, καμπουριασμένος σαν όρθιο σίγμα τελικό και τα πόδια του φαίνονται σαν οδοντογλυφίδες μέσα απ' το κοντό παντελονάκι που φοράει. Μετά την πρώτη έκπληξη στέκεται αποσβολωμένος, κοιτώντας το χορτοβουνό με γουρλωμένα μάτια.

- Ρε φίλε! λέει σε αυτόν που κάθεται στην κορυφή. Χασίσι είναι όλο αυτό;

- Φυσικά, απαντάει ο άλλος, δεν το βλέπεις;

- Ρε φίλε! Μπορώ να στρίψω κι εγώ ένα; Σε παρακαλώ!

- Φυσικά και μπορείς! Δεν είναι ανάγκη να παρακαλάς, είναι ελεύθερο...

Ορμάει ο νεοφερμένος και στρίβει ένα τεράστιο πεντάφυλλο, πόσον καιρό έχει να καπνίσει; Με το που τελειώνει, στρέφεται πάλι στον Κορυφαίο.

- Ρε φιλαράκι! Φωτιά πού έχεις;

- Ααα, όλα κι όλα! Άμα είχαμε και φωτιά δεν θα 'ταν το Κπεμάκ εδώ, θα 'ταν ο Παράδεισος!

Πετιέμαι απ' την κρυψώνα μου.

- Παιδιά, ξέρω πού θα βρείτε αναπτήρα! Ακριβώς στο απέναντι μαγαζί! Ζητήστε τον Παντελή... Προσοχή όμως, έχει σκύλο!

- Α, μη σε ανησυχεί αυτό, λέει ο Τηλεγραφόξυλος, στον Πάνω Κόσμο ήμουνα μπόγιας, δεν μασάω...

Εξαφανίζονται και οι δυο τρέχοντας προς το απέναντι σκοτεινομάγαζο. Την πήρα την εκδίκησή μου, χα!

Βγαίνω ξανά στον δρόμο. Για πού τώρα; Αποφασίζω να μπω και στο εμπορικό, είναι το τελευταίο που δεν μπήκα...

Ανοίγω αποφασιστικά την πόρτα και μπαίνω. Το μαγαζί μέσα είναι κανονικό, ούτε μεγάλο, ούτε μικρό, έχει όμως πολύ εμπόρευμα. Πολλά τόπια υφάσματα, ρούχα, παντελόνια, μπουφάν, φουστάνια, φαίνεται να τα έχει όλα. Είναι ευκαιρία να ντυθώ κιόλας, να ξεπεράσω και την σαστιμάρα μου.

Κοιτάζω τον ιδιοκτήτη με ερευνητικό βλέμμα. Ένας γιγαντόσωμος κοκκινοτρίχης, μακρυμάλλης και γυμνασμένος τύπος, με μια αρειμάνια μουστάκα και την πίπα στην άκρη του στόματός του με κοιτάει χαμογελαστός. Μοιάζει μάλλον με παλαιστή του wrestling, παρά με έμπορο.

- Ξέρω τι θέλετε, μου λέει πριν προλάβω να μιλήσω, με μια ψιλή, τσιριχτή, γυναικεία φωνούλα, τελείως αταίριαστη με τη ρωμαλέα εμφάνιση του. Θέλετε να ρωτήσετε τι στο καλό γίνεται εδώ με τους δρόμους, αλλά θέλετε να ρωτήσετε με το μαλακό. Και με την ευκαιρία αυτή, θα θέλατε να ντυθείτε κιόλας.

Δεν μπορώ να συγκρατήσω την έκπληξή μου κι αυτός δεν μπορεί να συγκρατήσει ένα χαμόγελο.

- Περάστε, καθίστε, θα σας τα εξηγήσω όλα. Είμαι η Ρόζα, χαίρω πολύ για την γνωριμία!

Μου τεντώνει την τριχωτή χερούκλα του με μια λεπτεπίλεπτη κίνηση, με τη ράχη προς τα πάνω, για χειροφίλημα.

Το φρύδια μου σηκώνονται κι άλλο προσπαθώντας να αποχαιρετήσουν το κεφάλι μου.

- Καλέ, εσύ είσαι στα πρόθυρα σοκ! Τέλος πάντων, θα αρχίσω λοιπόν αμέσως με τις εξηγήσεις.

Πάει ο πληθυντικός, εντάξει, συστηθήκαμε...

Με οδηγεί σε μιαν άνετη πολυθρόνα και με βοηθάει να καθίσω. Τον κοιτάω με γουρλωμένα μάτια, όλο απορία. Ή “την” κοιτάω;

- Αρχικά να σου πω ότι στον Πάνω Κόσμο ήμουνα μέντιουμ, η Ρόζα η χαρτορίχτρα. Μπορώ και σένα να σου πω τη μοίρα σου αν θέλεις, αν και εδώ κάτω είναι προδιαγεγραμμένη. Τέλος πάντων. Το όνειρό μου ήταν πάντα να ζήσω σαν ένας ρωμαλέος άντρας. Έ, εδώ λοιπόν μου δίνεται η ευκαιρία και στο Γραφείο Σωμάτων δεν είχαν αντίρρηση, αφού τους είπα ότι στο μέλλον θα πάρουν προαγωγή!

Χαμογελάω, όλοι οι υπάλληλοι φαίνεται να είναι στο ίδιο χάλι, εκείνος ο Καμπριολέ στο Γραφείο Κατάταξης δεν είναι εξαίρεση...

- Την απορία σου για τους δρόμους την κατάλαβα, γιατί σε είδα να τρέχεις πάνω κάτω σαν τρελλός. Ε, δεν χρειάζεται να είναι κανείς μέντιουμ για να καταλάβει τι έπαθες, άλλωστε δεν είσαι ούτε ο πρώτος ούτε ο τελευταίος που το παθαίνει. Επίσης κατάλαβα ότι είσαι φρεσκοπεθαμένος, γιατί το ντύσιμό σου είναι, χμμ, πώς να το πω; Επιεικώς άθλιο! Όμως αυτό είναι φυσικό, γιατί στο Γραφείο Σωμάτων σας δίνουν βέβαια ένα νέο σώμα –και τι σώμα είναι αυτό καλέ! Πω πω κάτι μούσκουλα!- αλλά δεν είναι υποχρεωμένοι να σας κάνουν και φιγουρίνια! Έλα λοιπόν να σε ντύσουμε και όσο θα διαλέγουμε ρούχα, θα σου τα εξηγήσω όλα. Τι ντύσιμο προτιμάς, επίσημο ή σπορ;

Βρε, καλώς τη ''Ρόζα'' τη μουσκουλάτη μουστακαλού με το τσιμπούκι, εε, συγγνώμη, την πιπατζού, εεε, αυτήν τέλος πάντων με το καπνομπουρί στο στόμα, που δεν έχω ιδέα τι γυρεύει από μένα και πού θα καταλήξει αυτή η ιστορία...

- Σπορ! λέω

- Αχ, καλέ! Δεν θα περίμενα τίποτα άλλο!

Αρχίζουμε να διαλέγουμε ρούχα. Όσο εγώ τα δοκιμάζω, ο Ρόζας μου εξηγεί διάφορα πράγματα για το Κπεμάκ, όπως για παράδειγμα ότι οι δρόμοι δεν έχουν ούτε αρχή ούτε τέλος, όπως διαπίστωσα κι εγώ. Βασικά δεν μπορείς να βγεις απ' αυτήν την πόλη, αλλά ακόμα και αν μπορούσες, να πήγαινες πού; Οι μόνοι έξοδοι είναι προς τον Παράδεισο και προς την Κόλαση.

- Και πώς πάει κανείς εκεί; ρωτάω με περιέργεια.

- Α, εύκολα! Απ' το αεροδρόμιο πετάει η Paradise Airlines με προφανή προορισμό, αλλά υπάρχει κι ένα λιμάνι, απ' όπου ξεκινάει το φέρι Charontas για την Κόλαση. Το αεροδρόμιο το ξέρεις κιόλας, είναι το ίδιο που ήρθες απ' το νεκροταφείο. Το λιμάνι βρίσκεται στο τέλος της οδού Παραδείσου, όλο ευθεία, διακόσια μόνο μέτρα από δω...

ΜΕΡΟΣ 3: Στον παράδεισο της Κόλασης

Ρε, δεν πάμε, λέω 'γω, στον διάολο...

Οι επόμενες μέρες είναι ήρεμες. Παραείναι ήρεμες. Ουσιαστικά κλείστηκα στο δωμάτιό μου και δεν έχω κέφι να εξερευνήσω τίποτα άλλο. Όχι ότι υπάρχει και τίποτα άλλο για εξερεύνηση...

Ας ανοίξουμε λοιπόν πανιά γι' άλλους τόπους κι άλλα μέρη. Ας εξερευνήσουμε πρώτα την Κόλαση, ίσως εκεί έχει περισσότερη περιπέτεια, τουλάχιστον απ' ό,τι φαντάζομαι. Αλήθεια, πού να βρίσκεται αυτό το λιμάνι;

Προχωράω όλο ευθεία μπροστά απ' το εμπορικό του Ρόζα και μετράω στο περίπου τα διακόσια μέτρα που μου 'πε. Πουθενά λιμάνι! Θα το 'βλεπα, ένα λιμάνι είναι τεράστιο, δεν μπορεί να κρυφτεί!... Τα σπίτια στην οδό Παραδείσου τελείωσαν ξαφνικά και μπροστά μου υπάρχουν μόνο τα γνωστά λιβάδια που περιτριγυρίζουν το Κπεμάκ, αλλά λιμάνι πουθενά!

Ακουμπάω στον τελευταίο τοίχο και ξύνω με απορία το κεφάλι μου... Τι δεν καταλαβαίνω; Το απέναντι σπίτι είναι ένα κοινό, απλό σπίτι, αυτό που ακουμπάω επίσης...

Στάσου! Έχει μια ταμπέλα πάνω απ' το κεφάλι μου! Το μοναδικό κτίριο με ταμπέλα εδώ γύρω! Απομακρύνομαι λίγο και διαβάζω: «**Πρακτορίο Ταξηδείων, "Ο Κέρβαιρος"**». Διάνα, αυτοί θα ξέρουν να με πληροφορήσουν! Ανοίγω και μπαίνω. Το "πρακτορίο ταξηδείων" είναι ένα άδειο, θεοάδειο δωμάτιο, με δυο θεόρατα αρχοντικά παράθυρα απ' όπου μπαίνει άπλετο φως. Κατά τα άλλα η μοναδική επίπλωση είναι ένα άθλιο δημοσιοϋπαλληλικό γραφείο ανάμεσά τους, όπου κάθεται μια χαμογελαστή και όμορφη υπάλληλος. Το μόνο πράγμα πάνω σε αυτό το "κάτι σαν γραφείο" είναι ένα παλιομοδίτικο κόκκινο μεγάλο τηλέφωνο με ακουστικό και καλώδιο. Κανένα χαρτί ή υπολογιστής, καμιά διακόσμηση στους τοίχους, κανένα είδος ταπέτου στο πάτωμα, κανένα ράφι, καμμιά ντουλάπα, τίποτα απολύτως, μόνο σκόνη, πολλή σκόνη παντού, σαν να έχει έναν αιώνα να καθαριστεί...

- Καλωσήρθατε, περάστε, με υποδέχεται η υπάλληλος. Καθίστε και δώστε μου το διαβατήριό σας παρακαλώ!

Πού να κάτσω; Στη μοναδική καρέκλα κάθεται αυτή...

- Εμμ, γιατί τόσο βιαστικά; Βασικά ήθελα μόνο να ρωτήσω που είναι το λιμάνι...

Αυτή βάζει τα γέλια.

- Το πρώτο σας ταξίδι για Κόλαση, ε; Μην ανησυχείτε, σωστά ήρθατε σε μας! Εδώ είναι το λιμάνι!...

- Εδώ; Πού δηλαδή;

- Το διαβατήριό σας;

Της το δίνω και το ελέγχει. Μου το επιστρέφει.

- Εντάξει είμαστε! Ξέρετε, το γραφείο μας εξυπηρετεί μόνο έναν προορισμό, οπότε δεν έχουμε ούτε εισιτήρια, ούτε άλλη γραφειοκρατία εκτός απ' το διαβατήριο. Το λιμάνι βρίσκεται στο υπόγειο, είσαστε έτοιμος για την αναχώρηση;

"Το λιμάνι βρίσκεται στο υπόγειο" του γραφείου ταξιδίων! Ναι, φυσικά, πώς δεν το σκέφτηκα, τι πιο αυτονόητο απ' αυτό; Αλίμονο, λογικό, σοφό, μεγαλόπνοο, φαεινό, πρακτικό!

- Έτοιμος είμαι!

- Καλό σας ταξίδι, κύριε! λέει τότε αυτή σκασμένη στα γέλια και τραβάει έναν μοχλό πλάι στο γραφείο της που δεν είχα προσέξει ως τώρα.

Το πάτωμα εξαφανίζεται ξαφνικά, καθώς μια καταπακτή ανοίγει κάτω απ' τα πόδια μου. Πέφτω σε μια τσουλήθρα, είναι θεοσκότεινα, αλλά όπως γλιστράω στη μεταλλική τσουλήθρα, το πεθαμενίσιο ύφασμα των ρούχων μου δημιουργεί με την τριβή σπίθες που φωτίζουν όλην τη διαδρομή. Η τσουλήθρα κάνει περίεργες στροφές κι έχει τραγικά μεγάλη κλίση, έχω αναπτύξει ταχύτητα ρουκέτας! Αν βρεθεί εμπόδιο μπροστά μου, θα σκοτωθώ! Τι θα κάνω;;

Ευκαιρία να το μάθω! Να κιόλας το πάτωμα του υπογείου που πλησιάζει με αστραπιαία ταχύτητα κατά πάνω μου. Ασυναίσθητα ανοίγω το στόμα μου και ετοιμάζομαι για την επιθανάτια κραυγή (λέμε τώρα...), ενώ είμαι έτοιμος να χεστώ απ' τον φόβο μου (και δεν πρόλαβα σήμερα να φάω ούτε μια καραμέλα!) όταν απρόσμενα ανοίγει μια ακόμα καταπακτή για να περάσω από μέσα της και να βρεθώ αιωρούμενος στο απόλυτο κενο!...

Βλέπω από κάτω μου μιαν υπόγεια θάλασσα, ένα μεγάλο ήρεμο πέλαγος που δεν φαίνονται πουθενά οι ακτές του, παντού μόνο απέραντο νερό, ενώ στη μέση υπάρχει κάποιο πλεούμενο. Μου φαίνεται σαν ένα ξύλινο καραβάκι με ένα μόνο κατάστρωμα, με κουπιά να εξέχουν απ' τα πλαϊνά του, ενώ ένα κατάρτι με πανί βρίσκεται στο μέσον του. Κατευθύνομαι καρφωτός προς αυτό σαν ξεστρατισμένος μετεωρίτης, κουνώντας απελπισμένα χέρια-πόδια σαν ακροβάτης στο κενό, αλλά δεν προλαβαίνω να το καλοσκεφτώ. Προσγειώνομαι με ένα μεγάλο «ΠΟΥΦ!» πάνω σε έναν απ' τους πάγκους του, σηκώνοντας γύρω μου άφθονη σκόνη, ενώ κάποιος μου βάζει στο χέρι ένα κουπί...

Ζαλισμένος απ' την πτώση κοιτάω με ηλίθιο βλέμμα γύρω μου. Στο κατάρτι είναι καρφωμένη μια μεγάλη πρόχειρη, χειρόγραφη πινακίδα.

Καλοσήρθατε στω φέρι ''Charontas''.
Ο κηβερνητις κάπτεν Πλούτονασ και τό πλήρομα του σας έφχοντε καλό ταξήδι! (απο σάς εξαρτάτε...)

- *«Ρε μπατζανάκη! Μέχρις εδώ έφτασε η χάρη σου;;»*

Στρέφω το κεφάλι γύρω μου. Χαμογελαστές φάτσες με κοιτάνε και διασκεδάζουν με την έκφρασή μου. Άντρες και γυναίκες με δείχνουν και σχολιάζουν.

- Να και το στραβάδι, κατέφθασε...

- Μπορούμε επιτέλους να ξεκινήσουμε, μιαν αιωνιότητα τον περιμένουμε!

- Μωρή, κοίτα τον! Ομορφάντρας δεν είναι;

Μια βαθιά, μπάσα και δυνατή φωνή ακούγεται κι ένας ακόμα απ' αυτούς τους τεράστιους μαύρους που φαίνεται να έχουν κάνει κάτι σαν παροικία εδώ κάτω, εμφανίζεται και παίρνει θέση μπροστά σε ένα γιγάντιο ταμπούρλο κρατώντας δυο μπαγκέτες σαν κορμούς δέντρων στα χέρια του, ενώ τρεις άλλοι, με την ίδια κοψιά πρωταθλητών βαρέων βαρών, εμφανίζονται με μακριά και χοντρά μαστίγια στα χέρια τους.

- Άιντε, κατεργάρηδες στον πάγκο σας κι αρπάξτε τα κουπιά!

Σηκώνει τις δεντρομπαγκέτες του κι αρχίζει να χτυπάει δυνατά και ρυθμικά το ταμπούρλο. Σχεδόν αμέσως, διάφορες καμτσικιές αρχίζουν να ακούγονται δεξιά κι αριστερά ενώ τα κουπιά αρχίζουν να κινούνται...

Ζαβλακωμένος ακόμα απ' την πτώση, δεν ξέρω τι να κάνω, αλλά αναγκάζομαι να κουνηθώ, καθώς ο πισινός μου ξαφνικά με σπρώχνει προς τα μπροστά. Σκύβω λίγο, παρασέρνοντας το κουπί μαζί μου, αλλά τότε ο μπροστινός μου αποφασίζει να ξαπλώσει πάνω μου, οπότε αναγκάζομαι να κινηθώ ξανά προς τα πίσω, τραβώντας το κουπί μαζί μου. Πολύ στενές αυτές οι θέσεις, στο αεροπλάνο πιο άνετα ήτανε! Αναγκάζομαι να κουνιέμαι μαζί με τους άλλους σέρνοντας συγχρόνως το κουπί, περιμένοντας ευγενικά να βολευτούν οι γείτονές μου στις θέσεις τους. Αλλά το πήγαινε έλα κρατάει αρκετή ώρα, θα αποφασίσουν επιτέλους πού θέλουν να σταματήσουν; Αυτήν τη δουλειά θα κάνουμε τώρα, τι το περάσαμε εδώ, για ρωμαϊκή γαλέρα;

Ξαφνικά, όπως είμαι σκυμμένος μπροστά, νιώθω κάποιον να τσιμπάει τον πισινό μου. Γυρίζω ξαφνιασμένος και αντικρίζω μια πανέμορφη καλλονή να με κοιτάει χαμογελώντας, ενώ κάνει πως τραβάει το κουπί της προς τα πίσω.

Γυρνάω ξανά με απορία μπροστά μου, αλλά πριν προλάβω να καταλάβω τι παίζεται εδώ, στην αμέσως επόμενη επίκυψή μου, η ομορφούλα μου χουφτώνει κανονικά τον πισινό! Τα φρύδια μου σηκώνονται με απορία, αλλά όπως η παλινδρόμηση συνεχίζεται, πάντα στον ρυθμό του ταμπούρλου του Μαυροταμτάμ, η γκόμενα από πίσω πότε με τσιμπάει, πότε με χουφτώνει και πότε χώνει το χέρι της μέσα στο ρούχο μου κανονικά.

Κατάλαβες φίλε μου; Όχι μόνο με βάλανε να τραβάω κουπί, αλλά μου πιάνουνε και τον κώλο! Και όλα αυτά γιατί δεν υπάρχουν εδώ λεφτά, άρα δεν υπάρχουν και εισιτήρια! Διότι φίλε μου, άμα έχεις πληρώσει κανονικά το εισιτήριό σου είσαι Κύριος, κανείς δεν μπορεί να σου πιάσει μετά τον κώλο!

Καθώς λοιπόν καταριέμαι την έλλειψη εισιτηρίων για την Κόλαση και το κωλοπιάσιμο που υφίσταμαι απ' την απαράδεκτη αυτή ναυτιλιακή εταιρία, έρχεται η επόμενη έκπληξη να ολοκληρώσει το ξάφνιασμά μου: μια καμτσικιά προσγειώνεται στην πλάτη μου!

Αυτό πια πάει πολύ, ξεπερνάει κάθε όριο! Αυθόρμητα πετιέμαι πάνω, γυρνάω προς τον Μαυροκαμτσίκη και του βάζω τις φωνές.

- Τι πράγματα είναι αυτά! Θα μου χαλάσεις το καινούριο μου σώμα, θα φτάσω στην Κόλαση με χαρακιές στην πλάτη! Είσαι σοβαρός; Ξέρεις πόσο μου κόστισε αυτό το σώμα, ρε αγροίκε;

- Τι φωνάζεις, ρε στραβάδι; απαντάει αυτός κοιτώντας με άγρια. Αυτό το μαστίγιο είναι εισαγωγής! Είναι πρώτης ποιότητας, από δέρμα παραδείσιου αμνού! Κάνει μόνο ευλογημένες χαρακιές! Θα 'πρεπε να με ευχαριστείς γι' αυτές!

Δεν κρατιέμαι και του ορμάω, ας τις φάω δεν με νοιάζει!

- Μόλις φτάσουμε θα πάω κατευθείαν στα γραφεία της εταιρίας! Θα ζητήσω να σε απολύσουνε! φωνάζω.

Δεν προλαβαίνω όμως να πω περισσότερα. Οι άλλοι δυο Μαυροκαμτσίκηδες ορμάνε πάνω μου και με ακινητοποιούν, με δένουν φιόγκο και με βάζουν στην πλώρη να μετράω τους γλάρους μέχρι το τέλος του ταξιδιού...

Μόνο που δεν έχει γλάρους. Γλίτωσα τουλάχιστον το κουπί και το κωλοπιάσιμο...

***

Από μακριά βλέπω μια μαύρη ακαθόριστη ακτογραμμή, αλλά όπως πλησιάζουμε βλέπω καθαρά κι ένα μικρό λιμάνι, κανονικό αυτήν τη φορά. Όλα τα κτίρια είναι βαμμένα μαύρα, το νερό από κάτω μας κι αυτό μαύρο, η προβλήτα το ίδιο, ακόμα και η μέρα είναι κατάμαυρη. Όμως όλα είναι φωτισμένα άπλετα χάρη στα ίδια αναρίθμητα φωτάκια που είδα και την πρώτη φορά στο νεκροταφείο, φωτάκια που λες και είναι τοποθετημένα παντού, από το "κάτι σαν ουρανό" πάνω μας, μέχρι τις προσόψεις των σπιτιών και τα κράσπεδα των πεζοδρομίων. Όμως επειδή τα μαύρα κτίρια απορροφούν το φως, όλη αυτή η εξαιρετικά φωτεινή ατμόσφαιρα δεν έχει καθόλου φωτοσκίαση, ούτε διαβαθμίσεις ούτε σκιές, δημιουργώντας έτσι την απόλυτη γκροτέσκ ατμόσφαιρα που το Χόλλυμπουντ δεν μπόρεσε ποτέ του να αναπαραστήσει, ούτε καν στα έργα του Άλφρεντ Κίτσχοκ.

Με το που φτάνουμε, με παραδίνουν δεμένο σε κάτι κακομούτσουνους μπάτσους, που φοράνε ένα μαύρο περιβραχιόνιο με τα γράμματα Κ.Α. χαραγμένα χρυσά επάνω του.

Αυτοί μου φοράνε αμέσως ένα τσουβάλι στο κεφάλι, προλαβαίνω όμως να δω έναν απ' αυτούς να βγάζει απ' την τσέπη του και να βάζει στο στόμα του μια καραμέλα που μου φάνηκε γνωστή. Αμέσως μετά με πλησιάζει, κατεβάζει το παντελόνι του και μου αμολάει μιαν αυτοκρατορική πορδή στα μούτρα, ενώ παράλληλα κλείνει αμέσως το τσουβάλι.

Λιποθυμάω άμεσα, δεν προλαβαίνω να δω τίποτα άλλο...

***

Κάπως έτσι συνέρχομαι στα μπουντρούμια της Κολαστικής Αστυνομίας. Είμαι στριμωγμένος σαν χαλκομανία στον τοίχο, σε ένα κελί 5 επί 5 με άλλους πενήντα. Η πόρτα ανοίγει κάθε πέντε λεπτά και οι μπάτσοι τραβάνε απ' τα αυτιά πέντε κρατούμενους έξω. Το κελί όμως δεν αδειάζει καθόλου, γιατί στο ταβάνι υπάρχει ένας φεγγίτης απ' όπου πετάνε μέσα πέντε φρέσκους.

Παρακολουθώ ώρα τώρα αυτό το άνοιγμα. Κάθε φορά που το ανοίγουν, ένας μπάτσος με ένα ρόπαλο στο χέρι σκύβει μέσα στο άνοιγμα και χτυπάει στα τυφλά για να κάνει χώρο για τους νεοφερμένους. Ίσως αυτή να είναι η ευκαιρία μου.

Την επόμενη φορά είμαι έτοιμος. Σκαρφαλώνω σβέλτα στους ώμους του πλαϊνού μου, βάζω τη μύτη του παπουτσιού μου στο στόμα του μόλις το ανοίγει για να φωνάξει κι αρπάζω γερά το μπράτσο με το ρόπαλο. Ο μπάτσος βάζει τις φωνές και οι συνάδελφοί του τον τραβάνε πάνω. Διάνα, έπιασε! Με ψαρέψανε!

Μου ρίχνουν επιτόπου ένα χεράκι ξύλο που με αναζωογονεί, αφού εκεί κάτω δεν είχα χώρο ούτε να αναπνεύσω. Με σέρνουν στη συνέχεια απ' τα ποδάρια μέχρι μια γκρίζα πόρτα, την ανοίγουν και με πετάνε μέσα.

Είναι κάτι σαν κρατητήριο, θεόστενο, μετά βίας χωράω, σαν αποχωρητήριο τραίνου. Αλλά είναι της κακιάς ώρας, η πόρτα σάπια, οι τοίχοι γδαρμένοι, γεμάτοι συνθήματα μελλοθάνατων, ζωγραφισμένες κρεμάλες και τσόντες. Βρωμάει δε σαν ξεχειλισμένος καμπινές! Όμως το βασικότερο είναι ότι το μοναδικό παράθυρο έχει λασκαρισμένα κάγκελα, κουνιούνται! Δεν χάνω χρόνο, σκαρφαλώνω και με ένα σάλτο βρίσκομαι έξω στον δρόμο, όπου αιφνιδιάζομαι από ένα απρόσμενο συνονθύλευμα ανθρώπων, ζώων και οχημάτων, ένα ποτάμι που ρέει σαν κυκλοφοριακή λάσπη, σαν πελτές που βράζει και κοχλάζει χωρίς σκοπό και νόημα. Παραδίνομαι αμαχητί κι αφήνομαι να με παρασύρει προς το άγνωστο μέχρι να συντονιστώ. Οι προσπάθειες απεγκλωβισμού μου ευοδώνονται τελικά, αφού με χίλια βάσανα ξεκολλάω και ξεβράζομαι κάπου στα σύνορα της πόλης. Διακρίνω μπροστά μου τα τελευταία χαμόσπιτα, αλλά αυτό που τραβάει την προσοχή μου είναι κάτι σαν λιβάδι πίσω απ' αυτά.

Πλησιάζω με περιέργεια. Ναι, είναι πράγματι λιβάδι, ένα μαύρο λιβάδι με μαύρο φωτεινό γρασίδι, σκεπασμένο από μια υγρασία σαν λιωμένη πίσα που βρωμάει ποδαρίλα. Υποθέτω ότι εδώ καλλιεργούν τα λαχανικά που τρώνε στη φυλακή, φαντάζομαι ότι θα έχουν την ίδια γεύση με αυτό που βλέπω! Τη μυρωδιά πάντως την αναγνώρισα: βραστή κάλτσα φαντάρου με μπόλικο σκόρδο... Επιστρέφω αηδιασμένος στην πόλη.

Η γειτονιά εδώ έχει χαμόσπιτα, αλλά χαρούμενα χαμόσπιτα, όλα ίδια, μαύρα, με φωτισμένες προσόψεις με LEDάκια και πολύχρωμες κουρτίνες στα παράθυρα. Ο δρόμος είναι γεμάτος παιδιά που άλλα παίζουν μπάλα τινάζοντας τις λάσπες πάνω μου, άλλα κυνηγιούνται χρησιμοποιώντας εμένα για πάσσαλο περιστροφής και άλλα παίζουν κρυφτό. Περιττό να πω ότι κρύβονται στο παντελόνι μου. Αποφασίζω να αδιαφορήσω αφού οι μανάδες τους τα 'χουν εκπαιδεύσει να είναι τόσο ευγενικά και προσεκτικά ώστε να μην με δείρουν τουλάχιστον. Κοιτάω γύρω.

Στέκομαι μπροστά σε ένα ωραίο, μαύρο φυσικά, αλλά φωτισμένο μαγαζί που δεν έχει τίποτα στην πρόσοψή του. Τι να πουλάει αυτός; Κοιτάω την ταμπέλα, ναι, έχει ταμπέλα.

«Γραφοίο διαμεσωλάβησις νεων ταλέντον.
Άλφρεντ Κίτσχοκ, σχοινοθέτις.»

Τινάζω απ' το πόδι μου έναν πιτσιρικά που έχει αρπαχτεί γερά προσπαθώντας να καθαρίσει τα δόντια του με τα κορδόνια μου, και πλησιάζω στην πόρτα. Κάνω να την ανοίξω, αλλά είναι κλειδωμένη. Πάνω στην ώρα καταφθάνει ένας χοντρός μεσήλικας με φράκο. Είναι φαλακρός με προγούλια, βαριανασαίνει κι αγκομαχάει σέρνοντας στη σκόνη του δρόμου έναν μεγάλο σάκο από χοντρό καραβόπανο. Κάνω να τον βοηθήσω.

- Α, σας ευχαριστώ πολύ! Μισό λεπτό να βγάλω τα κλειδιά μου!

Ανοίγει και μπαίνουμε σε ένα σκοτεινό και μυστηριώδες γραφείο με παλιά, κλασικού τύπου έπιπλα. Αφήνουμε προσεκτικά τον σάκο στον καναπέ.

Γυρίζει προς το μέρος μου ασθμαίνοντας.

- Γειά σας και σας ευχαριστώ! Είμαι ο Άλφρεντ Κίτσχοκ. Συγχωρέστε την απουσία μου, αλλά ήμουνα σε επαγγελματική αποστολή. Έπρεπε να ελευθερώσω αυτόν τον καημένο, δώστε μου ακόμα ένα λεπτό να τον τακτοποιήσω και είμαι ολόδικός σας...

Λέγοντας αυτά προχωράει προς τον σάκο και τον ανοίγει. Ένα τρομακτικό πράσινο κεφάλι εμφανίζεται. Μάτια πεταχτά, ορθάνοιχτα, κακάσχημο πρόσωπο με μια μουσούδα σαν χελώνα, χωρίς αυτιά. Όπως κατεβάζει τον σάκο αποκαλύπτεται ένας λαιμός καμηλοπάρδαλης που καταλήγει σε ένα σιτεμένο σώμα όλο ζάρες με κοντά, ατροφικά ποδαράκια, πιο κοντά κι απ' τον λαιμό του, αλλά με κάτι μακριές χερούκλες που σέρνονται στο πάτωμα! Είναι όλος μέσ' τη γλίτσα και βρωμάει σαν εξωγήινος.

Ο Αλφρεντ δεν φαίνεται να πτοείται. Τον παίρνει απ' το χέρι και τον οδηγεί σε ένα πλαϊνό δωματιάκι. Απ' τη μισάνοιχτη πόρτα βλέπω να τον βάζει σε ένα μεγάλο κλουβί με κάτι σαν κρεβάτι μέσα κι ένα μπολ σκύλου με νερό. Επιστρέφει στο γραφείο κλείνοντας την ενδιάμεση πόρτα.

- Υποθέτω ότι πρέπει να σας εξηγήσω τι γίνεται εδώ.

Έχω μείνει άγαλμα με το δάχτυλό μου να δείχνει προς το πλαϊνό δωμάτιο.

- Ο καημένος αυτός είναι αυτό που λέμε "έκτρωμα". Είναι μια αποτυχημένη κύηση, μια αποβολή. Στον Πάνω Κόσμο η μάνα του απλά τον πέταξε στα σκουπίδια και από κει τον πήρε, όπως ήταν φυσικό, ο διάολος. Έπρεπε να πάω να τον μαζέψω...

Μου κάνει νόημα «καθίστε» με το χέρι του. Κάθομαι.

- Βλέπετε, εγώ εδώ κάτω είμαι κυνηγός ταλέντων. Δεν θα μπορούσα να τον αφήσω ανεκμετάλλευτο, έτσι δεν είμαι; Πρόκειται για πολύ χρήμα. Προμηθεύω με κομπάρσους, αλλά και με πρωταγωνιστές τους σκηνοθέτες σε όλα τα κινηματογραφικά στούντιο του Πάνω Κόσμου, από το Χόλλυμπουντ μέχρι το Μπόλυχουντ. Να φανταστείτε, τόσο ο Φρέντο, όσο και ο Τζάκ ο Ψυχοβγάλτης είναι ταλέντα που τα ανακάλυψα εγώ εδώ και τα διοχέτευσα στο Χόλλυμπουντ. Αλλά όχι μόνον αυτούς, δεν μεσιτεύω μόνον ηθοποιούς για ταινίες τρόμου! Ειδικεύομαι επίσης στους όμορφους, ανόητους καραγκιόζηδες, πλην όμως τελείως ατάλαντους ηθοποιούς που γίνονται διάσημοι με μια μόνο ταινία. Θυμάστε εκείνον τον γλίτση τον Τραβαμιαβόλτα που δήθεν ήξερε να χορεύει ή τον Τομ Προύζ που δήθεν ήξερε να πετάει αεροπλάνα; Ε, δικές μου ανακαλύψεις είναι και οι δυο!

Δείχνει προς το δωματιάκι με το έκτρωμα.

- Τον συγκεκριμένο θα τον πασάρω στον Μπέργκσπηλ. Είναι εξαιρετικός σκηνοθέτης και είμαι σίγουρος ότι θα φτιάξει ταινία που θα σπάσει τα ταμεία στον Πάνω Κόσμο! Θα ζητήσω 5% για την πάρτη μου, το αξίζει ο μικρός...

Με κοιτάει χαμογελαστός, αλλά εγώ ακόμα δεν αντιδρώ.

- Δεν μου είπατε όμως, σε τι μπορώ να σας εξυπηρετήσω;

Συνέρχομαι με τα λόγια του. Σηκώνομαι.

- Τίποτα απολύτως! Σας ευχαριστώ για τη φιλοξενία σας, αλλά εγώ απλώς περνούσα μπροστά απ' το μαγαζί σας. Ώρα τώρα να φύγω...

- Γραφείο, όχι μαγαζί! Πάντως κρίμα που προτιμάτε να αποχωρίσετε. Αλήθεια, σκεφτήκατε ποτέ να κάνετε τον ηθοποιό; Έχω ένα ρολάκι για σας, σαν μαθητευόμενος μάγος στα στούντιο του Μπίσνεϋ. Θα χρειαστεί βέβαια να φορέσετε δυο αυτιά ποντικού, αλλά... Τέλος πάντων, ίσως όχι...

- Ευχαριστώ, με περιμένουν για φαΐ...

Ανοίγω βιαστικά την πόρτα και ξαναβγαίνω στον δρόμο. Απομακρύνομαι γοργά, χωρίς να ακούσω την απάντηση. Δεν προλαβαίνω όμως να πάω μακριά και κάποιος με χτυπάει στον ώμο. Ωχ, με πρόλαβε!

Γυρνάω. Δεν είναι ο Κίτσχοκ, είναι ένας μεξικάνος που φοράει σομπρέρο κι έχει ένα μεγάλο μαύρο μουστάκι. Μου βάζει στο χέρι ένα φυλλάδιο και κάνει να φύγει. Όμως ξαφνικά με πιάνουν τα διαβόλια μου. Δεν μου αρέσουν καθόλου όλα όσα μου συμβαίνουν τελευταία και μάλλον θα πρέπει επιτέλους κάπου να ξεσπάσω. Τον αρχίζω λοιπόν στο ξύλο κι αυτός φωνάζει σαν κοτόπουλο που το σφάζουν. Προφανώς δεν είναι και πολύ θαρραλέος. Ωραία, αφού λοιπόν βρήκα κάποιον που μπορώ να τον δείρω, ας συνεχίσω να τον βαράω μέχρι να ξεθυμάνω, ωραία είναι, το διασκεδάζω. Όμως σε κάποια στιγμή το μουστάκι του φεύγει. Ψεύτικο! Ο τύπος είναι μασκαρεμένος σε μεξικάνο, αλλά ποιος είναι; Σταματάω για λίγο τις μπάτσες και τον κοιτάω, έχει εμφανιστεί το πραγματικό μουστάκι του, μια πλατιά λωρίδα ακριβώς κάτω απ' τη μύτη του, περιποιημένο. Το σομπρέρο έχει φύγει κι αυτό, μαλλί φράντζα στο μέτωπο προς την μια μεριά, μάτια μικρά και κακά με κοιτάνε έντονα, με μίσος. Ρε ποιόν μου θυμίζει, ποιόν μου θυμίζει; Σηκώνω ξαφνιασμένος το κεφάλι μου καθώς κάποιοι περαστικοί έχουν ακούσει τις τσιρίδες του και τρέχουν προς εμάς. Καλύτερα να μην με πιάσουν, δεν αντέχω άλλα μπλεξίματα! Όμως πριν προλάβω να κάνω βήμα, ΤΣΟΥΠ! Νάτα τα παιδιά με τα μαύρα περιβραχιόνιαααααα!....

Νιώθω κάποιον να μου δένει τα χέρια. Αμέσως ακούγεται ένα σελοφάν καραμέλας να ξετυλίγεται κι ένα φερμουάρ παντελονιού να κατεβαίνει. Λιποθυμάω από μόνος μου αυτήν τη φορά...

Domina diabolica

Κάποιος με βαράει μπατσάκια. Συνέρχομαι. Είμαι ακόμα δεμένος, αλλά μπορώ να δω γύρω μου. Βρίσκομαι σε ένα πανομοιότυπο δωμάτιο με το «Πρακτορίο Ταξηδείων, "Ο Κέρβαιρος"», το ίδιο άδειο και σκονισμένο. Με τα μεγάλα βικτωριανά παράθυρα και το γνωστό άθλιο γραφείο στη μέση που το μόνο πράγμα που έχει επάνω είναι το ίδιο παλιομοδίτικο κόκκινο μεγάλο τηλέφωνο με ακουστικό και καλώδιο. Βρίσκομαι στο πάτωμα ενώ στο γραφείο κάθεται η ίδια υπάλληλος, μόνο που τώρα φοράει μια μαύρη μπέρτα με ψηλό κόκκινο γιακά. Από εδώ που βρίσκομαι φαίνεται μόνο το κεφάλι της, το οποίο όμως έχει τώρα μια τελείως διαφορετική εμφάνιση. Είναι φροντισμένη και βαμμένη έντονα, αναδεικνύοντας μιαν ομορφιά που δεν ήταν εμφανής με την πρώτη ματιά στο πάνω γραφείο. Έχει ξανθά, μακριά μαλλιά σε ατίθασες μπούκλες που πλαισιώνουν αρμονικά το όμορφο αλαβάστρινο πρόσωπό της με τα τεράστια πρασινογάλανα μάτια της. Σαν να είναι έτοιμη για τα καλλιστεία, τόσο όμορφη γυναίκα δεν έχω ξαναδεί! Για να τονίσει μάλιστα ακόμα περισσότερο την εξωτική ομορφιά της, έχει προσαρμόσει στο κεφάλι της και δυο μικρά, γυριστά προς τα επάνω γυαλιστερά κερατάκια! Χαριτωμένο!

Πίσω της, μπροστά στα δυο παράθυρα που φωτίζουν τον χώρο, στέκονται με τα χέρια σταυρωμένα στο στήθος δυο σωματοφύλακες. Έχουν άγριο βλέμμα, με κοιτάνε σαν δυο σκυλιά έτοιμα να χιμήξουν να με ξεσκίσουν στο πρώτο της νεύμα.

Η υπάλληλος φαίνεται συγκεντρωμένη διαβάζοντας ένα φύλλο χαρτί που κρατάει στο ένα χέρι, ενώ στο άλλο κρατάει το φυλλάδιο του κατι-σαν-μεξικάνος που το 'βαλα αφηρημένος στην τσέπη μου πριν τον αρχίσω στο ξύλο. Σηκώνει αργά το κεφάλι της και με κοιτάει προσεκτικά. Τα λαμπερά μάτια της με ζαλίζουν. Κάνει νόημα στον ένα μπάτσο δείχνοντάς με. Αυτός πλησιάζει και με λύνει. Σηκώνομαι προσπαθώντας να διώξω την ατέλειωτη σκόνη και τα μυρμήγκια από πάνω μου.

- Ζαχαρίας! Μάλιστα! Εσύ είσαι λοιπόν ο ταραξίας στον Charonta, λέει με μια θεσπέσια, κελαρυστή φωνή νεράιδας, τελείως σε αρμονία με το όμορφο και θηλυκό παρουσιαστικό της. Παρατηρώ τα κέρατα, είναι σαν αληθινά, σαν φυτρωμένα στο κεφάλι της. Αλήθεια, τα έχει προσέξει ο άντρας της;

- Στο Κπεμάκ δεν είχες τόσο σέξι φωνή! προσπαθώ να αποφύγω τη συζήτηση.

- Είναι η δίδυμη αδελφή μου. Ο φάκελός σου λέει ότι είσαι εξυπνάκιας, το βλέπω τώρα κι εγώ!

Σταματάει για λίγο και μου κουνάει το φυλλάδιο.

- Αυτό το φυλλάδιο στο 'δωσε ο τύπος που συνέλαβες;

Συνέλαβα; Πότε;

- Ναι, αλλά θύμωσα και τον έδειρα λιγάκι.

- Καλά του 'κανες! Ξέρεις ποιος είναι;

- Αν και ήταν μεταμφιεσμένος σε μεξικάνο, έχω μια υποψία ότι ξέρω...

Την τύφλα μου ξέρω, αλλά πρέπει να κάνω τον σπουδαίο, αλλιώς χάθηκα, η γκόμενα εκεί μπροστά δεν είναι και πολύ φιλική.

- Η υποψία σου είναι σωστή! Είναι πράγματι ο Χίλτερ κι αυτό που σου 'δωσε είναι ένα προπαγανδιστικό ναζιστικό φυλλάδιο. Καλεί τον κόσμο σε εξέγερση και ζητάει να πάρει την εξουσία! Να πάρει από ΕΜΕΝΑ την εξουσία! Ας γελάσω!

Σταματάει και με κοιτάει έντονα. Συνεχίζει με σοβαρότητα.

- Με τη σύλληψη όμως αυτή πρόσφερες μια μεγάλη υπηρεσία στην Κόλαση! Μας κάνεις λοιπόν, ταιριάζεις εδώ! Θα ξεχάσω συνεπώς το επεισόδιο στη γαλέρα και θα σε αφήσω να φύγεις, όμως αν σε ξαναφέρουν μπροστά μου σαν ταραξία, σε γάμησα!

Με τα λόγια αυτά σηκώνεται να φύγει. Η μια έκπληξη διαδέχεται την άλλη! Είναι η πεμπτουσία της σέξι γυναίκας, έκφυλη, επικίνδυνη, μοιραία, ο ορισμός του έρωτα! Το ρούχο με τον ψηλό κόκκινο γιακά που νόμιζα για μπέρτα, είναι τελικά ένας σφιχτός, σέξι κοκκινόμαυρος κορσές που αφήνει ελεύθερα τα τεράστια ολόγυμνα στήθια της, τα οποία είναι επίσης πανέμορφα κι αρμονικά. Απ' τη μέση και κάτω είναι επίσης τελείως γυμνή, φορώντας μόνο στα πόδια της ψηλοτάκουνες μαύρες δερμάτινες μπότες που φτάνουν μέχρι τη μέση των μηρών της. Όμως εμένα κρύος ιδρώτας με λούζει. Κι αυτό γιατί θα μπορούσα να πω ότι πρόκειται για την τέλεια γυναίκα, αν δεν κρέμονταν ανάμεσα στους καλοσχηματισμένους θηλυκούς γοφούς της ένας τεράστιος φαλλός, που φτάνει μέχρι κάτω απ' τα γόνατά της! Θα τρελαθούμε τελείως εδώ, τι ερμαφρόδιτο πλάσμα είναι αυτό;;...

Μέχρι να συνέλθω απ' την κατάπληξή μου έχει εξαφανιστεί απ' το δωμάτιο, μαζί με τους δυο μπάστακές της. Είμαι μόνος κι ελεύθερος να φύγω. Ζαλισμένος ακόμα απ' τη θεσπέσια αύρα της, ανοίγω την πόρτα και κάνω ένα βήμα. Αμέσως αντιλαμβάνομαι τη γνωστή φασαρία ενός πολυσύχναστου δρόμου, σε υπερβολικό όμως βαθμό, σχεδόν πονάνε τα αυτιά μου απ' τον δυνατό θόρυβο. Συνέρχομαι αμέσως και κοιτάω προσεκτικά.

Μπροστά στην πόρτα περνάει ένας δρόμος, πολυσύχναστος, γεμάτος αυτοκίνητα, πεζούς, καμήλες, μηχανάκια, βόδια, λεωφορεία, κάρα, ποδήλατα, άλογα, ελέφαντες... Ελέφαντες;; Ναι, να εκεί κάτω ένας που προχωράει νωχελικά στον δρόμο μέσα στην κυκλοφοριακή αυτήν πανδαισία. Στο σβέρκο του κάθονται κάτι μεθυσμένοι που τραγουδάνε παράφωνα. Αργά ο ελέφαντας περνάει από μπροστά μου. Ένας μεθυσμένος με βλέπει από εκεί πάνω όπως στέκομαι στην πόρτα κι απροειδοποίητα μου πετάει το μπουκάλι του εκστομίζοντας μια βρισιά. Προλαβαίνω να κλείσω την πόρτα και το μπουκάλι σπάζει με κρότο πάνω της. Ο ελέφαντας απομακρύνεται σιγά σιγά, οπότε τολμάω να βγω προσεκτικά στον δρόμο.

Δεν υπάρχει πεζοδρόμιο, βρίσκομαι αμέσως μέσα στο συνονθύλευμα. Ένα αυτοκίνητο με χτυπάει από πίσω, κάνοντάς με να αρχίσω να τρέχω, σπρώχνοντας τους μπροστινούς μου για να περάσω και να μην με πατήσει. Ένας μου ρίχνει μια σφαλιάρα, ενώ ένας άλλος βάζει το χέρι του στην τσέπη μου ψάχνοντας το πορτοφόλι μου. Ψωνάρα ο τύπος, θα του 'μεινε από Πάνω!

Με το πολύ σπρωξίδι βρίσκομαι στη σέλα από ένα μηχανάκι, ενώ ο οδηγός μπροστά μου φαίνεται σαν να είναι ινδός. Μέχρι να το καλοσκεφτώ, τρακάραμε! Βρίσκομαι ξαφνικά στην άσφαλτο, ενώ το μηχανάκι πέφτει πάνω μου και με πλακώνει. Ευτυχώς, με προστατεύει, γιατί αμέσως περνάει από πάνω μου μια άμαξα γεμάτη ραδίκια. Με την αναπήδηση της ρόδας στον γοφό μου, μια βροχή από ραδίκια με σκεπάζει σχεδόν ολότελα, ενώ κάτι διερχόμενες αγελάδες επωφελούνται κι αρχίζουν να βόσκουνε τρώγοντας μαζί και το ένα μπατζάκι μου.

Πρέπει να ξεφύγω απ' αυτήν την κόλαση! Να ένα λεωφορείο που περνάει μπροστά μου. Πηδάω αμέσως στην ανοιχτή πόρτα και προσπαθώ να κολυμπήσω προς τα μέσα για περισσότερη προστασία. Δύσκολο εγχείρημα, καθώς είμαστε όλοι στοιβαγμένοι σαν σαρδέλες. Βρίσκομαι ζουληγμένος ανάμεσα στην κοιλιά ενός χοντρού με τη μύτη μου ανάμεσα στα στήθια της...

- Καλέ πού χώθηκες εκεί παλιόπαιδο; Γειά σου, είμαι η Πάμελα Αντρέα-Σον! Έλα να σε ξεζουμίσω λίγο...

Με τα λόγια αυτά, χώνει το χέρι της μέσα σε ό,τι μου έμεινε για παντελόνι. Πρέπει να ξεφύγω σου λέω! Αρχίζω να κολυμπάω προς τα πάνω και με πολύ προσπάθεια βρίσκομαι τελικά στριμωγμένος στο ταβάνι. Να, βλέπω τον φεγγίτη εξαερισμού. Τον ανοίγω κι ανεβαίνω στην οροφή. Επιτέλους, εδώ είναι πιο άνετα, είμαι μόνος μου με καμιά πενηνταριά πακιστανούς. Δίπλα μου ένας φαφούτης παππούς κρατώντας τη μασέλα του να μην του φύγει, μου γελάει στα μούτρα πιτσιλώντας σάλια.

Ετοιμάζομαι να του ρίξω μπουνιά, όμως το λεωφορείο φτάνει σε μια μεγάλη στρογγυλή πλατεία κι αρχίζει να παίρνει τη στροφή με ταχύτητα, 20 ολόκληρα χιλιόμετρα. Δεν έχω από πού να κρατηθώ, αρπάζομαι απ' το τσαντάκι της διπλανής μου όμως αυτή μου αστράφτει ένα χαστούκι. Στη συνέχεια προσπαθώ να κρατηθώ απ' το πόδι του πλαϊνού μου, αλλά μου μένει το παπούτσι του στο χέρι. Πακιστανικό λουστρίνι. Γλιστρώντας απ' την οροφή προσπαθώ απελπισμένα να κρατηθώ από ένα χέρι που εξέχει απ' το κάτω παράθυρο, αλλά τελικά προσγειώνομαι στο κράσπεδο με ένα χρυσό ρολόι στο ένα χέρι κι ένα παπούτσι στο άλλο. Λουστρίνι. Μια μασέλα πέφτει στο κεφάλι μου και κατρακυλάει χαμογελαστή στο γρασίδι δίπλα μου...

Το λεωφορείο εντωμεταξύ απομακρύνεται κι ο θόρυβος κοπάζει κάπως. Ευκαιρία να συνέλθω λίγο απ' το κυκλοφοριακό σοκ. Κοιτάω γύρω μου. Ωραία, πίσω μου βρίσκεται κάτι σαν καφενείο, μπορώ να κάτσω να πάρω μιαν ανάσα. Μικρά τραπεζάκια στο πεζοδρόμιο, όλα γεμάτα με παρέες που απολαμβάνουν τα ποτά τους αραχτοί χαζεύοντας με χαμόγελο και διασκεδάζοντας με την παρδαλή αναρχία που περνάει παρελαύνοντας μπροστά τους στο πεζοδρόμιο και τον δρόμο, ενώ καμιά φορά χειροκροτούν κιόλας τα καλύτερα νούμερα. Ειδυλλιακό!

Κάθομαι και παραγγέλνω ένα γάλα με φρούτα. Μου φέρνουν ένα μεγάλο ποτήρι κι ένα μπωλ γεμάτο με καυτά, αχνιστά παγάκια για να ρίξω μέσα. Αααα, ωραία, ας απλώσω και λίγο τα ποδάρια μου στο πεζοδρόμιο για να απολαύσω το ποτό μου!

Μια γυναίκα σκοντάφτει πάνω τους και πέφτει με τα μούτρα ακριβώς στον καβάλο μου, ένα μωρό μπουσουλάει ανάμεσα στους περαστικούς και πιπιλάει το δάχτυλο του ποδιού μου περνώντας το για πιπίλα, ενώ ένα περιστέρι έρχεται στο τραπέζι κι αρχίζει να ρουφάει το φρουτόγαλα μου απ' το καλαμάκι, κουτσουλώντας με συγχρόνως. Παρ' όλα αυτά, το περιβάλλον είναι όμορφο, όλα είναι αρμονικά ανακατεμένα. Ο καιρός είναι υπέροχος, διανθισμένος με τη σκόνη του χωματόδρομου και τη ευωδία της ελεφαντίλας, ενώ τα κλαρίνα απ' τα μεγάφωνα του μαγαζιού ηχούν απόκοσμα, όπως ανακατεύονται με την οχλαγωγία του ζωντανού αυτού δρόμου που σαλεύει ασταμάτητα...

Κλείνω τα μάτια μου και ξεχνιέμαι γι' αρκετή ώρα μέσα στην ονειροπόλησή μου, όμως ξαφνικά ένα κενό στον θόρυβο του δρόμου με επαναφέρει. Μέσα στην ξαφνική απόλυτη ησυχία που απλώνεται, ακούγεται από μακριά σαν κάποιος να βγάζει λόγο. Πράγματι, εκεί στη μέση της μεγάλης αυτής πλατείας που βρίσκεται μπροστά μου, ένας τύπος με μυτερό μουσάκι και γιλέκο, που δεν τον είχα προσέξει μέχρι τώρα, βγάζει λόγο ανεβασμένος σε ένα μεγάλο κασόνι. Έχει το ένα χέρι τεντωμένο καθώς μιλάει, σαν να δείχνει κάτι στο υπερπέραν, ενώ το άλλο το κρατάει λυγισμένο με τον αντίχειρα χωμένο στη μασχάλη του. Γύρω του είναι καθισμένοι στο γρασίδι οι οπαδοί του, οι οποίοι σηκώνουν τα χέρια τους σε γροθιές κάθε φορά που αυτός εκστομίζει κάποιο σύνθημα. Δεν μπορώ να καταλάβω τι λέει, όμως απ' το ύφος του συμπεραίνω ότι έχει δίκιο κι αποφασίζω στις επόμενες εκλογές να τον ψηφίσω.

- Ποιος είναι αυτός; ρωτάω τον διπλανό μου.

- Ο Λένιμ! Μόλις χθες τον άφησαν ελεύθερο κι άρχισε πάλι τα ίδια! Κάτι για τον μουνισμό λέει...

- Κομμουνισμό, ρε άσχετε!

- Ναι, απ' αυτό! Τι διαφορά έχει;

Ξαφνικά μεγάλη φασαρία και κακό ακούγεται απ' την άκρη της πλατείας. Κάτι μαύρα κι άραχνα φορτηγά ξεφορτώνουν τα παλικάρια με τα περιβραχιόνια με το χρυσό Κ.Α., που ορμάνε αμέσως στο πλήθος. Μπροστά τρέχει ένας πανύψηλος τύπος με μια μαύρη μπέρτα που ανεμίζει αγέρωχα με τη φόρα που έχει πάρει. Τρέχει κατ' ευθείαν προς τον Λένιμ, ακολουθούμενος από καμιά εικοσαριά μπάτσους που χτυπάνε με τα ρόπαλά τους στα τυφλά δεξιά κι αριστερά. Ο Λένιμ ουρλιάζει πια σαν υστερικός:

- Ξεσηκωθείτε σύντροφοι! Επανάσταση! Επάνω τους!

Κοιτάω με απορία τον πλαϊνό μου.

- Ποιος είναι πάλι αυτός;

- Ο Δάγκουλας! Είναι ο αρχηγός της Κολαστικής Αστυνομίας. Μάλλον έρχεται με απ' ευθείας εντολή απ' τον Φραγκοστάιν, τον Υπουργό Δημόσιας Τάξης, να συλλάβει τον Λένιμ. Του Φραγκοστάιν δεν του αρέσουν καθόλου οι εξεγέρσεις, αποστασίες και τέτοια πράγματα, οπότε στέλνει τον Δάγκουλα να καθαρίσει...

Εντωμεταξύ εκεί μπροστά έχει ξεσπάσει πραγματική μάχη. Οι οπαδοί του Λένιμ επιτίθενται με μπουνιές στους αστυνομικούς και γίνεται της μουρλής. Δεν κρατιέμαι, πρέπει να πλησιάσω να κάνω χάζι, τέτοιο ματς έχω να δω απ' τον Πάνω Κόσμο, απ' την τελευταία φορά που πήγα σε διαδήλωση. Με το ζόρι στριμώχνομαι προωθούμενος προς τα μπροστά μέχρι να φτάσω σχετικά κοντά. Και εκεί γίνομαι αυτόπτης μάρτυρας μιας σκηνής που θα μείνει σίγουρα στην κολαστική ιστορία με ανεξίτηλα γράμματα.

Ο Λένιμ, επειδή είναι ένα κεφάλι κοντύτερος απ' τον Δάγκουλα, τον αρπάζει απ' την μπέρτα σηκωνόμενος στις μύτες των ποδιών του και βγάζοντας ένα φρικιαστικό ουρλιαχτό με τα μάτια του να πετάνε αίμα, τον ΔΑΓΚΩΝΕΙ στον λαιμό!

Όλοι και όλα σταματάνε ξαφνιασμένοι! Οι αστυνομικοί κοιτάζουνε με τρόμο τη σκηνή, οι οπαδοί με δέος. Δυο σταγόνες μαύρο αίμα βγαίνουν από δυο μικρές τρύπες στον λαιμό του Δάγκουλα, ενώ ο Λένιμ καγχάζει σαρδόνια δείχνοντας τους ματωμένους κυνόδοντές του στο κοινό. Ο Δάγκουλας παραπατάει δυο βήματα προς τα πίσω, βγάζει αργά την μπέρτα του, τη ρίχνει με μια θεατρική κίνηση στο έδαφος και ψιθυρίζει δυνατά:

- Παραιτούμαι! Δεν αντέχεται τόση ντροπή!

Ξαφνικά η πλατεία ξαναζωντανεύει! Οι αστυνομικοί ξαναρχίζουν το ξύλο με περισσότερη μανία αναζητώντας εκδίκηση για την ταπείνωση, ενώ οι οπαδοί έχουν ξεσπάσει σε χειροκροτήματα θεωρώντας ότι είναι οι αδιαφιλονίκητοι νικητές! Όμως οι αστυνομικοί δεν κρατιούνται πια κι αρχίζουν να μπουζουριάζουν αδιακρίτως όποιον βρίσκουν μπροστά τους στις μαύρες κλούβες που έχουν εντωμεταξύ πλησιάσει προς εμάς.

***

Έτσι ξαναβρίσκομαι στα μπουντρούμια της Κολαστικής Αστυνομίας. Όμως αυτήν τη φορά δεν με κλείνουν στο δωματιάκι με τους πενήντα, αλλά αφού ελέγχουν το διαβατήριό μου, μου ανακοινώνουν με στόμφο:

- Το αφεντικό αυτοπροσώπως ήρθε εδώ και μας διέταξε, αν σε ξαναπιάσουμε για διατάραξη, να σε πάμε κατ' ευθείαν εκεί. Εμπρός λοιπόν, κουνήσου...

***

Έτσι βρίσκομαι πάλι στο ίδιο γραφείο! Το δίδυμο γραφείο του "**Πρακτορίου Ταξηδείων**"! Έχει πλάκα τώρα, το "αφεντικό" να είναι αυτή που γνώρισα και να εμφανιστεί πάλι, η μεγάλη αποπλανήτρα, ο σέξι πειρασμός με την αποχαυνωτική αύρα... Δεν προλαβαίνω να το σκεφτώ και η πόρτα ανοίγει για να εμφανιστεί πράγματι μπροστά μου. Ω, πόσο όμορφη είναι! Αλλά αυτήν τη φορά έχει μια τεράστια στύση που με σημαδεύει άμεσα!

- Στο είπα ότι αν ξαναβρεθείς μπροστά μου θα σε γαμήσω εξυπνάκια! μου λέει με τη σέξι νεραϊδίσια φωνή της. Με αρπάζει απ' τον λαιμό και με μιαν απίστευτη δύναμη που με παραλύει με γυρνάει πλάτη, ενώ νιώθω να μου κατεβάζει τα υπολείμματα του παντελονιού μου.

- *«Πάει, τέλειωσε και η κάτω ζωή μου»* σκέφτομαι *«θα τελειώσω τις μέρες μου σαν κολασμένο σουβλάκι!»*

Όμως την τελευταία στιγμή, το ένστικτο αυτοσυντήρησής μου κάνει το μυαλό μου να δουλέψει με χίλιες στροφές.

- Ό,τι και να μου κάνεις, λέω στο "πλάσμα", ο Λένιμ θα συνεχίσει να κερδίζει οπαδούς, γιατί δεν το χειρίζεσαι σωστά! Θα σου κάνει τη ζωή κόλαση!

Τη νιώθω να σταματάει, τη νιώθω να διστάζει, ΚΕΡΔΙΣΑ!

- Δηλαδή, ρε εξυπνάκια, εσύ τι θα έκανες στη θέση μου;

- Μπορώ να γυρίσω και να τα πούμε λίγο πιο πολιτισμένα;

***

Έτσι βρίσκομαι στο πλαϊνό δωμάτιο, σε ένα μεγάλο, άνετο και χλιδάτο γραφείο με μοντέρνα έπιπλα, υπέροχη διακόσμηση, καταπληκτική ατμόσφαιρα, φυτά, χαμηλή μουσική, αρωματικά στικς. Είμαι καθισμένος στον άνετο δερμάτινο καναπέ, ενώ αυτή έχει αράξει στη διευθυντική της πολυθρόνα, πίσω απ' την έξι επί τρία μέτρα γραφειάρα της, με τα μακριά, σέξι πόδια της πάνω στο έπιπλο με το ίδιο κόκκινο τηλέφωνο. Ανάβει ένα πούρο, ενώ εμένα μου βάζει κάποιος ένα ποτήρι σαμπάνια στο χέρι. Με κοιτάει ερευνητικά, ξύνοντας για λίγο τα κέρατά της.

- Σε ακούω τώρα! Δεν ξέρω γιατί σε πίστεψα και σε έφερα στο γραφείο μου. Ίσως το διαβολικό μου ένστικτο να έχει δίκιο, όμως αν δεν μου αρέσουν αυτά που θα πεις, θα σε πάρει ο διάολος!... Εγώ δηλαδή! Θα σε ΠΑΡΩ κυριολεκτικά!

Χτυπάει νευρικά και με έμφαση τον τεράστιο φαλλό της που εξέχει πίσω απ' το γραφείο στην ανοιχτή παλάμη της. Όμως δεν με φοβίζει, το ξέρω ότι το έχω κερδίσει το παιχνίδι. Αργά της εξηγώ το σχέδιό μου, με σταθερή και υποβλητική φωνή.

- Τι θα 'λεγες να στείλεις για λίγο αυτόν τον ταραξία δανεικό στον Παράδεισο, ώστε να ετοιμάσεις εδώ κατάλληλα το έδαφος για να τον ξαναπάρεις πίσω;

Με κοιτάει. Έντονα γι' αρκετή ώρα. Ξαφνικά θυμώνει, κοκκινίζει, η όψη της αλλάζει, κάνει τώρα σαν ξαναμμένη μέγαιρα, το πρόσωπό της γίνεται σκληρό, βγάζει φωτιές φωνάζοντας.

- Λες να μην το σκέφτηκα εγώ; Εσένα περίμενα να μου το πεις; Να μη με λένε Βεελζεμπούλ αν δεν το σκέφτομαι από τότε που μας κατσικώθηκε αυτό το αρχίδι εδώ! Δεν βρίσκω όμως τον τρόπο να τον μπάσω εκεί μέσα!...

- Τι θα 'λεγες να πάρεις κάνα τηλέφωνο τον συνάδελφό σου εκεί πάνω και να του ζητήσεις να τον δεχτεί;

- Μπα! Δεν παίζει! Μου κρατάει μούτρα με εκείνην την ιστορία με τους ξεπεσμένους αγγέλους που τους πήρα εγώ εδώ για υπηρετικό προσωπικό! Δεν μου μιλάει, αιώνες τώρα...

Σταματάει ξαφνικά και με κοιτάει έντονα. Τα μάτια της λάμπουν, ένα χαμόγελο σχηματίζεται στα σέξι χείλια της, ξανάγινε όμορφη! Τα γοητευτικά πρασινογάλανα μάτια της αστραποβολούν, τα μάγουλά της ρόδινα, τα στήθια της ανορθώνονται.

- Εσύ!

Τα ντελικάτα χεράκια της με τα περιποιημένα νύχια με δείχνουν, υπνωτίζοντάς με σαν χίλιες γυμνές σειρήνες που σεριανίζουν στο μυαλό μου τραγουδώντας λαϊκά. Συγκρατιέμαι όμως!

- Τι "εγώ"; Κάνω τον χαζό...

- Μην κάνεις τον χαζό! Εσύ θα τον πάς, έχεις γκρίζο διαβατήριο! Είναι διαταγή, αλλιώς δεν φαντάζεσαι τι σε περιμένει!

Σηκώνεται, με πλησιάζει και σκύβει από πάνω μου. Τα ποθητά στήθια της κρέμονται γυμνά μπροστά στη μούρη μου σαν ώριμα πεπόνια, η αύρα της σε λίγο θα με ρίξει αναίσθητο, όπως ο ήλιος της ερήμου τον παραπλανημένο βεδουλίνο...

- Θα στον κάνω εγώ χαπάκι σε κάψουλα και θα τον καταπιείς. Μόλις φτάσεις επάνω, θα τον χέσεις και θα ξαναγυρίσεις πίσω!

Τι ρομαντική που γίνεται, άμα θέλει!

Ένα ταξίδι απ' την ανάποδη

Έτσι βρίσκομαι ξανά στη γαλέρα με τον Λένιμ σε κάψουλα μέσα στο στομάχι μου! Πώς να τραβήξω τώρα κουπί; Κι αν χεστώ πριν την ώρα μου;

Ο Μαυροταμτάμ με θυμήθηκε, το ίδιο κι ο Μαυροκαμτσίκης. Με κοιτάνε και οι δυο περίεργα όσο παλεύω με το κουπί χωρίς να πολυζορίζομαι, αλλά δεν λένε τίποτα. Το ταξίδι περνάει έτσι ευχάριστα, πόσο μάλλον που μας ήρθε να τραγουδήσουμε μερικά χαρούμενα θαλασσινά τραγουδάκια, "Θάλασσα φουρτουνιασμένη", "Ναυαγός για το χατίρι σου" και τέτοια.

Φτάνουμε τέλος στον προορισμό μας. Δηλαδή στη μέση του πουθενά, στη μέση από ατέλειωτο νερό γύρω μας χωρίς ίχνος ξηράς. Κοιτάω προς τα πάνω. Ναι, κάτι φαίνεται εκεί πάνω, κάτι σαν ταβάνι σπηλιάς, εκεί πρέπει να είναι το Κπεμάκ. Τώρα τι;

Η απορία μου λύνεται γρήγορα. Με έναν εκκωφαντικό θόρυβο το κάθισμά μου εκτοξεύεται προς τα πάνω με τρομακτική ταχύτητα, εκτοξεύτηκα σαν πιλότος μαχητικού! Καλά που πρόλαβα να κρατηθώ, όμως η ταχύτητά μου είναι πολύ μεγάλη και δεν προλαβαίνω να απολαύσω την υπέροχη διαδρομή. Οι καταπακτές του Κπεμάκ ανοίγουν μπροστά μου και πριν το καταλάβω, κοπανιέμαι στο ταβάνι του "**Πρακτορίου Ταξηδείων**", για να προσγειωθώ στη συνέχεια φαρδύς πλατύς μπροστά στο άθλιο εκείνο μοναδικό γραφείο με τη χαμογελαστή δίδυμη της Ερμαφρόδιτης, σηκώνοντας φυσικά πάλι ένα σύννεφο σκόνης.

- Καλωσήρθατε πίσω! Σας άρεσε στην Κόλαση; Τέλεια δεν είναι; ξεφωνίζει χαρούμενη χτυπώντας τα χέρια της παλαμάκια.

Σηκώνομαι και τινάζομαι. Την στραβοκοιτάω. Πράγματι, αν φροντιστεί και φτιαχτεί λίγο, θα γίνει κι αυτή τόσο όμορφη, έχει τα ίδια όμορφα χαρακτηριστικά. Σκονισμένα όμως.

- Η αδελφή σου με ξανάστειλε εδώ!

- Α, η αδελφή μου, η Βεελζεμπούλ! Καλέ την γνωρίσατε; Τι κάνει, καλά είναι το Τέρας; Ούτε ένα τηλέφωνο δεν παίρνει πια το διαβολόπαιδο, έχω αιώνες να την δω! Να της πείτε χαιρετίσματα όταν την ξαναδείτε!

Πω, πω, φλυαρία! Αυτή εδώ είναι σίγουρα γυναίκα! Ή μήπως; Δεν κρατιέμαι, θα την κάνω την ερώτηση!

- Δεν μου λες, τι έχεις ανάμεσα στα ποδάρια σου;

- Καλέ τι ερώτηση! Αφού σου λέω είμαστε δίδυμες! Ίδιες είμαστε! Τι νομίζεις ότι είναι ο μοχλός που τραβάω εδώ πλάι μου κι ανοίγω τις καταπακτές, έ;

Χμ, ας ξεροβήξω λίγο, ας χαμογελάσω ηλίθια και ας την κοπανίσω απ' αυτό το ανώμαλο γραφείο.

Στραβοκοιτώντας πίσω μου την χαμογελαστή "δίδυμη" της Ανωμαλίας, ανοίγω την πόρτα και βγαίνω στον δρόμο, αλλά μέσα στην σύγχυσή μου βγαίνω απρόσεκτα. Με πατάει ο ελέφαντας, μου ρίχνουν μπουκάλια οι μεθυσμένοι από ψηλά και με παρασέρνει το φίσκα γεμάτο λεωφορείο μέχρι την επόμενη διασταύρωση, όπου τελικά απεγκλωβίζομαι και κάθομαι στο κράσπεδο να συνέλθω. Εκεί με πατάει ο ινδός με το μηχανάκι...

Ξαφνικά όλοι εξαφανίζονται, ο δρόμος ερημώνει κι εγώ βρίσκομαι ανάμεσα σε χαζοβιόληδες περαστικούς στην οδό Παραδείσου, μπροστά στο εμπορικό του Ρόζα! Από πού ξεφύτρωσαν όλοι αυτοί; Και πώς εμφανίστηκαν κι εξαφανίστηκαν οι προηγούμενοι; Αφού είναι από άλλο ανέκδοτο, τι ζητούσαν στο Κπεμάκ; Τι διαβολικό χιούμορ είναι πάλι αυτό; Μάλλον αυτή η ιστορία με το χαπάκι μέσα μου μου δημιουργεί παραισθήσεις. Σίγουρα δεν μου 'δωσε ναρκωτικά η Δαιμονισμένη; Ποτέ δεν ξέρεις, πρέπει να είμαι προσεκτικός από δώ και πέρα και κυρίως να τελειώνω με την αποστολή που έχω αναλάβει...

Κοιτάω προς τα κάτω. Έχω τα χάλια μου. Γεμάτος μώλωπες, τα μαλλιά ανάκατα, το ένα μάτι πρησμένο. Τα ρούχα μου σκισμένα, δεν έχω αριστερό μανίκι, ούτε δεξί μπατζάκι, δεν έχει απομείνει ούτε ένα κουμπί στο πουκάμισό μου και ουσιαστικά μόνο κάτι κουρέλια κρέμονται από πάνω μου, άσε που είναι και ασιδέρωτα. Για παπούτσια ούτε λόγος. Η ζώνη μου έχει κοπεί και κρέμεται ανάμεσα στα σκέλια μου, σαν τον φαλλό της Διαβόλισσας. Κοιτάω προσεκτικά. Μπα, χάλια θα ήμουνα έτσι!

- Σαν να γύρισες απ' την Κόλαση είσαι! ακούω μια φωνή πίσω μου κι αμέσως το τσιριχτό χαχανητό του Ρόζα.

Γυρνάω αργά προς το μέρος του. Νάτος, εκεί είναι σκασμένος στα γέλια, με δείχνει και γελάει ο άθλιος...

- Άντε κούκλε, κουνήσου! Έλα κατά δω να σε ξαναντύσουμε... μου λέει με μια σέξι φωνή γεμάτη υπονοούμενα.

Δεν έχω άλλη λύση, ξαναμπαίνω στο εμπορικό του, απρόθυμα είναι η αλήθεια. Ο τύπος αυτός με κάνει να αισθάνομαι το ίδιο άβολα με τη Βεελζεμπούλ. Όμως δεν μου δίνει σημασία. Προσεκτικά αρχίζει να διαλέγει καινούρια ρούχα, παπούτσια και φυσικά ζώνη και σε ένα τέταρτο είμαι πάλι του κουτιού, σκέτο φιγουρίνι. Άψογος επαγγελματίας!

Μόνο ένα πράγμα με ενοχλεί. Απ' τον λαιμό μου κρέμεται τώρα μια πολύχρωμη γραβάτα, κοκκινοκιτρινογαλαζιοροζμώβ με χρώματα που ανακατεύονται σουρεαλιστικά σε κυκλάκια και καμπύλες. Χαρούμενη είναι, δεν λέω, αλλά από σοβαρότητα παραπέμπει μάλλον σε παρδαλό κατσίκι που έγινε πρωθυπουργός, κάτι σαν αυτούς του Πάνω Κόσμου!

- Δεν μου λές ρε φίλε; Αυτόν τον πλουμιστό πεοδείκτη, τί μου τον κρέμασες στον λαιμό μου;

Φέρνει τα χέρια του στο στόμα, δήθεν από ντροπή.

- Καλέ, τι λόγια! Τα χρώματα είναι τώρα στη μόδα! Άλλωστε σου πάει τρέλλα! Και δείχνει στο σωστό σημείο, αντράκι μου!...

Στραβομουτσουνιάζω, αλλά δεν θέλω να τον στενοχωρήσω, τόσα έχει κάνει για μένα...

- Έλα, σταμάτα να γκρινιάζεις, κούκλος είσαι αγάπη μου! μου λέει και τρίβεται πάνω μου. Το μούσι του με ενοχλεί και η ανάσα του μυρίζει καπνό, ενώ μου χουφτώνει και τον κώλο. Χαμογελάω ηλίθια, πρέπει να παραμείνω ευγενικός, τον ευχαριστώ κι ανοίγω την πόρτα να φύγω.

- Au revoire, μου λέει, μέχρι την επόμενη φορά σκανταλιάρη!

Στην πόρτα κοντοστέκομαι, μια σκέψη περνάει απ' το μυαλό μου. Τον στραβοκοιτάω, ξαναμπαίνω κλείνοντας την πόρτα πίσω μου και θρονιάζομαι σε μια πολυθρόνα.

- Δεν μου λες, τι ακριβώς είναι ο Βεελζεμπούλ εκεί κάτω; τον ρωτάω.

- Α! Δεν ξέρεις; λέει αυτός με απορία. Καλά, θα στο εξηγήσω, ξέχασα ότι είσαι στραβάδι! Μάθε λοιπόν ότι όλοι εδώ στον Κάτω Κόσμο, και στην Κόλαση και στον Παράδεισο, χωρίζονται σε κατηγορίες. Στον Παράδεισο οι κάτοικοι χωρίζονται σε αγίους, οσίους, μάρτυρες και κοινούς. Για την τάξη φροντίζει το σώμα των Χερουβείμ, ενώ για τα διοικητικά είναι υπεύθυνοι οι άγγελοι, οι αρχάγγελοι και στην κορυφή όλων ο Θεός.

Τον ακούω με προσοχή. Αυτός ακουμπάει στον πάγκο, κάνει μια ασυναίσθητη κίνηση από συνήθεια να διορθώσει το σουτιέν που δεν φοράει και συνεχίζει.

- Στην Κόλαση πάλι οι κολασμένοι χωρίζονται σε απλούς και διεστραμμένους. Οι σατανάδες υπηρετούν όλοι στην Κολαστική Αστυνομία και χωρίζονται σε ανθυποσατανάδες, υποσατανάδες, επισατανάδες κλπ. Οι διάβολοι αποτελούν το διοικητικό κομμάτι, δημιουργώντας μια γραφειοκρατία σκέτη κόλαση, με μόνη εξαίρεση την ταχυδρομική υπηρεσία που είναι ταχύτατη. Θα θυμάσαι βέβαια απ' τον Πάνω Κόσμο ότι όταν είναι να σε πάρει ο διάβολος, αυτό συμβαίνει ταχύτατα...

Σκάει στα γέλια, αλλά συνεχίζει αμέσως.

- Ε, αρχηγός όλων είναι ο αρχιδιάβολος Βεελζεμπούλ, ένας ωραίος τύπος, γλεντζές και εύθυμος, αλλά προπάντων πολύ δραστήριος και διαβολικά έξυπνος. Όπως λένε τουλάχιστον. Ελάχιστοι τον έχουν δει...

Σκύβει συνωμοτικά προς το μέρος μου και με χαμηλωμένη φωνή ψιθυρίζει.

- Οι κακές γλώσσες λένε όμως ότι ο Βεελζεμπούλ είναι γυναίκα! Κανείς δεν ξέρει σίγουρα! Υπάρχει μια φήμη ότι όποιος μίλησε γι' αυτό βρήκε άσχημα τον μπελά του. Λένε ότι τους γαμάει ο ίδιος αμολώντας το διαβολικό σπέρμα του μέσα τους και μετά τους μετεμψυχώνει σε κάποιον πολιτικό ή στρατιωτικό και τους ξαναστέλνει στον Πάνω Κόσμο. Κάποιοι υποστηρίζουν μάλιστα ότι ο Χίλτερ, ο Στάλιμ κι ο Αττίλιας ήταν τέτοιοι! Παλιννοστήσαντες με τον διάβολο μέσα τους, αλλά δεν μπορείς να ξέρεις! Μάλλον όλα αυτά είναι φήμες...

- Ναι, φυσικά, φήμες πρέπει να είναι! Πού να ξέρει κανείς την αλήθεια; λέω κοιτώντας τον και ξεροκαταπίνοντας.

- *«Ρε, από τι γλίτωσα! Καλά έκανα και τον ρώτησα. Με προστάτεψε από μεγάλο μπελά! Φαντάσου να μίλαγα πουθενά και μετά να με έστελνε ξανά πίσω σαν τον ...Σατάν Χοσεΐν!»*

Έμαθα ό,τι ήθελα, σηκώνομαι και τον αποχαιρετώ. Βγαίνω προσεκτικά αυτήν τη φορά στον δρόμο. Τα πράγματα είναι ήσυχα, μπορώ λοιπόν να τραβήξω προς το αεροδρόμιο...

Σε είκοσι λεπτά είμαι εκεί, είναι μικρό το Κπεμάκ. Με το που μπαίνω στην αίθουσα, το πρώτο πράγμα που κάνω είναι να πετάξω στο επόμενο καλάθι απορριμάτων την πλουμιστή γραβάτα που την αισθάνομαι σαν θηλειά στον λαιμό μου.

Από μια πεταμένη νάιλον σακούλα εκεί μέσα, βγαίνει ξαφνικά ένα χέρι και την αρπάζει...

ΜΕΡΟΣ 4:
Στην κόλαση του Παραδείσου

Mumbo-jumbo...

Στο αεροδρόμιο δεν αντιμετωπίζω δυσκολίες. Δείχνω το διαβατήριό μου και με στέλνουν ευγενικά στη θύρα που αναχωρεί η Paradise Airlines. Ο Λένιμ μέσα μου κάθεται φρόνιμος. Ωραία, όλα καλά για την ώρα...

Το αεροπλάνο είναι πανομοιότυπο με το πρώτο. Φαίνεται τα αγόρασαν μαζί για να έχουν έκπτωση. Οι αεροσυνοδοί είναι επίσης πολύ όμορφες, με πλούσια τα ελέη του Κυρίου και μίνι φούστες για να φαίνονται τα λεπτά, καλλίγραμμα ποδαράκια τους, όπως δηλαδή είναι όλες οι αεροσυνοδοί. Είναι ντυμένες στα λευκά και στην πλάτη τους έχουν καρφιτσωμένα κάτι πούπουλα που φτερουγίζουν γύρω γύρω, ενώ στο κεφάλι τους είναι φυτρωμένα δυο αυτιά λαγού. Χαριτωμένο!

- Πώς τον λένε αυτόν τον κυβερνήτη; ρωτάω μια που περνάει από μπροστά μου.

- Είναι δυο! Δίδυμοι! Οι αδελφοί Ρέϊντ, ο Μπίλλ και ο Όλιβερ!

- Ορίστε;

Μαζεύομαι στο κάθισμά μου, δεν θέλω να ακούσω τίποτα άλλο. Ούτε με τρώει η περιέργεια να δω τηλεόραση αυτήν τη φορά. Το μόνο που θέλω είναι να ξεφορτωθώ τον Λένιμ και να ολοκληρώσω την αποστολή μου. Μετά θα κάτσω λίγο να χαζέψω στον Παράδεισο, να δούμε βρε παιδί μου πώς είναι κι εκεί. Τόση διαφήμιση του κάνανε στον Πάνω Κόσμο!

Μετά από ένα ήρεμο ταξίδι, το αεροπλάνο προσγειώνεται σε ένα πανομοιότυπο αεροδρόμιο με τα άλλα δύο. Καλά τώρα! Δεν περίμενα τίποτα άλλο!

Προχωράω μέσα απ' την πανομοιότυπη αίθουσα προς την τζαμαρία στην άλλη πλευρά, αλλά εδώ με περιμένει μια έκπληξη! Στην έξοδο υπάρχει έλεγχος, κάτι σαν τον έλεγχο που είχαμε στα αεροδρόμια του Πάνω Κόσμου! Ένας τερατώδης τύπος με βιβλική γενειάδα, τρία μέτρα ψηλός, ογκώδης σαν μαμούθ, με μούσκουλα που ξεχειλίζουν απ' τον λευκό χιτώνα του, με μια μαύρη γραβάτα σαν κουρτίνα, αυτιά γιγαντολαγού καρφιτσωμένα στο κεφάλι του και πούπουλα στην πλάτη του, με σταματάει τεντώνοντας τον δενδροκορμό που έχει για χέρι προς το μέρος μου, κρατώντας με τα δυο του δάκτυλα έναν κορμό τριανταφυλλιάς γεμάτο μυτερά αγκάθια. Με κόκκινο τριαντάφυλλο στην άκρη.

- Το διαβατήριό σας παρακαλώ;

- Ναι βέβαια! Αλλά νόμιζα ότι εδώ δεν έχει διατυπώσεις...

- Φυσικά και έχει, κύριε! Εδώ είναι Παράδεισος κι εγώ είμαι ο Άγριος Πέτρινος, επαγγελματίας θυρωρός επιφορτισμένος με τη διατήρηση της τάξης! Δεν μπορώ να αφήνω τον καθένα να μπαίνει μέσα! Εδώ υπάρχει Ησυχία, Τάξη και Ασφάλεια πάνω απ' όλα!

Του δίνω το διαβατήριό μου.

- Εντάξει γκρίζο είναι, μπορείτε να περάσετε...

Μου δείχνει μια πλαϊνή πόρτα καθώς ο ίδιος φράζει με τον όγκο του την κεντρική έξοδο. Η πλαϊνή αυτή πόρτα οδηγεί σε ένα δωματιάκι, στο οποίο είναι καθισμένος ένας υπάλληλος πίσω απ' το κλασικό άδειο άθλιο σκονισμένο δημοσιοϋπαλληλικό γραφείο που έχω συναντήσει τόσες φορές.

- Καθίστε παρακαλώ! με καλεί χαμογελαστός, δείχνοντάς μου ένα ετοιμόρροπο σκαμνί μπροστά του.

Κάθομαι προσεκτικά, ενώ τον κοιτώ συνοφρυωμένος. Δεν έχει αυτιά και πούπουλα καρφιτσωμένα πάνω του, είναι όμως κι αυτός ντυμένος στα λευκά, αλλά όχι με χιτώνα. Φοράει ένα μοντέρνο, λευκό, ατσαλάκωτο κοστούμι κι έχει μια ροζ γραβάτα τέλεια δεμένη να κρέμεται απ' τον λαιμό του. Είναι καλοξυρισμένος κι αρωματισμένος.

- Βλέπω την έκπληξή σας και θα σας διαλευκάνω όλες σας τις απορίες! μου λέει με ένα πλατύ φιλικό χαμόγελο. Η Εταιρεία μας έχει πάντα τη λύση και μάλιστα σε πολύ συμφέρουσες τιμές! Θα εκπονήσουμε μαζί ένα πρόγραμμα ασφάλισης ακριβώς στα μέτρα σας, ένα πρόγραμμα που θα καλύπτει ακριβώς τις ανάγκες σας εδώ στον Παράδεισο, ένα πρόγραμμα που θα σας ικανοποιήσει απόλυτα και θα σας βγάλει από την αγωνία για το αύριο, ξαναφέρνοντας την ευτυχία μέσα σας!

Τα μάτια μου πρέπει να έχουν πεταχτεί έξω!

- Ένα τίιι;

- Μα φυσικά μια Ασφάλεια Θανάτου κύριε Ζαχαρία, απαραίτητη για κάθε πτώμα! Είδατε που ξέρω και το όνομά σας; Μια Ασφάλεια που θα σας εξασφαλίσει για την περίπτωση που για κάποιον λόγο αναγκαστείτε να επιστρέψετε στον Πάνω Κόσμο!

Συνεχίζω να μην πιστεύω στ' αυτιά μου!

- Σοβαρά μιλάτε τώρα; Μπορώ να ξαναγυρίσω στον Πάνω Κόσμο; Και είναι κακό αυτό και πρέπει να με ...ασφαλίσετε από αυτόν τον "κίνδυνο";;

- Αααα! Μα ναι! Βέβαια! Ξέχασα ότι είσαστε καινούριος εδώ και δεν γνωρίζετε ακόμα όλες τις κακοτοπιές!

Το χαμόγελο στο στόμα του σπάει όλα τα ρεκόρ. Με χτυπάει φιλικά στον ώμο σκύβοντας προς το μέρος μου.

- Φυσικά και μπορείτε να ξαναγυρίσετε πίσω, είναι όμως εξαιρετικά επώδυνο! Μπορείτε να πάθετε για παράδειγμα κάποιο ατύχημα που θα σας κοστίσει τον θάνατό σας εδώ και θα σας ξαναφέρει στη ζωή εκεί. Όμως στην περίπτωση αυτή ξαναγυρίζετε σαν φάντασμα ή σαν ζόμπι, οπότε, όπως καταλαβαίνετε, κινδυνεύετε άμεσα απ' τους ανθρώπους που θα σας πολεμήσουν με όλες τους τις δυνάμεις καρφώνοντας παλούκια στην καρδιά σας ή εκτοξεύοντας εναντίον σας όλα τα διαθέσιμα ξόρκια και λιβάνια. Δεν είναι και τόσο ευχάριστο αυτό, ε;

Σταματάει για λίγο για να διασκεδάσει με την έκπληξή μου κι αμέσως μετά συνεχίζει.

- Μην ανησυχείτε όμως καθόλου! Για την περίπτωση αυτή έχουμε ήδη μεριμνήσει κι εκπονήσαμε, ΜΟΝΟ για εσάς, το πρόγραμμα ασφάλισης "Φρέντυ" που σας εγγυάται ότι θα γυρίσετε είτε σαν ζόμπι σε εγκαταλειμμένο νεκροταφείο, είτε σαν φάντασμα σε κάποιον αγγλικό πύργο ή σε κάποιο εγκαταλειμμένο ορυχείο, πάντως ΟΠΩΣΔΗΠΟΤΕ σε εγκαταλειμμένο μέρος, όπου δεν θα σας ενοχλήσει ποτέ κανείς! Μπορούμε μάλιστα, με μιαν ελάχιστη επιπλέον επιβάρυνση, να σας στείλουμε και σε σκωτσέζικο πύργο, με απείρως καλύτερες συνθήκες εργασίας και αποδοχές ή να σας προωθήσουμε για κομπάρσο στις ταινίες που γυρίζουν στο Μπόλυχουντ.

- Σε αμερικάνικη ταινία θέλω να παίξω!

- Φυσικά κι αυτό είναι δυνατόν, αφού προτιμάτε το Χόλλυμπουντ! Απλά θα μου δώσετε λίγο χρόνο να υπολογίσω την επιβάρυνση, θα είναι κάτι παραπάνω...

Χαμογελάω, ο μπαγάσας είναι παμπόνηρος... Όμως αρχίζω να σπάω κι εγώ πλάκα κι αποφασίζω να το παίξω το παιχνίδι.

- Και τι άλλο δηλαδή μπορεί να μου συμβεί, που εσείς μπορείτε να με "ασφαλίσετε";

Το πλατύ χαμόγελο ξανάρχεται στο στόμα του.

- Μπορεί να σας αναθέσουν για παράδειγμα εδώ στον Παράδεισο κάποια αποστολή. Φανταστείτε ότι πρέπει να γυρίσετε πίσω και να γίνετε ο φύλακας άγγελος κάποιου εκεί πάνω. Αυτό μπορεί να ακούγεται εύκολο, είναι όμως εξαιρετικά επίπονο, καθώς η δουλειά αυτή είναι δουλειά 24/7, όπως λέμε. Δηλαδή 24 ώρες την ημέρα, χωρίς ρεπό, για μιαν αιωνιότητα! Όπως καταλαβαίνετε, θα σας εξουθενώσει γρήγορα και θα ευχόσασταν να μπορούσατε να ξαναγυρίσετε εδώ!

- Στην περίπτωση αυτή πώς μπορείτε να με εξασφαλίσετε;

- Έχουμε εκπονήσει κι εδώ το κατάλληλο πρόγραμμα, το πρόγραμμα "Αγγελική Προστασία" που σας εγγυάται ότι θα σας στείλουν να φυλάξετε κάποιον τεμπέλη, κάποιον επίσκοπο ή πολιτικό για παράδειγμα, που δεν κουνιούνται και πολύ ούτε δουλεύουν, οπότε δεν χρειάζεται να κάνετε και πολλά πράγματα. Θα αποφύγετε έτσι στρατιώτες στα διάφορα μέτωπα ή ανθρώπους που δουλεύουν σε επικίνδυνα επαγγέλματα, με τους οποίους θα πρέπει να είσαστε συνεχώς σε επαγρύπνηση!

Το χαμόγελό του δεν λέει να τελειώσει. Όμως ξαφνικά σοβαρεύεται για λίγο και σκύβει προς το μέρος μου.

- Υπάρχει όμως και μια τρίτη περίπτωση, λέει συνωμοτικά. Έχουμε πληροφορηθεί ότι έχουν βρει κάποιον τρόπο στην Κόλαση και ξαναστέλνουν μερικούς επιλεγμένους "πελάτες" τους σαν δαίμονες πίσω σε ειδικές αποστολές, αλλά αυτές τις περιπτώσεις τις αναλαμβάνει, λένε, ο ίδιος ο Βεελζεμπούλ. Περισσότερες λεπτομέρειες δεν έχουν γίνει ποτέ γνωστές! Πάντως ούτε αυτή η περίπτωση θα σας ήταν ιδιαίτερα ευχάριστη, ε; Όμως μην ανησυχείτε! Η έμπειρη εταιρεία μας διαθέτει αιώνες εντατικής έρευνας ΚΑΙ σε αυτόν τον τομέα! Έχει έτοιμη την λύση, κομμένη και ραμμένη στα μέτρα σας! Πρόκειται για το πρόγραμμα "Ουράνια Σωτηρία", όπου λαδώνουμε τον διαβολάκο που θα σας μεταφέρει στη νέα σας θέση και θα σας παραδώσει "κατά λάθος" σε κάποιον ετοιμοθάνατο, ή που θα τον εκτελέσουν οι αντίπαλοί του σύντομα! Έτσι συντομεύουμε σημαντικά τη θητεία σας στον Πάνω Κόσμο, αλλά όπως καταλαβαίνετε η περίπτωση αυτή κοστίζει αρκετά παραπάνω, αφού αφ' ενός πρέπει να λαδώσουμε και αφ' ετέρου όλα πρέπει να γίνουν σε πολύ σύντομο χρονικό διάστημα και με εχεμύθεια!

Ακουμπάει πίσω στην καρέκλα του με το πάντα φιλικό βλέμμα του καρφωμένο επάνω μου. Τώρα μάλιστα διακρίνω και κάποιον θριαμβευτικό τόνο μέσα του...

- Τι λέτε κι εσείς, δεν πρόκειται πράγματι για μιαν ιδανική περίπτωση, να έχετε μια ασφάλεια να σας προφυλάξει από όλες αυτές τις κακοτοπιές; Ευτυχώς για σας, εμείς είμαστε εδώ, φροντίζοντας πριν από σας για σας, και μόνο για το καλό σας!

Κινείται σβέλτα εμφανίζοντας απ' το πουθενά μια στοίβα χαρτιά που τα βάζει κάτω απ' τη μύτη μου.

- Ορίστε το συμβόλαιό σας! Σας το έχω ήδη ετοιμάσει, δεν μένει παρά να υπογράψετε...

- Για σιγά δυο λεπτά! Δεν μου είπατε πόσο κοστίζει και πώς θα πληρώσω...

Ψιλοδαγκώνεται, αλλά κάνει σαν να μην τρέχει τίποτα.

- Μα φυσικά, πώς το ξέχασα! Η βασική αμοιβή μας, που αναπροσαρμόζεται βέβαια ανάλογα με τη σοβαρότητα των περιπτώσεων, είναι μηδαμινή. Για την ακρίβεια, εδώ δεν κοστίζει ΤΙΠΟΤΑ! Μάλιστα! Η προσφορά μας για εσάς είναι ΕΝΤΕΛΩΣ δωρεάν! Απίθανο έτσι;

- Σιγά το απίθανο, αφού δεν υπάρχουν εδώ λεφτά, τι θα μπορούσατε να χρεώσετε;

- Ναι, βέβαια, έχετε κάποιο δίκιο. Ο νόμος εδώ μας απαγορεύει να χρεώσουμε ο,τιδήποτε...

- Τότε; Πού πληρώνω;

- Εεε, να! Στον Πάνω Κόσμο, ξέρετε, η εργασία σας θα είναι αμειβόμενη, οπότε εμείς παρακρατούμε το ποσοστό μας...

- Καιιιι; Πόσα θέλετε;

- Εεε, να, το συμβόλαιό σας προβλέπει το συμβολικό ποσοστό του 100% της αμοιβής σας. Δεν είναι δα και τίποτα σπουδαίο, αφού έτσι κι αλλιώς δεν μπορείτε να πάρετε αυτά τα χρήματα μαζί σας όταν ξαναγυρίσετε εδώ, αλλά ούτε και μπορείτε να τα αφήσετε πίσω ανείσπρακτα!

- Τιιιί μου λες; Κι εσείς πώς θα εισπράξετε τα χρήματα από τον ...εργοδότη μου;

- Μέσω τραπέζης.

- Άρα λοιπόν, μπορώ κι εγώ να πληρωθώ μέσω τραπέζης!

Δαγκώνεται...

- Ννναι, θεωρητικά θα μπορούσε να είναι δυνατό...

- Δεν σας άκουσα;

- Λέω, ναι, μπορεί και να γίνεται...

- Δεν σας άκουσα; Πιο δυνατά!

- Ναι ρε γαμώτο! Μέσω τραπέζης γίνεται!

- Τώρα μάλιστα! Συνεννοηθήκαμε!

- Κοιτάξτε, μπορώ να σας προσφέρω ένα 10%...

- Θα παίρνω δηλαδή το 90% του μισθού μου;

- Εμμ, ανάποδα. Εσείς θα παίρνετε το 10%, εμείς θα παίρνουμε το 90%...

- Καλά, ξεχάστε το...

Σηκώνομαι να φύγω. Έχει αρχίσει να μου την δίνει αυτή η συζήτηση, άλλωστε σαν να άρχισε κι ο Λένιμ να σαλεύει μέσα μου...

- Όχι, όχι, δεν μπορείτε να φύγετε έτσι!

Ο γιάπης πετιέται όρθιος.

- Σκεφτείτε την ηθική ικανοποίηση του να επιστρέψετε πάλι εδώ στους αγαπημένους σας, σκεφθείτε τον χρόνο που θα εξοικονομήσετε με τα προγράμματά μας, σκεφθείτε...

- Βρε άντε γαμήσου!

- Σκεφθείτε, λέω, τον αγαπημένο μας Παράδεισο, σκεφθείτε που θα ξαναδείτε το νερόβραστο εκείνο Κπεμάκ...

- 90 για μένα, 10 για σας...

- Αδύνατο!

- Άντε γειά!

Κάνει πως θύμωσε.

- Κοιτάξτε κύριε Ζαχαρία! Δεν μπορείτε να φύγετε έτσι απλά! Η ασφάλεια είναι υποχρεωτική απ' τον νόμο στον Παράδεισο, αλλιώς δεν μπορείτε να μπείτε!

Το χαμόγελο ξανάρχεται στο στόμα του. Ο θρίαμβός του πλησιάζει, με έχει στριμώξει. Όμως τελευταία στιγμή μου έρχεται η έμπνευση. Τον πλησιάζω και τον αρπάζω απ' την υπέροχα γελοία ροζ γραβάτα του.

- Κοίτα να δεις. Μπορεί το σκατοσόϊ σου να λάδωσε τους παραδείσιους νομοθέτες για να νομοθετήσουν το άχρηστο "προϊόν" σας σαν υποχρεωτικό, πράγμα που το γνωρίζουμε απ' τον Πάνω Κόσμο, αλλά το θέμα παραμένει ότι εδώ δεν μπορείς να χρεώσεις ΤΙΠΟΤΑ! Κανονικά 0% πρέπει να πάρετε! Είτε λοιπόν αποδέχεσαι τους όρους μου, είτε σε καταγγέλλω στον Θεό εκεί μέσα ότι ζητάς λεφτά απ' τα θύματά σου, πράγμα που αποτελεί εκβιασμό, και σου το κλείνω το μαγαζάκι. Συνεννοηθήκαμε;

Τα παίζω όλα για όλα, κοιτώντας τον αποφασιστικά σαν ξενυχτισμένη κουκουβάγια κατ' ευθείαν στα μάτια. Δεν παίρνει πολλή ώρα μέχρι να διακρίνω ένα φευγαλέο βλέμμα πανικού. Νίκησα! Του αφήνω τη γραβάτα και του ξεσκονίζω τον ώμο.

- Ετοίμασε τώρα το νέο συμβόλαιο και στείλ' το μου μέσα να το υπογράψω...

Σηκώνομαι και προχωράω προς την πόρτα, πρέπει να βγω απ' αυτό το καταραμένο δωμάτιο.

Έκπληξη! Δεν βγαίνω ακόμα απ' το κτίριο, αλλά εισέρχομαι σε ένα πανομοιότυπο δωμάτιο, με το ίδιο άθλιο, σκονισμένο δημοσιοϋπαλληλικό γραφείο στη μέση, με έναν ίδιο γιαλαντζί τύπο με άσπρο κοστούμι και μπορντό γραβάτα καθισμένο πίσω του.

- Εσύ πάλι ποιος διάολος είσαι; Ασφαλιστής πάλι;

- Σσσσ, σας παρακαλώ, μην εκφράζεστε έτσι! Αυτή η λέξη είναι απαγορευμένη εδώ!

- Γιατί, θα μας σκοτώσουνε; Ας γελάσω!

- Και οι τοίχοι έχουν αυτιά! Η αστυνομία εδώ παρακολουθεί τα πάντα! Η διατήρησητης Ησυχίας, της Τάξης και της Ασφάλειας στον Παράδεισο έχει υψίστη προτεραιότητα!

Ανακάθεται στο κάθισμά του.

- Τέλος πάντων, καλωσήρθατε στην τράπεζά μας!

Το πλαστικό χαμόγελό του εμφανίζεται ξαφνικά διάπλατο.

- Τράπεζα; Τι τράπεζα; Αφού δεν υπάρχουνε λεφτά!

- Δεν έχει σημασία! Χωρίς τράπεζες ο κόσμος δεν θα αισθανόταν καθόλου ευτυχισμένος! Η τράπεζα είναι πάντα ο αληθινός φίλος του ανθρώπου, ένας φίλος που είναι πάντα πλάι του για να τον στηρίξει και να τον παρηγορήσει στις δύσκολες στιγμές. Να του παρασταθεί σαν έμπιστος φιλάνθρωπος, να του λύσει τα προβλήματα και να ξαναφέρει τη γαλήνη στην ψυχή του...

- Νόμιζα ότι η θρησκεία τα κάνει όλα αυτά!

- Μα ναι, βέβαια, φυσικά, η θρησκεία! Όμως η τράπεζα είναι πάντα πλάι σας, έτοιμη να σας συνδράμει και να σας παρηγορήσει, να σας βοηθήσει στην εκπλήρωση των ονείρων σας, να σας...

- Καλά, καλά, κατάλαβα! Τι ακριβώς θέλεις από μένα για να με αφήσεις να περάσω;

- Μα φυσικά πρέπει να ανοίξουμε λογαριασμό στο όνομά σας! Θα δούμε μαζί αν ένας τρεχούμενος ή αποταμιευτικός είναι η καλύτερη λύση για εσάς και μετά θα επιλέξουμε και τις κατάλληλες πιστωτικές κάρτες...

- Συγγνώμη αν δεν καταλαβαίνω κάτι, αλλά αφού δεν υπάρχουν λεφτά, τι θα βάλουμε μέσα στον λογαριασμό; Φασόλια;

- Ο λογαριασμός σας μπορεί να είναι μηδενικός! Η τράπεζά μας διαθέτει ατέλειωτη κατανόηση και δεν απαιτεί ελάχιστη τοποθέτηση χρημάτων! Όμως κανείς δεν μπορεί να μπει στον Παράδεισο χωρίς λογαριασμό στην τράπεζα!

Κάποιο λάκκο έχει η φάβα, μπλέξαμε εδώ με αυτούς!

- Ωραία, ετοίμασε κι εσύ λοιπόν τα συμβόλαια και φέρτα μου στο επόμενο δωμάτιο...

Τον προσπερνάω κι ανοίγω την επόμενη πόρτα. Δεν χρειάζεται να κοιτάξω γύρω μου. Προχωράω προς το γνώριμο πια, άθλιο, σκονισμένο δημοσιοϋπαλληλικό γραφείο. Ο λελές εδώ φοράει κίτρινη γραβάτα.

- Και εσύ είσαι...

- Απ' την εργατική ασφάλιση! Ασφάλιση ασθενείας, ανικανότητας εργασίας, ασφάλιση μακροχρόνιας ανεργίας και την συνταξιοδοτική υπηρεσία...

- Δεν ήρθα εδώ για να δουλέψω!

- Δεν έχει σημασία! Χωρίς κάρτα ασφάλισης πώς θα έχετε ιατροφαρμακευτική περίθαλψη; Αν αρρωστήσετε ή αν σας συμβεί ατύχημα κι αναστηθείτε; Εδώ είναι Παράδεισος, και παράδεισος χωρίς ασφάλειες δεν μπορεί να υπάρξει! Έτσι δεν είναι;

- Σοβαρά τώρα; Είναι δηλαδή σαν να λέμε "ψάρι χωρίς ποδήλατο δεν μπορεί να υπάρξει!" Τέλος πάντων, ετοίμασε κι εσύ τα συμβόλαια...

Τον προσπερνάω κι αυτόν κι ανοίγω την επόμενη πόρτα.

***

Έκπληξη! Βγαίνω σε ένα μεγάλο λιβάδι! Πράσινο κι ανθισμένο, απέραντο και ηλιόλουστο, με τα πουλάκια να κελαηδάνε και το αεράκι να θροΐζει στο απαλό γρασίδι! Ο Παράδεισος!

Γυρνάω και ρίχνω μια μούτζα στο κτίριο, το γνωστό άχρωμο και άοσμο κτίριο, το διάσημο και στον Πάνω Κόσμο στυλ "σουπερμάρκετ βενζινάδικου" με τις τεράστιες τζαμαρίες, τόσο κομψό που στη σκεπή του έχουν μαζευτεί απ' τη χαρά τους σύννεφα, ναι, σύννεφα! Πολλά μικρά συννεφάκια απ' αυτά που τα λέμε "προβατάκια", λες κι είναι έτοιμα να το κατουρήσουν...

Ξανακοιτάζω μπροστά. Δεν υπάρχει πάρκινγκ, δεν υπάρχουν λεωφορεία, δεν υπάρχει τίποτα, ακόμα και οι άλλοι επιβάτες του αεροπλάνου έχουν εξαφανιστεί όσο εγώ καθυστέρησα με όλην εκείνη τη γελοία γραφειοκρατία. Μπροστά μου υπάρχει μόνο λιβάδι. Τουλάχιστον δεν είναι μεγάλο, σε περίπου $3(x\text{-}1)^2$ χιλιόμετρα αρχίζει ένα δάσος. Μάλιστα στη μέση του φαίνεται ένα άνοιγμα, σαν να υπάρχει δρόμος που το διασχίζει. Αναγκαστικά λοιπόν θα περπατήσω μέχρις εκεί.

Σύντομα φτάνω στις παρυφές. Πράγματι, υπάρχει ένας καρόδρομος ανάμεσα στα δέντρα. Χωματόδρομος, χωρίς ίχνη από ρόδες παρά μόνο σκόρπιες πατημασιές εδώ κι εκεί, λιγοστές κι αυτές αφού το χορτάρι κοντεύει να τις σκεπάσει. Καλά, όλοι οι επιβάτες από και προς το αεροδρόμιο, πώς μετακινούνται; Πετώντας; Έστω, θα το μάθω κι αυτό εν καιρώ...

Τώρα όμως πρέπει πρώτα απ' όλα να ξεφορτωθώ τον Λένιμ. Οι οδηγίες μου λένε να τον αφήσω στο ύπαιθρο ή σε νερό. Το οξυγόνο, μου είπαν, θα διαλύσει το περίβλημα απ' το χαπάκι κι ο Λένιμ θα μπορέσει να συνέλθει απ' τη νάρκωση και να ξαναβρεί το μέγεθός του σύντομα.

Ωραία λοιπόν, ας βρούμε το κατάλληλο μέρος. Μπαίνω ανάμεσα στα δέντρα με την ελπίδα να βρω κάνα ξέφωτο ή κάτι παρόμοιο. Ακούω θόρυβο νερού να τρέχει, καλό κι αυτό, μας κάνει. Συνεχίζω για λίγο ακόμα την πορεία μου, τα δέντρα φαίνονται να αραιώνουν εκεί μπροστά. Και ναι! Να ένα ειδυλλιακό ρυάκι μπροστά μου, με όμορφα φυτά στις όχθες του και πολύχρωμα ψαράκια να κολυμπάνε νωχελικά στο κελαρυστό νεράκι του.

Ας το χέσουμε λοιπόν...

...... μμ .... μμμ .... μμμμ ....

Αποστολή εξετελέσθη! Το ίδιο και το ρυάκι. Ας την κάνουμε τώρα από εδώ χωρίς πολλά πολλά...

***

Βγαίνω ξανά στον χωματόδρομο και προσπαθώ να προσανατολιστώ. Είναι ακόμα έρημος, αριστερά στο βάθος το αεροδρόμιο, άρα ας πάω δεξιά. Δεν έχω όμως παράπονο, το δρομάκι αυτό είναι παραδεισένιο, ακριβώς όπως το έλεγε η διαφήμιση! Μουσική ακούγεται απ' το πουθενά, διάφορα φρούτα κρέμονται απ' τα δέντρα που συναντάω άφθονα στο διάβα μου, πόσιμο νερό αναβλύζει από πηγούλες εδώ κι εκεί, ενώ σκιουράκια, αλεπουδάκια και φιδάκια μου κρατάνε συντροφιά όπως περπατάω ψάχνοντας να βρω καμιά ανθρώπινη ύπαρξη για να κατατοπιστώ. Όμως δεν χρειάζεται να περπατήσω πολύ, μετά από καμιά $\frac{1}{2}x^3 \pm 1$ χιλιόμετρα τα δέντρα αρχίζουν να αραιώνουν και βγαίνω σε ένα ακόμα λιβάδι, κάτι σαν μεγάλο ξέφωτο. Παντού αυτή η παραδείσια ατμόσφαιρα, όμορφη και γαλήνια, αλλά πουθενά κάποια ψυχή για να ρωτήσω πού βρίσκομαι. Δεν έχω άλλη λύση, παρά να συνεχίσω να περπατάω στο ξέφωτο.

Να όμως που τελικά βλέπω εκεί στο βάθος, σχεδόν στη μέση του πουθενά κάτι σαν κτίριο. Πλησιάζοντας βλέπω ότι είναι μια μικρή παράγκα, ένα πρόχειρο αναψυκτήριο. Μια πόρτα ανοιχτή με δυο παράθυρα δεξιά κι αριστερά και μια ξύλινη βεράντα με κάγκελο μπροστά. Λες και βρίσκομαι στο Φαρ Ουέστ, ένα πραγματικό σαλούν, ακόμα κι ο τύπος με τις μπότες και το καουμπόικο καπέλο είναι αραχτός με τα πόδια ανεβασμένα στο κάγκελο και καπνίζει το τσιμπούκι του.

Με βλέπει να έρχομαι κι ανασηκώνει το καπέλο του.

- Α! Πελάτης! Έλα να πιείς μια λεμονάδα!

- Γειά σου! Ευχαριστώ, πράγματι δίψασα...

Σηκώνεται δείχνοντάς μου την πόρτα. Από μέσα μοιάζει πιο πολύ με παλιό εμπορικό, λίγα τραπέζια με τον περισσότερο χώρο γεμάτο με ξύλινα κασόνια το ένα πάνω στο άλλο, βαρέλια (τα περισσότερα γεμάτα με ρατκέν) και σάκους από καναβάτσο στοιβαγμένους μέχρι το ταβάνι. Μου σερβίρει τη λεμονάδα κι απλώνει το χέρι του.

- Χάρηκα! Είμαι ο Βασίλης, το "παιδί", μου λέει χαμογελώντας.

- Χάρηκα, Ζαχαρίας...

Δεν μπορώ να συγκρατήσω ένα χαμόγελο κι ένα σχόλιο.

- Σαν απ' το Φαρτ Ουέστ είναι η καλύβα σου. Κι εσύ θα μπορούσες να είσαι ο Μπέλι δε Κίντ! Χαχα!

- Εμ , τι να κάνουμε; Καμιά φορά χρειάζεται και το ψευδώνυμο! Ακούς εκεί ο Μπέλι δε Κίντ στον Παράδεισο να πουλάει λεμονάδες, το φαντάζεσαι; Ούτε στα έργα δεν γίνονται αυτά!...

Δεν προλαβαίνουμε να πούμε τίποτα άλλο, τρεις επισκέπτες μπαίνουν φασαριατζίδικα στο μαγαζί. Με στραβοκοιτάνε, πλησιάζουν τον "Βασίλη" και κάτι του λένε. Οι φωνές χαμηλώνουν, φαίνεται να συμφωνούν διαφωνώντας, αλλά τελικά δίνουνε τα χέρια. Ο Βασίλης Κίντ τραβάει τότε ένα τεράστιο παραβάν που ήτανε μαζεμένο στον τοίχο και δεν το είχα προσέξει, απομονώνοντας το πίσω μέρος του μαγαζιού απ' το μπροστινό με τα τρία τραπεζάκια που κάθομαι εγώ. Πίσω απ' το παραβάν ακούγονται τώρα θόρυβοι, σαν κάποιος να σέρνει κασόνια και μια πόρτα να τρίζει. Υπάρχει λοιπόν πίσω πόρτα και ο Μπέλι, το "παιδί", είναι λαθρέμπορος. Στον Παράδεισο! Ωραία...

Σε λίγη ώρα οι θόρυβοι κοπάζουν και το παραβάν τραβιέται ξανά. Οι "επισκέπτες" έχουν εξαφανιστεί.

Τον κοιτάω προσεκτικά. Μου χαμογελάει ξετσίπωτα κι αμέσως μου αποτείνει τον λόγο.

- Πώς έτσι απ' τα μέρη μας περπατώντας; Πώς και δεν πήρες νεφοτζέτ για την πόλη;

- Να πάρω τι;

-Ααα! Νέος λοιπόν και χάθηκες κι εσύ! Κάποτε πρέπει να βάλουν επιτέλους μερικές ταμπέλες εκεί στο αεροδρόμιο βρε παιδί μου! Υπάρχει όπως βγαίνεις ένα μικρό πάρκινγκ με νεφοτζέτ που σε πάνε στην πόλη!...

- Τι είναι πάλι αυτά;

- Καλά, πιες πρώτα τη λεμονάδα σου και θα σου δείξω. Δεν τα είδες απ' έξω;

- Όχι δεν είδα τίποτα!

- Χε, χε, για χαζοτουρίστας μου φαίνεσαι...

Πίνω την υπόλοιπη λεμονάδα μονορούφι.

- Πάμε να μου δείξεις!

Βγαίνουμε έξω, μπροστά στο καλύβι. Γυρνάει και μου δείχνει τη σκεπή του. Είναι σκεπασμένη με το ίδιο σύννεφο που είχα δει και στο αεροδρόμιο. Δεν το πρόσεξα απ' την αρχή, μαγεμένος απ' την εξαιρετική και πρωτότυπη αρχιτεκτονική του σαλούν.

Πριν προλάβω να ρωτήσω, ρίχνει ένα μάγκικο σφύριγμα, σαν να φωνάζει τον σκύλο του. Αμέσως ένα απ' τα συννεφάκια ξεκολλάει κι έρχεται και σταματάει πλάι του.

- Ορίστε!, μου λέει, Ορίστε το ταξί! Ανέβα και καλό ταξίδι. Βέβαια θα δυσκολευτείς λίγο στην αρχή, αλλά είναι σαν το ποδήλατο. Σε λίγο θα το συνηθίσεις!...

Διστακτικά σηκώνω το ένα πόδι και ψαχουλεύω το συννεφάκι. Το πόδι μου σαν να βουλιάζει σε λάσπη, όμως σε κάποιο σημείο φαίνεται σταθερό. Πατάω πάνω και δοκιμάζω να ανεβάσω και το δεύτερο πόδι.

Ξαφνικά το διαβολόπραγμα ξεκινάει! Λίγο μόνο, κάνα μέτρο ροβολάει, αλλά είναι αρκετό για να με ξαπλώσει φαρδύ-πλατύ στο γρασίδι. Ο Μπίλι το Σκατόπαιδο γελάει ακόμα πιο δυνατά.

Όμως γελάει καλά όποιος γελάει τελευταίος. Στα νιάτα μου ήμουνα πρωταθλητής στο σέρφινγκ, είχα μάλιστα το παρατσούκλι "ο Αφράτος Πειρατής", που το κέρδισα επάξια όταν γλιστρούσα στον αφρό των κυμάτων κάνοντας φιγούρα δέκα μέτρα απ' την παραλία, περήφανος για την κρυφή έλικα με αυτοσχέδια μηχανή που είχα κρύψει κάτω απ' τη σανίδα κι αποτελούσα τον φόβο και τον τρόμο για τις λουόμενες γριές που έτρεχαν να βγουν έξω! Αλήθεια, εκείνη με τον λουλουδένιο σκούφο και το μαύρο μαγιό-ράσο με τα αρθριτικά που δεν πρόλαβε να κάνει στην άκρη τι να απέγινε;

Τέλος πάντων, παίρνω κι εγώ τσατισμένος το νέφος κάτω απ' τη μασχάλη κι απομακρύνομαι προς το δάσος, να μην ακούω τουλάχιστον τα χάχανα αυτού του σαχλού. Φτάνω ανάμεσα στα δέντρα αποφασισμένος. Θα του δείξω εγώ του παλιοσύννεφου ποιος είναι το αφεντικό, σιγά μη με κάνει καλά ένα φραμπαλατζίδικο φρουφρού. Βάζω όλην την τέχνη μου και, να! Δεν είναι τόσο δύσκολο, σαν το σέρφινγκ είναι! Θέλει βέβαια λίγη εξάσκηση γιατί το νεφοτζέτ αυτό έτσι όπως αιωρείται, μπορεί επίσης να ανυψώνεται λίγο ψηλότερα απ' το έδαφος, ένα μέτρο περίπου το υπολόγισα. Σε λίγη ώρα είμαι πλέον κύριος της τεχνικής και γλιστράω ήρεμα κι αθόρυβα πάνω στον χωματόδρομο που διασχίζει τα δέντρα...

***

Όμως όχι για πολύ. Το τοπίο αλλάζει άρδην! Βγαίνοντας απ' το δάσος βρίσκομαι ξαφνικά στα προάστια μιας πόλης! Στην αρχή λιβάδια, γεμάτα από χιλιάδες ανθρώπους που άλλοι λιάζονται χαζεύοντας στο τάμπλετ τους, άλλοι παίζουν μπάλα σε αυτοσχέδια γήπεδα σαν αυτά που παίζαμε μικροί με δυο κοτρώνες για εστίες, κοιτώντας πάντα στο κινητό τους για να ελέγχουν το VAR, άλλοι κουβεντιάζουν μέσω ίντερνετ κι άλλοι λικνίζονται στον ρυθμό της μουσικής κακοφωνίας των λάπτοπ τους.

Στο βάθος διακρίνονται διάφορα κτίρια, όλα ισόγεια, όλα ίδια, άχρωμα και άοσμα, άσπρα και βαρετά, όλα όμως με μεγάλες τζαμαρίες. Μάλιστα, το μαγευτικό αρχιτεκτονικό στυλ του Παραδείσου έχουν υιοθετήσει και τα αεροδρόμια, γι' αυτό σου κόβουν την ανάσα μόλις τα αντικρίζεις!

Αποφασίζω να εξερευνήσω λίγο αυτά τα λιβάδια. Προχωράω χαλαρά πάνω στο νεφοτζέτ που του έχω πάρει πια τον αέρα, χαζεύοντας γύρω μου την ειδυλλιακή ατμόσφαιρα. Χαμογελάω καθώς βλέπω δυο μωρά να παίζουν μπάλα με τον σκύλο τους (ο σκύλος κάνει τη μπάλα), ενόσω οι μανάδες τους χαχανίζουν με κάτι τύπους ντυμένους λοκατζήδες ενώ οι γιαγιάδες τους παρακολουθούν σίριαλ στο λάπτοπ. Παντού άνθρωποι ξένοιαστοι και πρόσχαροι. Μια φωνή με καλεί:

- Ε, ξένε! Για κόπιασε στην παρέα μας να πάρεις κάνα μεζεδάκι! Έλα να σε φιλέψουμε...

Ξεκαβαλικεύω και τους πλησιάζω χαμογελώντας, είναι πάντα ιδιαίτερα συγκινητικό όταν γνωρίζεις καινούριους πεθαμένους.

- Καλώς σας βρήκα παιδιά! Πράγματι, καινούριος είμαι, θα μου πείτε δυο τρία πράγματα για το μέρος εδώ;

- Ό,τι θέλει ο φίλος μας! Να, εμείς είμαστε όλοι θύματα θρησκευτικών ταραχών και αναπαυόμαστε αιώνες τώρα εδώ...

- Πάρε όμως πρώτα κάτι να φας! μου λέει μια γυναίκα και μου βάζει στο χέρι ένα burger κι ένα πλαστικό ποτήρι *Chondro-Cola*. Τα αγόρασα με τα χεράκια μου απ' τα MacDunold!

Νόστιμο! Σαν τηγανητός δεινόσαυρος με φύκια και σάλτσα μεταλλαγμένου κάκτου. Όσο για την κόλα, έχει γεύση πυρηνικού απόνερου, γλυκόπιοτη και κελαρυστή, σαν φυτοπλαγκτόν...

- Πώς το λένε το μέρος εδώ, παιδιά;

- Παραδείσια Πεδία! Εδώ την αράζουμε όλοι όσοι ήμασταν ευσεβείς πιστοί. Εμείς εδώ είμαστε μουσουλμάνοι που μας έσφαξαν, να αυτοί εκεί απέναντι, αυτοί με τα σαρίκια, είναι ινδουιστές. Μας την έφεραν την εποχή του Γάντι, μας πρόλαβαν πριν τους σφάξουμε εμείς...

Κοιτάω προς τα εκεί που δείχνει. Κάτι εκατομμύρια ινδοί παρακολουθούν σε μια υπαίθρια τηλεόραση κάποιο ματς γιουχάροντας και πανηγυρίζοντας. Οι τελευταίοι κρατάνε κιάλια κι αναγκαστικά γιουχάρουν με e-mail και πανηγυρίζουν στο chat.

Κοιτώντας ολόγυρα σταματάει το μάτι μου σε μια παρεούλα από μερικά ακόμα εκατομμύρια περίεργους, που άλλοι φοράνε μεσαιωνικές πανοπλίες κι άλλοι έχουν τεράστια σαρίκια και μούσια. Ο καθοδηγητής μου εξηγεί.

- Αυτοί είναι ανάμικτοι, σταυροφόροι και άραβες. Αλληλοσφάχτηκαν για τα κέρδη των αρχόντων τους, ποιος θα κλέψει το χρυσάφι και τέτοια. Τώρα δεν θέλουν να ξανακούσουν λέξη για πόλεμο. Πίνουν αντάμα τσίπουρα και διασκεδάζουν...

- Τι άλλους έχετε εδώ;

- Α, τα Παραδείσια Πεδία είναι αχανή! Να εκεί, όσο φτάνει το μάτι σου, είναι κάτι κινέζοι σαολίν μοναχοί, αυτοί με τα πορτοκαλί ράσα, που όλη τη μέρα ασκούνται σε έναν περίεργο χορό, "κουκούτσι-φτού" τον ονομάζουν. Ή κάπως έτσι τελοσπάντων!

Ξύνει το κεφάλι του προσπαθώντας να διακρίνει ανάμεσα στο συνοθύλευμα εκεί κάτω. Τελικά μου δείχνει με το χέρι.

- Βλέπεις ακριβώς από πίσω μερικούς ακόμα με μαύρα ράσα; Ε, αυτοί είναι γιαπωνέζοι μοναχοί που προσπαθούν να αντιγράψουν τους κινέζους και τα βήματά τους. Τον δικό τους τον χορό τον ονόμασαν "βαράτε"...

- Κι ακόμα πιο κάτω είναι τα Γαλήνια Πεδία, συνεχίζει δείχνοντας στο βάθος. Εκεί την αράζουν βουδιστές, σιντοϊστές, ταοϊστές και άλλοι παρόμοιοι, είναι μπόλικα εκατομμύρια κι αυτοί...

- Δεν μου λες; Άγιους ανθρώπους, καλόγερους, παπάδες, ιμάμηδες, χότζες, ραβίνους, γκουρού και τέτοιους δεν έχετε εδώ;

- Τι δουλειά έχουν αυτοί εδώ; Αυτοί είναι όλοι τους μαζεμένοι στην Κόλαση. Αποδείχθηκε ότι είχαν όλοι τους συμβόλαια με τον διάβολο... Να ξέρεις, ότι όπου βλέπεις μεγάλη βιτρίνα φίλε, τόσο πιο φτηνιάρικο είναι το εμπόρευμα από πίσω...

Χαμογελάω, δεν του δίνω άδικο, είναι όμως ώρα να γυρίσω προς την πόλη, απ' την οποία έχω απομακρυνθεί αρκετά. Τον ευχαριστώ λοιπόν, καταπίνω το burger που έχει κολλήσει πίσω απ' το δόντι μου και πολεμάω τόσην ώρα να το ξεκολλήσω κι ανεβαίνω στο νεφοτζέτ, βάζοντας πλώρη για τα σπίτια εκεί στο βάθος. Οδηγάω αργά καθώς υπάρχει πολύς κόσμος στον δρόμο μου και πρέπει να είμαι προσεκτικός. Αλλά στο κάτω κάτω δεν βιάζομαι, εδώ υποθέτω δεν βιάζεται κανείς...

Ξαφνικά ακούω έναν έντονο οξύ ήχο από πίσω μου. Φευγαλέα έχω την αίσθηση ότι με πλησιάζει κάτι σαν αγωνιστικό αυτοκίνητο. Πράγματι, αν και δεν προλαβαίνω να καλοκοιτάξω, ένα σπορ, καμπριολέ νεφοτζέτ, με έναν τύπο με καπελάκι τζόκεϊ ανάποδα φορεμένο και γυαλιά ηλίου αραχτό στο κάθισμα με προσπερνάει με μεγάλη ταχύτητα (τον βλάκα, μέσα σε κατοικημένη περιοχή!) σηκώνοντας μάλιστα σκόνη που μπαίνει στα μάτια μου και με τυφλώνει! Προλαβαίνω πάντως να δω ότι ο αχρείος έχει πινακίδα κυκλοφορίας πίσω, που γράφει με κεφαλαία "ΩΡΑΙΟΣ". Τα μάτια μου όμως γέμισαν δάκρυα και όπως προσπαθώ να τα σκουπίσω, χάνω στιγμιαία τον έλεγχο...

Έτσι πατάω την καημένη τη γριά που έχει βγει στην εξοχή με το πανέρι της να μαζέψει φρέσκα και καθαρά ραπανάκια απ' την άκρη του δρόμου. Ξαφνιασμένος και φαρδύς πλατύς στο γρασίδι προσπαθώ να καταλάβω τι ακριβώς συνέβη, αλλά η πανταχού παρούσα αστυνομία, που είναι πάντα πιο γρήγορη απ' τους κακούς, βρίσκεται κιόλας από πάνω μου κοιτώντας με χαμογελαστά, χτυπώντας ανυπόμονα το κλαδί τριανταφυλλιάς στην ανοιχτή παλάμη του (σιγά Μενέλαε! Θα χαλάσεις το τριαντάφυλλο!), ενώ ο συνάδελφός του με βοηθάει να σηκωθώ...

The Big Boss

Βρίσκομαι λοιπόν τώρα περιμένοντας την παραδείσια τιμωρία μου σε ένα δωμάτιο, το ίδιο άθλιο με όλα όσα συνάντησα μέχρι τώρα. Σκονισμένο, σε κακό χάλι, με πάτωμα που τρίζει, χωρίς έπιπλα, με μόνο ένα άθλιο γραφείο στη μέση, πάνω στο οποίο υπάρχει το κλασικό κόκκινο τεράστιο παλιομοδίτικο τηλέφωνο με το ακουστικό. Κατά τα άλλα, το συγκεκριμένο έπιπλο είναι διαφορετικό απ' τα προηγούμενα στο ότι είναι δέκα φορές πιο άθλιο. Κατ' αρχάς είναι τεράστιο, τουλάχιστον ενάμισι μέτρο ψηλό, μόνο ένας γίγαντας θα μπορούσε να κάθεται πίσω του. Τα πόδια του έχουν ακανόνιστα σχήματα, αποτελούνται από κάτι σαν γλυπτά που απεικονίζουν φίδια με λόξιγκα, τόσο ανόμοια είναι τα σχήματα. Οι δε παράπλευρες επιφάνειές του είναι γεμάτες τρύπες και φωλιές από προϊστορικά σκουλήκια, ενώ το μπροστινό ξύλο χάσκει τελείως σάπιο, όλο σπηλιές και σκλήθρες, έτοιμο να διαλυθεί. Όποιος και να κάθεται εκεί, έχει σίγουρα παλαιολιθικό γούστο.

Πίσω του βρίσκονται τα δυο κλασικά παράθυρα που φωτίζουν τον χώρο, ενώ μπροστά τους στέκονται οι δυο που με συλλάβανε. Άσπρα χιτώνια, μαύρες γραβάτες, με τα κλασικά φτερά καρφιτσωμένα στην πλάτη τους και τα αυτιά του λαγού στο κεφάλι. Και με τη βίτσα της τριανταφυλλιάς στο χέρι, με το κόκκινο τριαντάφυλλο στην άκρη.

Δεν μιλάει κανείς. Κάτι περιμένουμε, αλλά τι; Μάλλον τον Big Boss. Ελπίζω να αξίζει αυτή η κρυστάλλινη αναμονή. Όλα είναι τόσο χαρωπά σιωπηλά, που κοντεύω να κοιμηθώ όρθιος. Ο ένας μπάτσος το καταλαβαίνει και με πλησιάζει προτείνοντάς μου τη βίτσα του. Πατάει ένα αγκαθάκι στη λαβή και το τριαντάφυλλο με πιτσιλάει στα μούτρα με καθαριστικό για τα τζάμια. Με άρωμα πιτόγυρο με κρεμμύδι και τζατζίκι. Συνέρχομαι αυθωρεί!

Ξαφνικά ανοίγει η πόρτα και ...δεν μπαίνει κανείς. Τουλάχιστον έτσι νόμιζα μέχρι που προσέχω κάτι να περπατάει στο πάτωμα προς το γελοίο γραφείο. Πρόκειται για ένα κοντό ανθρωπάκι που είναι δεν είναι 40 πόντους! Περπατάει με τα αστεία τεντωμένα ποδαράκια του σαν να μην έχει γόνατα, έχοντας το κεφάλι του στραμμένο προς εμένα, κάνοντας τον λευκό μικροχιτώνα που φοράει για ρούχο να ανεμίζει αστεία, σύμφωνα με τον πηδηχτό και σπαστικό βηματισμό του. Είναι φαλακρός, με μια χαίτη μόνο μαλλιά στο σβέρκο, κάτασπρα. Έχει δυο τεράστια μουστάκια, τσιγκελωτά γυριστά στις άκρες τους σαν σαλιγκάρια. Τόσο έντονα, που είναι να απορεί κανείς πώς στέκονται έτσι, ενώ απ' το πηγούνι του κρέμεται ένα μυτερό τραγίσιο μουσάκι, περίπου μέχρι τον αφαλό του, κάτασπρο κι αυτό. Με κοιτάει μέσα από δυο τεράστιους φακούς, τόσο καμπυλωτούς που τα μάτια του φαίνονται σαν να είναι μεγαλύτερα απ' τα γυαλιά του, τεράστια και γαλάζια.

Εξαφανίζεται πίσω απ' το γραφείο, ξαναεμφανίζεται όμως σύντομα αφού με ένα τεράστιο σάλτο πηδάει πάνω στην επιφάνεια! Ούτε γάτα να 'τανε! Έρχεται προς τα εμπρός, μέχρι την άκρη του γκρεμού και με τα χέρια γροθιές στη μέση του και τα πόδια ελαφρά ανοιχτά σταματάει και με περιεργάζεται χωρίς να λέει κουβέντα.

- Κάτι κρύβεις εσύ, είμαι σίγουρος! σπάει επιτέλους τη σιωπή με μια τσιριχτή φωνή σαν από ξεκούρδιστο καρτούν.

- Σαν τι να κρύβω δηλαδή;

- Γιατί πάτησες τη γυναίκα μου;

- Ορίιστε; Για την ακρίβεια, δεν έβλεπα! Ένας κολοκύθας με προσπέρασε σηκώνοντας σκόνη και με τύφλωσε.

Γυρίζω στο πλάι να δω αν ο αστυνομικός θα επιβεβαιώσει τα λεγόμενά μου.

- Και είχε μάλιστα και πινακίδα στο όχημα που έγραφε "Ωραίος", προσθέτω κοιτώντας τον με νόημα...

- Μην γίνεσαι αναιδής! μου απαντάει ο αστυνομικός. Δεν έγραφε "Ωραίος" αλλά "Ναζωραίος", στράβακα! Και είναι ο γιος του αφεντικού και κάνει ό,τι θέλει, μου απαντάει δείχνοντας προς εκείνο το ασπρομάλλικο Αυγό με πόδια...

Πρέπει να έχω το πιο ηλίθιο βλέμμα του κόσμου, του Κάτω Κόσμου έστω, γιατί το gnome χαλαρώνει την έκφρασή του κι ένα αχνό χαμόγελο εμφανίζεται στις άκρες των χειλιών του.

Στραβώνει το στόμα του επιδεικτικά, με κάποια προσπάθεια είναι η αλήθεια, και βγάζει ένα μονότονο και παράφωνο σφύριγμα. Μια μόνο νότα που σου τρυπάει τα αυτιά.

Σχεδόν αμέσως ανοίγει με ένα τραγικό τρίξιμο η πόρτα και μπαίνει ένας τύπος και μη χειρότερα. Χοντρός, αν και νεαρός, με κίτρινο πουκάμισο, μπλε παντελόνι, μαύρο γιλέκο με κόκκινο φουλάρι και πολύχρωμο τζόκεϊ καπελάκι, ανάποδα φορεμένο με τα γλιτσιασμένα του μαλλιά να εξέχουν δεξιά κι αριστερά. Με μπυροκοιλιά, κοντόχοντρα στραβά πόδια και χέρια που φυτρώνουν τριχωτά απ' τα κοντά μανίκια του. Με την άνω γνάθο του να προεξέχει, με δυο δόντια σαν του λαγού να κρέμονται προς τα κάτω, μέσα από ένα ηλίθιο χαμόγελο κάτω από μια χοντρή σπυριάρικη μύτη που είναι τόσο πρησμένη, προφανώς απ' το αλκοόλ, ώστε να φτάνει μέχρι το εκκεντρικό καπελάκι του, στην κορυφή του οποίου γυρίζει ένα ανεμιστηράκι, προσθέτοντας ακόμα έναν αλλόκοτο θόρυβο στην τραγελαφική εμφάνισή του.

Μοιάζει μάλλον με διασταύρωση θαλάσσιου ελέφαντα με λαδωμένο ποντικό. Σε καρτούν. Το μόνο που προδίδει τη σχέση του με τον Αυγολιάθ είναι τα ίδια τεράστια γυαλιά, σαν γυάλες από χρυσόψαρα με τα τεράστια γαλάζια μάτια από πίσω.

- Με βώναγκζες; κραυγάζει με την εφηβική κορακίστικη φωνή του παραφωνώντας. Ήρντα αμέζως, με θαύμβα, γκαχα, γκαχα, γκαχα...

Υποτίθεται ότι αυτό είναι γέλιο κι όχι βήχας, αλλά έτσι όπως σείεται, έτσι όπως κουνιέται η κοιλιά του πάνω κάτω, δεν μπορεί κανείς να είναι εντελώς σίγουρος αν γελάει ή αν πνίγηκε με τα αλαμπουρνέζικα που τσαμπουνάει...

- Δεεεεν μου λες; Αυτός εδώ είναι που προσπέρασες στο λιβάδι και τον έκανες να πατήσει τη μάνα σου και μου 'χει πάρει το κεφάλι με τη γκρίνια της; λέει ο Μπασμένος δείχνοντάς με.

Ο Γκάφης στρέφεται προς το μέρος μου. Δυο γαλάζια μπαλάκια του τένις με κοιτάνε μέσα από δυο φινιστρίνια. Λικνίζεται σαν εκκρεμές, σαν τον Charonta σε τρικυμία όσο με περιεργάζεται. Αργεί να αντιδράσει, μπορεί και να αποκοιμήθηκε όρθιος, δεν εξηγείται αλλιώς η αφασία του. Όμως τα μάτια του γυρίζουν ακόμα γύρω γύρω στις γυάλες τους. Ξαφνικά αναπηδάει, σαν να ξύπνησε, κροταλίζοντας τα δάχτυλά του με ρυθμό.

- Ααα, ναι! γκαχα, γκαχα, ααβντός είναι! Τι μπλάγκα! Ντον είδα ζντραβάδι και είμπα να σμπάσω λίγο μπλάγκα, γκαχα, γκαχα!

- Σου έχω πει χίλιες φορές να μην τρομάζεις τον κόσμο! Εδώ θέλουμε ησυχία, τάξη και ασφάλεια!...

- Γκαλά ντεεεε! Δεν το γκζαναγκάνω...

- Αυτό το ακούω απ' τον Κατακλυσμό! Χάσου από μπροστά μου! Και κάνε κάνα μπάνιο, Χριστούγεννα έρχονται...

Ο Γκάφης στρέφεται κι απομακρύνεται λικνιζόμενος στον ρυθμό μιας μουσικής που μόνο αυτός ακούει, και τότε μόνο αντιλαμβάνομαι ότι φοράει ακουστικά στ' αυτιά του, ενώ απ' το πέτο του εξέχουν δυο κεραίες.

Ο Κοντοκανάτας εστιάζει πάλι σε μένα. Επιμένει στην ανάκρισή του.

- Ας πούμε πως έχεις δίκιο ότι δεν έβλεπες. Όμως από πού ερχόσουν και βρέθηκες εκεί;

- Απ' το αεροδρόμιο. Έχω λίγη ώρα που έφτασα. Ο Μπέλι δε Κίντ μου έμαθε να οδηγάω νεφοτζέτ...

- Χα! τσίριξε ο Μικρομέγαλος. Δεν είναι ο Μπέλι δε Κίντ! Αυτός είναι δολοφόνος και βρίσκεται Κάτω. Ο δικός μας είναι ιμιτασιόν, του έχει κολλήσει ότι μοιάζει με τον Μπέλι και τον μιμείται. Ήταν γείτονάς του στον Πάνω Κόσμο και τον θαύμαζε. Χρησιμοποιεί τώρα το όνομά του, μια αμαρτία που μπορούμε να του συγχωρήσουμε. Όμως αυτός ούτε σκουπόξυλο δεν ξέρει να καβαλήσει! Κανείς δεν του εμπιστευόταν στον Πάνω Κόσμο άλογο κι αναγκάζονταν να κλέβει γάιδαρους και μουλάρια για να μετακινείται! Απ' τα οποία έχει πέσει εκατό φορές... Ιιχιχιχι, ο Βασιλάκης, Μπέλι, ιιιχιχιχιι...

Κρύος ιδρώτας τρέχει στην πλάτη μου. Δεν γίνεται να μην γελάει; Η προσευχή μου εισακούεται άμεσα. Ο Τάπας ξανασοβαρεύει και μένει για μερικές ακόμα στιγμές σιωπηλός κοιτώντας με εντατικά. Τελικά όμως χαλαρώνει, σαν κάτι να σκέφτηκε, και λέει σε ήπιο τόνο.

- Δεν μου βγάζεις απ' το μυαλό ότι κάποια βρωμοδουλειά ήρθες να σκαρώσεις εδώ. Έχω ένστικτο εγώ! Όμως ας είναι κι έτσι, έχω λύση για την περίπτωσή σου...

Κροταλίζει μια φορά τα δάχτυλά του και αμέσως εμφανίζονται απ' την πόρτα που τρίζει σαν νεκροκασέλα (γιατί δεν την λαδώνουν επιτέλους;) δυο τύποι ντυμένοι στα άσπρα με μαύρες γραβάτες και τα πούπουλα καρφιτσωμένα στην πλάτη τους.

- Τώρα τελευταία αντιμετωπίζουμε πρόβλημα με τους άγγελους φύλακες. Οι κάτοικοι εδώ παραείναι μαλθακοί και δεν μπορούμε να τους αγγαρέψουμε σε τέτοιες μικροδουλειές. Εσύ όμως είσαι στραβόγιαννος και μπορείς να πάς! Έχω ένα καθίκι απ' την ελίτ εκεί πίσω που τον έχουν βάλει στο μάτι πολλοί. Θα πας να τον προστατεύσεις! Έξω από δω! Ξαναγυρνάς επάνω!

Η φωνή του έχει γίνει ξανά τσιριχτή και τα τελευταία του λόγια μάλιστα ειπώνονται δυνατά, με ένταση που με ξεκουφαίνει! Πριν προλάβω να διαμαρτυρηθώ ("*μα δεν θέλω να ξαναγυρίσω εκεί! Μου αρέσει εδώ κάτω!*") ξανακροταλίζει τα δάχτυλά του δείχνοντας την πόρτα και οι δυο λελέδες με τα πούπουλα με αρπάζουν και με σέρνουν έξω απ' το δωμάτιο...

Μια όχι και τόσο ηρωική προσπάθεια

Βρίσκομαι τώρα σε κάτι σαν ιατρείο. Με ξαπλώνουν στο ανάκλιντρο και με αρχίζουν στα τραντάγματα και τα χαστούκια που κάνουν τα ρούχα μου να φεύγουν με το ταρακούνημα από πάνω μου. Δεν ξέρω γιατί, αλλά νιώθω σαν κοτόπουλο που το ξεπουπουλίζουν, έτσι όπως πετιούνται ρούχα και παπούτσια στον αέρα. Με γυρνάνε αδέξια μπρούμυτα και με ένα τρυπάνι μοντάρουν ολοκαίνουρια πούπουλα στην πλάτη μου που τα έβγαλαν από μια ντουλάπα. Τελικά με σηκώνουν όρθιο, μου φοράνε το άσπρο κοστούμι και μια ...άσπρη γραβάτα. Η μόνη άσπρη γραβάτα που έχω δει!

- Γιατί, ρε παιδιά άσπρη γραβάτα εγώ; Δεν έχετε καμιά παιδική, πολύχρωμη με ζωγραφιστά πουλάκια επάνω;
- Άσπρη! Γιατί αν αποτύχεις, θα ταιριάζει με την κηδεία σου...
- Ποιά κηδεία; Γίνεται και δεύτερη κη...

Αντί γι' απάντηση, μου πετάνε απότομα έναν κουβά με ένα διάφανο υγρό στα μούτρα. Ένα παχύρρευστο και κολλώδες υγρό που με διαποτίζει εντελώς, μπαίνοντας επιτακτικά σε όλους τους πόρους μου. Νιώθω σαν μόλις να με ψάρεψαν απ' τη θάλασσα, νιώθω τόσο μούσκεμα σαν φρεσκοκατουρημένη πάνα. Δεν μου δίνουν χρόνο να σκεφτώ, ο ένας παίρνει ένα τηλεκοντρόλ και σημαδεύοντάς με, πατάει το κουμπί.

Βλέπω τον κόσμο να μεγαλώνει! Αλλά στην πραγματικότητα είμαι εγώ που μικραίνω, γίνομαι ίδιος με τον Στούμπο, καμιά σαρανταριά πόντους, μαζί με τον ΦΠΑ. Αν είναι δυνατόν!

- Εντάξει, δουλεύει! λέει ικανοποιημένος ο άλλος.

Στρέφεται σε μένα.

- Μπορείς να κοιταχτείς λίγο στον καθρέφτη;

Κάνω ό,τι μου λέει και ...τα χάνω! Δεν έχω είδωλο!

- Ωραία λοιπόν! Τώρα ξέρεις ότι είσαι λιλιπούτειος κι αόρατος για όλους, εκτός από εμάς εδώ στον Παράδεισο. Για προσπάθησε και να πετάξεις λίγο...

Να πετάξω; Ούτε καν που το σκέφτηκα, αλλά με την προτροπή του κουνάω ασυναίσθητα τα πούπουλα στην πλάτη μου. Και, ώ του θαύματος, σηκώνομαι λίγο και πεταρίζω αιωρούμενος πάνω απ' το ανάκλιντρο!

- Ωραία, δουλεύει, σταμάτα τώρα να παίζεις σαν παιδί και κατέβα πάλι κάτω!

Αρπάζει μια τεράστια μυγοσκοτώστρα, απ' αυτές που κυνηγάνε σιβηρικές νυχτερίδες, και μου αστράφτει μια που βλέπω τον ουρανό σφοντύλι. Σωριάζομαι με έναν υπόκωφο βρόντο στο τραπέζι. Με βουτάει επιδέξια απ' τον λαιμό, όπως αρπάζει κανείς ένα κοτόπουλο που κακαρίζει. Πηγαίνει στην πόρτα, την ανοίγει με μένα κάτω απ' τη μασχάλη του και βγαίνουμε έξω. Πλάι στην πόρτα κάθετα σε ένα τερατώδες σκαμνί ένας ακόμα πιο τερατώδης γοριλλάνθρωπος, ντυμένος με προβιά, τουλάχιστον δυο μέτρα ψηλότερος απ' το κτίριο. Με πετάει επιδέξια προς αυτόν και προσγειώνομαι στην αγκαλιά του.

- Στείλ' τον κι αυτόν πίσω. Το 'πε ο Boss!

Ο Ού-γκα-γκα σηκώνεται χαμογελαστός και με αρπάζει κι αυτός απ' τον λαιμό. Βρε μανία που την έχουν! Με κοιτάει ευχαριστημένος, είμαι προφανώς το καινούριο του παιχνίδι.

- Ποιος είσαι πάλι εσύ; τον ρωτάω προσπαθώντας να πάρω ανάσα.

- Εγώ; Εγώ ποιός είμαι; Ε, εγώ λοιπόν είμαι ο Γολιάχ!

- Γολιάθ θέλεις να πεις.

- Όχι πια! Μετά τη σφεντονιά που άρπαξα από εκείνο το κωλόπαιδο, όλοι πια με κοροϊδεύουν και με φωνάζουν Γολι-άχ.

Είναι έτοιμος να κλάψει. Σκουπίζει τη μύτη του.

- Καλά, εσύ δολοφόνος δεν ήσουνα στον Απάνω Κόσμο; Τι γυρεύεις τώρα εδώ;

- Την είχαν στημένη τη φάση για να φανεί ότι ο ίδιος ο Θεός υποστήριζε το κωλόπαιδο, γι' αυτό με τράβηξαν μετά εδώ. Προστασία μαρτύρων το λένε. Κι εγώ ήμουνα προφανώς μάρτυρας!

Χαμογελάει πάλι δείχνοντάς μου το μοναδικό σάπιο δόντι που του 'χει απομείνει. Μεγαλύτερο από μένα, σαν δέντρο.

- Φτάνει τώρα με την κουβέντα, ετοιμάσου για την πτήση σου.

Δεν προλαβαίνω να πω τίποτα, με μια επιδέξια ρίψη παίκτη του αμερικάνικου foot&ball με εξακοντίζει προς τον ουρανό. Με έχει κάνει ιπτάμενο πεπόνι, είναι τόση η ταχύτητά μου προς τα πάνω, που με τη φόρα που ανεβαίνω, χτυπάω με δύναμη στο πρώτο σύννεφο, το τρυπάω και μετά τρυπάω και τα υπόλοιπα. Φτάνω κάποτε στο ανώτερο σημείο, στο πάνω-πάνω ράφι του Παραδείσου. Ωραία, ας σταματήσει πια αυτή η χαριτωμένη, πλην όμως δυσάρεστη πτήση.

Κουνάω τα φτερά μου, λίγο αδέξια είναι η αλήθεια, χρειάζομαι προπόνηση, όμως αυτά έχουν βραχεί απ' το γρήγορο πέρασμα στα σύννεφα και δεν μου δίνουν πολλή στήριξη, το ένα μάλιστα φαίνεται σαν να μισοξεκόλλησε, ενώ το άλλο κάνει ένα περίεργο φρου-φρου, σαν πυροβολημένη μπεκάτσα. Αρχίζω μιαν άτσαλη ουρανοκατέβατη πτώση, που δεν προμηνύει αίσιο τέλος...

Κοιτάζω βιαστικά με αγωνία κάτω μου. Δεν είμαι μόνος! Στο μεγάλο σύννεφο κάτω από μένα βρίσκεται άλλος ένας άγγελος, που με έχει δει και εκτοξεύει κάτι σαν ιπτάμενο δίσκο που πλησιάζει στροβιλιζόμενο προς το μέρος μου. Στροβιλίζεται περίεργα, γυρνάει ασύμμετρα κι άτσαλα. Δεν είναι ιπτάμενος δίσκος, είναι ένα μεγάλο τηγάνι! Το χερούλι του με πετυχαίνει στον λαιμό, κόβοντάς μου την ανάσα, ενώ ο πάτος του προσγειώνεται στο κρανίο μου. Σαν ζαλισμένο ορτύκι πέφτω ευθεία κάτω, τη στιγμή που ο άγγελος τοποθετεί σβέλτα μια τεράστια κοτρόνα ακριβώς εκεί που πέφτω. Τσακίζομαι πάνω της...

- Συγγνώμη, μου λέει, αλλά δεν υπάρχει τίποτα άλλο σκληρό εδώ πάνω για να σταματήσει την πτώση σου.

Σηκώνομαι βογκώντας. Πονάω σαν πατημένη αυγόφετα.

- Ωωωχ, ωχ ωχ! Ας πούμε πως έχεις δίκιο, του λέω, αλλά γιατί τότε η τηγανιά;

- Κανονικά πιάνω τον κόσμο με την απόχη, λέει δείχνοντας μια τεράστια απόχη πιο πέρα, και μετά τους αδειάζω στο τηγάνι για να μην χτυπήσουν πέφτοντας, αλλά εσύ έσπασες κάθε ρεκόρ ταχύτητας! Δεν προλάβαινα, έπρεπε να σε καταρρίψω!

Έχω συνέλθει κάπως και τον κοιτάω πιο προσεκτικά. Γιατί μου φαίνεται ότι είναι αγγέλισσα;

- Έστω, λέω τελικά, ας πούμε ότι είναι όπως τα λες, αλλά ας κάνουμε από δω και μπρος ανακωχή, εντάξει; Είμαι ο Ζαχαρίας.

- Γειά σου και σένα, είμαι η Τουκ-Τούκ.

- Α! Χάρηκα, αλλά νόμιζα ότι οι άγγελοι δεν έχουν φύλο.

- Πράγματι, αλλά έχουμε την ευχέρεια να αποκτήσουμε φύλο αν θέλουμε, αρκεί να μην είναι εμπόδιο στα καθήκοντά μας. Εμένα το καθήκον μου είναι να ανοίγω πύλες και να ξαποστέλνω τους πελάτες μου σε Άλλους Κόσμους, οπότε δεν έχει σημασία το φύλο μου. Διάλεξα λοιπόν να είμαι κορίτσι.

Με τα τελευταία λόγια της σηκώνεται και με προσκαλεί τεντώνοντας τα χέρια της, να καθίσω στο συννεφένιο παγκάκι της που έχει ξαναβάλει από κάτω την κοτρόνα. Είναι πράγματι κορίτσι, ένας κορίτσαρος για την ακρίβεια. Είναι σε κανονικό μέγεθος, με σώμα με ουράνιες αναλογίες που διαγράφεται μέσα απ' τον λεπτό μανδύα της, πραγματικό ουρί του παραδείσου. Τώρα που την κοιτάω από κοντά διαπιστώνω ότι έχει και θεϊκό πρόσωπο με άψογες γραμμές, ενώ μακριά ξανθά μαλλιά με πράσινα μάτια πίσω από στρογγυλά γυαλάκια συμπληρώνουν το θεϊκό πορτραίτο. Συνέρχομαι απ' τη μαγεία και την ρωτάω.

- Γιατί εσύ είσαι κανονική κι εγώ είμαι κοντοστούπης;

- Διότι εγώ είμαι επαγγελματίας άγγελος, ενώ εσύ είσαι ακόμα στραβάδι, μαθητευόμενος. Αν τα καταφέρεις για καμιά χιλιάδα χρονάκια να υπηρετήσεις σωστά, μπορεί να σε χειροτονήσουν!

Να μου λείπει το βύσσινο!

- Και γιατί σε στείλανε εδώ πάνω μόνη σου;

- Με κατηγόρησαν άδικα ότι σκανδάλιζα, λέει, τους αρσενικούς αγγέλους, οι οποίοι δήθεν δεν ανταποκρίνονταν πλέον στα καθήκοντά τους...

- Ω! Πήγες δηλαδή με πολλούς από αυτούς;

- Καλέ τι λόγια! Με κανέναν φυσικά! Ό,τι έκανα, το έκανα στον Πάνω Κόσμο, εδώ είμαι άγγελος, έχω ορκιστεί αιώνια αγνότητα! Σου είπα ότι οι κατηγορίες ήταν άδικες, σκέτες συκοφαντίες!

- Και ποιος σε κατηγόρησε; Όχι οι ίδιοι οι άγγελοι φυσικά...

- Όχι, όχι αυτοί! Αυτοί έψαχναν παρηγοριά, δεν φταίω εγώ που χάνανε τα μυαλά τους. Οι ασφαλιστές με κατηγόρησαν, αυτοί που έχουν τα γραφεία τους στο αεροδρόμιο. Κι αυτό γιατί οι ερωτευμένοι άγγελοι πάθαιναν πολλά ατυχήματα απ' την αφηρημάδα τους με αποτέλεσμα οι ασφάλειες να πληρώνουν μεγάλες αποζημιώσεις για τις αποτυχίες τους. Βλέπεις, ο Big Boss ασφαλίζει όλες τις αποστολές που τους στέλνει...

Δεν μπορώ να συγκρατηθώ, με πιάνουνε τα γέλια. Η Τουκ-Τούκ με κοιτάει μάλλον με απορία, δεν φαίνεται να θίχτηκε, η αγνότητά της δεν το επιτρέπει. Όμως ξαφνικά σοβαρεύει.

- Πρέπει να σε στείλω τώρα πίσω. Χάρηκα για τη γνωριμία και είσαι και γλυκούλης. Αλλά το καθήκον προέχει...

"Γλυκούλης" ε; "Αγνότητα", έ; Καλά θα το δούμε αυτό...

Πριν προλάβω να σκεφτώ κάτι άλλο, σηκώνει το λεπτεπίλεπτο περιποιημένο δαχτυλάκι της με το δίποντο νύχι και με αρπάζει απ' τη μύτη, ενώ με το άλλο χέρι της ανοίγει κροταλίζοντας τα δάχτυλά της μια συννεφένια πύλη, κάτι σαν ουράνιο αιδοίο. Με πετάει μέσα τραβώντας με πάντα απ' τη μύτη...

***

Αμέσως νιώθω να εκτοξεύομαι προς τα κάτω, μέσα απ' τα σύννεφα, γρήγορος σαν βολίδα. Δεν βλέπω που πετάω, ούτε μπορώ να χρησιμοποιήσω τα φτερά μου έτσι γρήγορα που κινούμαι. Όμως σιγά σιγά φαίνεται σαν να εξασθενεί η δύναμη της εκτόξευσης. Τζάμπα χάρηκα, η βαρύτητα αναλαμβάνει τώρα το δικό της έργο. Βλέπω από κάτω έναν πλανήτη, είναι μάλλον η γη, νιώθω να τραβιέμαι προς τα εκεί αποκτώντας την ίδια ταχύτητα όπως όταν ανέβαινα. Σε αυτό το σημείο όμως με πιάνουν οι ανάποδές μου. Τι σόι άγγελος είμαι ρε! Θα πετάξω να ξεφύγω απ' αυτό το αλλοκοσμικό μπουρδούκλωμα που 'μπλεξα!

Ανοίγω τα φτερά μου και πράγματι! Το έδαφος που πλησίαζε γοργό πάνω μου, τώρα φαίνεται σαν να μειώνει ταχύτητα, όχι όμως αρκετά για να αποφύγω μιαν ακόμα κινηματογραφική πρόσκρουση πάνω στην ταράτσα ενός ουρανοξύστη, σηκώνοντας μάλιστα και αρκετή σκόνη της ιουράσιας περιόδου!

Σηκώνομαι και τινάζομαι. Πού στο διάβολο βρίσκομαι πάλι; Ένα “πουφ!” ακούγεται πλάι μου, ένα συννεφάκι ανοίγει και στη μέση βλέπω τον Δισπίθαμο!

- Μην βρίζεις! Είσαι άγγελος πια! μου λέει με την τσιριχτή φωνή του κοιτώντας με με τα τεράστια μάτια του πίσω απ’ τα χοντρά γυαλιά. Η αποστολή σου είναι εδώ, ακριβώς από κάτω. Ακριβώς κάτω από εκεί που στέκεσαι κάθεται ο γέρος. Πήγαινε και μην τον χάσεις απ’ τα μάτια σου, γιατί αν χαθεί, χάθηκες!

Με ένα δεύτερο “πουφ!” εξαφανίζεται μαζί με το συννεφάκι του. Μάλιστα, καλά ξεμπερδέματα τώρα. Δεν έχω όμως άλλη επιλογή, πρέπει να υπακούσω. Κοιτάω βιαστικά γύρω μου. Είναι καταμεσήμερο με καλό καιρό κι εγώ βρίσκομαι σε μια ταράτσα, στη μέση μιας τεράστιας πόλης. Παντού γύρω μου υπάρχουν ουρανοξύστες, ενώ στο βάθος θάλασσα και μια τεράστια κυρά με κάτι μικρά κέρατα σαν αγκάθινο στεφάνι να εξέχει απ’ το κεφάλι της. Κοιτάει προς το πέλαγος έχοντας τα πόδια της μέσα στο νερό ενώ στο σηκωμένο χέρι της κρατάει κάτι σαν γουδοχέρι που βγάζει φωτιές. Τον άντρα της θα περιμένει...

Ερευνώ τον χώρο γύρω μου. Λίγο πιο πέρα μια θείτσα απλώνει τα ρούχα της σιγοσφυρίζοντας. Δεν με έχει αντιληφθεί, ωραία, δουλεύει το κόλπο! Μπροστά μου, ακριβώς πριν απ’ το περβάζι που καραδοκεί το χάος, βρίσκεται παρκαρισμένη μια αλητεράδικη τσόπερ μοτοσυκλέτα. Χμ, είναι ακριβώς στο μέγεθός μου, να θυμηθώ να κάνω καμιά βόλτα στην ταράτσα, όταν τελειώσω τη δουλειά μου.

Για να κάνουμε λοιπόν μια ανακεφαλαίωση. Όλα δείχνουν ότι ξαναγύρισα σε μια μεγαλούπολη. Είναι μεσημέρι και λίγο πιο πέρα έχω παρέα που δεν με βλέπει. Επιπλέον είμαι μικρός και μπορώ να πετάξω. Υποθέτω...

Αυτά είναι τα γνωστά, διότι το μεγάλο άγνωστο στην υπόθεση είναι το αν θα μπορέσω ποτέ να γυρίσω πίσω, γιατί δεν νομίζω να θέλω να ζήσω με την παρούσα μορφή μου για πάντα. Και το επόμενο ερώτημα είναι τι πρέπει να κάνω για να ικανοποιήσω τον Ζουμπά και να με ξανατραβήξει πίσω. Βασικά ερωτήματα μιας μεταθανάτιας ύπαρξης, έγινα και φιλόσοφος!

Τέλος πάντων, ώρα να κουνηθώ. Πρέπει να πετάξω και να πάω στον όροφο ακριβώς από κάτω μου. Εύκολο ακούγεται. Πεταρίζω τα φτερά μου και, ναι! Σηκώνομαι πάλι απ' το έδαφος. Βγαίνω στο κενό. Τολμάω να κοιτάξω κάτω.

- Χριστούλη μου! αναφωνώ ασυναίσθητα.

"Πουφ!" καινούριο συννεφάκι.

- Ντι θεζ; μου λέει ο Γκάφης με το καπελάκι και τα χαμογελαστά δόντια σκίουρου, ενώ φωτορυθμικά φωτάκια αναβοσβήνουν στα γυαλιά του στον ρυθμό της άθλιας μουσικής του...

- Τίποτα, μου ξέφυγε...

"Πουφ!" το συννεφάκι εξαφανίζεται.

Ξανακοιτάω κάτω. Ο Σούπα-Μαν δεν πάθαινε ίλιγγο; Πεταρίζω έναν όροφο πιο κάτω προσπαθώντας να μην με ρουφήξει το χάος από κάτω μου. Έχει μια σειρά παράθυρα μπροστά μου. Πλησιάζω και ρίχνω μια ματιά μέσα. Μια τελείως διαφορετική εικόνα, τίποτα δεν προδίδει απ' έξω τη χλιδή αυτού του ρετιρέ! Ένα τεράστιο, άνετο σαλόνι με παχιά περσικά χαλιά στο πάτωμα, βαριές δρύινες βιβλιοθήκες με βιβλία κι ακριβά διακοσμητικά, ασημικά και χρυσαφικά, ακριβές βελούδινες πολυθρόνες και κρυστάλλινα βάζα διακοσμούν τον χώρο. Ζάπλουτος ο γέρος που υποτίθεται ότι πρέπει να προστατέψω. Όμως δεν τον βλέπω πουθενά!

Πλησιάζω τη μύτη μου στο τζάμι για να κοιτάξω καλύτερα και ...τσουπ! Βρίσκομαι μέσα στο διαμέρισμα!

Πέρασα απ' το τζάμι;! Για να το ξανακάνω... Ναι, γίνεται, περνάω! Για να δούμε και τον τοίχο, πλάκα θα έχει!

Μμμμ, όχι, απ' τους τοίχους δεν περνάω. Ξαναμπαίνω στο δωμάτιο. Ακόμα άφαντος ο γέρος. Ακουμπάω με την πλάτη μου στον τοίχο πίσω μου να σκεφτώ, και ...τσουπ! Βρίσκομαι έξω στο κενό, καλά που τα φτερά δουλεύουν αυτόματα!

Για να δούμε, για να δούμε τι συμβαίνει εδώ. Φαίνεται ότι σε μικρά εμπόδια, όπως το γυαλί αρκεί να τα ακουμπήσω για να περάσω, ενώ σε μεγαλύτερα, όπως ένας τοίχος χρειάζεται να σπρώξω με ολόκληρο το σώμα μου.

Οι συλλογισμοί μου διακόπτονται απότομα, καθώς στο βάθος του δωματίου σε μια πολυθρόνα πλάι στο αναμμένο τζάκι διακρίνω επιτέλους αυτό που ψάχνω. Ένας σκελετωμένος τύπος τυλιγμένος σε μεταξωτή ρόμπα με γούνινο γιακά βρίσκεται χαλαρά αραχτός, χωμένος σχεδόν ολόκληρος στην τεράστια πολυθρόνα. Πλησιάζω πεταρίζοντας και τον περιεργάζομαι. Φαίνεται σαν πεθαμένος, τόσο βαθιά κοιμάται.

- Χα! Σε έπιασα! ακούγεται μια φωνή πίσω μου κάνοντάς με να αναπηδήσω τρομαγμένος. Γυρνάω απότομα.

Ένας τύπος στο μπόι μου, ντυμένος στα κοκκινόμαυρα, με μυτερό μουσάκι και μακριά μυτερά μουστάκια, πετιέται πίσω απ' τη βιβλιοθήκη. Κρατάει μια τρίαινα στο μπόι του, ενώ τα πονηρά μάτια του χαμογελάνε όπως με διαπερνούν, κάνοντας τον γιακά της μπέρτας του να πάλλεται απ' τη χαρά του που με είδε...

- Δεν πρόλαβες! Τον καθάρισα τον κωλόγερο!

Τρομαγμένος τρέχω πεταρίζοντας προς τον γέρο ενώ ο Κοκκινομαυρίδης έχει σκάσει στα γέλια πίσω μου. Πράγματι, ο γέρος είναι τέζα, λείψανο, δεν αναπνέει και πρέπει να είναι ώρα νεκρός, γιατί είναι επίσης κρύος κι άκαμπτος.

- Εμφανίστηκα μπροστά του βγάζοντας φλόγες και μόλις με είδε έπαθε συγκοπή, χα χα χα! Του είχα άχτι του κερατά! Πριν από χίλια και βάλε χρόνια ήμουνα ο γότθος ιπποκόμος κάποιου προπάππου του κι επειδή του πήδηξα τη γυναίκα, έβαλε να με μαστιγώσουν! Από τότε δολοφονώ όλους τους απογόνους του! Η εκδίκηση είναι γλυκιά, χα χα χα!

Δεν ξέρω τι να πω! Δεν ξέρω αν με ενοχλεί η υπέρτατη εγκληματικότητα και η θρασύτατη χαιρεκακία αυτού του διαβολοσιχάματος ή η δικιά μου πυροτεχνηματική αποτυχία. Με τι μούτρα θα εμφανιστώ τώρα στον Νανόπουλο;

- Όλα καλά με τον κωλόγερο, συνεχίζει ο μπασμένος διάολος, με σένα όμως τι να κάνω τώρα; Είσαι μάρτυρας κι αυτό δεν είναι καλό. Πρώτη φορά μου συμβαίνει...

Γυρνάω και τον κοιτάω αποφασιστικά. Αυτό πια πάει πολύ, η θρασύτητά του ξεπερνάει κάθε όριο! Ετοιμάζομαι να του κάνω αυστηρότατες παρατηρήσεις για τη συμπεριφορά του, αφού άλλωστε η Αλλοκοσμοτέλ μας δίνει δωρεάν εκατό αυστηρά μηνύματα προς όλους, όμως αυτός μάλλον δεν είναι διατεθειμένος να ακούσει νουθεσίες...

- Είσαι άγγελος και δεν μπορώ να σε σκοτώσω. Όμως κι εγώ είμαι άγγελος, της Κολάσεως έστω, και μπορώ τουλάχιστον να σε δείρω. Είμαι πιο δυνατός...

Με τα λόγια αυτά ορμάει καταπάνω μου και με αιφνιδιάζει. Αρχίζει να με χτυπάει με την τρίαινα, δυνατά και συνεχώς, στο κεφάλι, στα πλευρά, παντού. Προσπαθώ να ανταποδώσω τα χτυπήματα, όμως είναι πράγματι πιο δυνατός, οι γροθιές του είναι σαν σφυριές και οι τριαινιές του πονάνε. Τελικά, μετά από καμιά ώρα ξύλο, βαρέθηκε. Με έχει κάνει τόπι...

- Ωραία διασκέδασα μαζί σου, ξεθύμανα! Άντε γειά τώρα, πήγαινε στον Big Boss να του πεις ότι τα 'κανες σκατά...

Με ένα σάλτο πηδάει απ' το παράθυρο, καβάλα στην τρίαινα. Εμφανίζεται όμως σχεδόν αμέσως πάνω στην τσοπεριά του για να μου ρίξει ένα τελευταίο κοροϊδευτικό βλέμμα. Μαζεύω τα κομμάτια μου και του φωνάζω:

- Εγώ γιατί δεν έχω μοτοσυκλέτα που πετάει, ρε;

- Απ' ό,τι έχω ακούσει, εσείς εκεί πάνω πετάτε στα σύννεφα. Μπορούσες να πάρεις ένα, αλλά τέτοιος loser που είσαι, που να το σκεφτείς;...

Εξαφανίζεται με μια γκαζιά μέσα σε δυνατό θόρυβο καθώς απομακρύνεται. Σηκώνομαι. Πονάω ολόκληρος, τα χείλια μου πρησμένα, τα μάτια μου κλειστά, το κοστούμι μου είναι κι αυτό τσαλακωμένο και σκισμένο, η γραβάτα κομμάτια, τα φτερά τσακισμένα κι απ' το αριστερό λείπει το μισό. Μπορώ άραγε να πετάξω ακόμα; Μια δοκιμή θα δείξει...

Μια όχι και τόσο θριαμβευτική επιστροφή

Βγαίνω στο παράθυρο και πηδάω αποφασιστικά στο κενό. Αποτυχία! Τα φτερά κάνουν έναν θόρυβο σαν κινητήρας μονοκινητήριου που έμεινε από βενζίνη, αλλά δεν λένε να δουλέψουν σωστά! Στροβιλίζομαι πέφτοντας από $h \geq ½(x+3)^2$ μέτρα ύψος σαν διπλάνο που το καταρρίψανε ατζαμήδες κυνηγοί. Βλέπω την άσφαλτο να πλησιάζει ταχύτατα, διακρίνω μάλιστα και κάτι αρουραίους που βγαίνουν απ' τον υπόνομο για να με κάνουνε χάζι όπως πέφτω. Ένας μάλιστα με δείχνει και γελάει, το τομάρι!

Να και το κλασικό φορτηγό γεμάτο μπάζα, προς τα εκεί κατευθύνομαι! Προσπαθώ με τα υπολείμματα των φτερών μου να στραφώ προς την καρότσα για να μετριάσω τουλάχιστον λίγο την πτώση μου πέφτοντας στα μπάζα, αλλά αποτυγχάνω και σε αυτό! Προσγειώνομαι με ταχύτητα ακριβώς στον προφυλακτήρα του και το πονόψυχο φορτηγό, ανταμείβοντάς με για την ακρίβεια της αστοχίας μου, με εκτοξεύει δυνατά προς το πεζοδρόμιο για να περάσω με ταχύτητα απ' την τζαμαρία ενός MacDunold που είναι εκεί κοντά, να πετάξω δια μέσου της αίθουσας χαιρετώντας ευγενικά τους πελάτες που απολαμβάνουν ηδονικά το plast-food τους, και να καταλήξω τελικά στην κουζίνα προσγειωνόμενος στη φριτέζα με τις πατάτες με ένα μεγαλοπρεπές "πλουφ!" που δεν το ακούει κανείς...

Ό,τι δεν χάλασε απ' το ξύλο του κοκκινοδιάβολου, τηγανίζεται τώρα μέσα στο ταγγισμένο λάδι της φριτέζας, όπου κολυμπάω μαζί με τις καυτές μπουρμπουλήθρες, προσπαθώντας να αποφεύγω τις λεπτές πατάτες που επιμένουν να μπαίνουν στα ρουθούνια μου. Όσες μπαίνουν στο στόμα μου, τις τρώω...

Ο υπάλληλος σηκώνει αυτήν τη στιγμή το διχτάκι και με λούζει με έναν καταρράκτη αλάτι. Στη συνέχεια τινάζει το διχτάκι δυνατά πάνω κάτω για να στραγγίξει τις πατάτες, κάνοντάς με να πηδάω τραμπολίνο. Με την τελευταία πιο δυνατή τιναξιά με στέλνει όμως αρκετά πιο ψηλά...

Με ρουφάει ο απορροφητήρας! Είναι δυνατός ο άτιμος, εξαιρετικό επαγγελματικό μηχάνημα με πέντε χρόνια εγγύηση και δυο χρόνια δωρεάν σέρβις παρακαλώ, έχουν συνείδηση οι βιομήχανοι! Με ρουφάει αλύπητα και με εκτοξεύει μέσα στην καμινάδα, κοπανώντας με συστηματικά και μεθοδικά στα γλιτσιασμένα τοιχώματα, δίνοντας παράλληλα ένα ωραίο καρβουνί χρώμα στα κάποτε άσπρα υπολείμματα του παραδείσιου κοστουμιού μου. Τελικά με ξεφτύνει με δύναμη, σαν οβίδα κανονιού, απ' την κορυφή του ουρανοξύστη προς τον ουρανό. Φτάνω σχεδόν στα σύννεφα όπου η ορμή μου εξασθενεί και σε κάποια στιγμή σταματάω.

Δηλαδή τώρα θα ξαναπέσω; Απ' τα φτερά μου δεν έχει απομείνει σχεδόν τίποτα, ένα νεφοτζέτ δεν σκέφτηκα να πάρω μαζί μου και το ύψος αυτήν τη φορά είναι ακόμα μεγαλύτερο, βρίσκομαι σχεδόν στη στρατόσφαιρα!...

Δεν μπορώ να το ξαναζήσω, ΕΛΕΟΣ! Ούτε ο Γιούρι Γαβγάριν δεν έκανε τέτοιες πτήσεις!

***

"Πουφ!", ένα συννεφάκι ανοίγει μπροστά μου. Αυτήν τη φορά είναι η Τουκ-Τούκ! Βρε, καλώς τον καλό μου τον άγγελο! Που ονειροβατεί στα σύννεφα χαμένη μέσα στην απεραντοσύνη της μοναξιάς της, αλλά έχει πάντα τα μάτια της ανοιχτά...

- Έλα κούκλε μέσα, τα χάλια σου έχεις!

Βγάζει το χέρι της που κρατάει την απόχη και με ψαρεύει. Με τραβάει μέσα προσπαθώντας να βάλει από κάτω μου το τηγάνι. Κάπως αδέξια. Δεν είναι πολύ γρήγορη και το τηγάνι με χτυπάει στα πόδια με ένα καλαμίδι απ' αυτά που έτρωγα μικρός όταν έπαιζα μπάλα. Σωριάζομαι κάτω.

- Ω, συγγνώμη, χρειάζομαι ακόμα λίγη προπόνηση, μου λέει.

Δεν μιλάω, τι να πω άλλωστε; Με κοιτάει εξεταστικά.

- Πω, πω καλέ! Πώς έγινες έτσι; Τι χάλια είναι αυτά; Έλα να σε μπαλώσω λίγο...

Παίρνει βελόνα και κλωστή κι αρχίζει να με ράβει. Κάθε δεύτερη βελονιά της ράβει κι ένα κομμάτι απ' το δέρμα μου μαζί. Δαγκώνομαι, αλλά ο ζαλιστικός αιθέρας της δρα πάνω μου σαν αναισθητικό και το αντέχω ηρωικά. Όταν τελειώνει, μου δείχνει περήφανη έναν καθρέφτη. Φυσικά δεν υπάρχει είδωλο, όμως η Τουκ-Τούκ χαμογελάει ευχαριστημένη.

- Φιγουρίνι σε έκανα! Άντε τώρα στον Bossy να του πεις για την αποτυχία σου...

Με μια κλωτσιά με πετάει κάτω απ' το σύννεφό της. Όμως αυτήν τη φορά είμαι πιο σοφός. Πέφτοντας διακρίνω από κάτω μου έναν ελβετό ψαρά που ψαρεύει με ένα αστροπελέκι στο χέρι, χαμένος στο απέραντο γαλάζιο του ουρανού πάνω σε ένα νεφοτζέτ. Τον σημαδεύω κι όπως πέφτω τον ρίχνω απ' το συννεφάκι του και το καβαλάω εγώ. Μου ρίχνει θυμωμένος το αστροπελέκι του, αλλά σκύβω και αστοχεί. Είμαι άσσος στο σέρφινγκ, όμως η ταχύτητά μου είναι ακόμα πολύ μεγάλη. Παρ' όλα αυτά προσγειώνομαι, αρκετά αδέξια είναι η αλήθεια, στο λιβάδι, καταφέρνοντας όμως να μείνω σώος κι αβλαβής αυτήν τη φορά. Μόνο ένας ουράνιος σπάρος απ' το καλάθι του ψαρά που πετάχτηκε απ' το νεφοτζέτ πέφτει στο κεφάλι μου, ενώ μια παραδείσια τσιπούρα σπαρταράει στο σκισμένο τσεπάκι του σακακιού μου. Κατά τα άλλα όλα καλά, αν εξαιρέσει κανείς ότι το αστροπελέκι με ακολούθησε και με πετυχαίνει τελικά πέφτοντας πάνω μου, τσουρουφλίζοντάς με και μεταμορφώνοντάς με σε νέγρο. Η παραδείσια κεραυνο-πυραυλική τεχνολογία φαίνεται πως έχει κάνει τεράστιες προόδους, κακώς την υποτίμησα!...

Σηκώνομαι και τινάζομαι. Ο Γολιάχ μπροστά μου, καθισμένος πάντα στο τεράστιο σκαμνί του, απορεί.

- Α! Ένας ρακένδυτος νέγρος! Ποιος είσαι εσύ;

Αμέσως όμως με αναγνωρίζει και ξεσπάει σε γέλια.

- Σαν το τέρας του Φραγκοστάιν σε αφρικάνικη έκδοση είσαι, μου λέει. Ποιος σε έραψε έτσι χάλια;

- Η Τουκ-Τούκ.

- Α, αυτή! Αυτή ήταν ο διάσημος μόδιστρος Bolly Bee στον Πάνω Κόσμο, αλλά μας ήρθε νωρίς εδώ. Οι κακές γλώσσες λένε ότι ήταν μεγάλο ταλέντο όσο ζούσε, αλλά παράλληλα και πολύ σκανταλιάρης...

- Έννοια σου και μόλις φύγω από δω θα πάω καρφί στου Ρόζα να με κάνει άνθρωπο! Εδώ τα γούστα σας είναι άστα να πάνε, κοίτα πώς είσαι ντυμένος εσύ!

- Α! Να του πεις χαιρετίσματα! Τα είχαμε κάποιον αιώνα...

Για μια στιγμή ο Γολιάχ αφαιρείται ονειροπολώντας, κοιτάζοντας στο άπειρο με ένα αινιγματικό χαμόγελο στο πρόσωπό του, αλλά γρήγορα συνέρχεται και σοβαρεύει.

- Τέλος πάντων, πέρνα μέσα τώρα, σε περιμένει... Κάτσε να σε μεγαλώσω ξανά...

Μου αστράφτει ένα χαστούκι που πρέπει να το άκουσε κι ο πεθαμένος κωλόγερος στο ρετιρέ. Παίρνω χίλιες στροφές, σαν ηλεκτρικό μίξερ, σειόμενος ολόκληρος. Πάνε και τα πούπουλα, μου φύγαν και τα τελευταία, πάνε και τα υπολείμματα της γραβάτας και του κοστουμιού, διαλύθηκαν στους τέσσερις ανέμους. Είναι τόση η δύναμη αυτής της αμείλικτης φυγοκέντρισης που νιώθω να φουσκώνω, σαν τον θυμό του ναυαγού που βλέπει το περαστικό αεροπλάνο. Είμαι όμως τουλάχιστον πάλι ο Ζαχαρίας! Ή τέλος πάντων, ο νέγρος Ζαχαρίας...

Ευχαριστημένος ανοίγω την πόρτα και μπαίνω στο Αρχηγείο, κρατώντας το πρησμένο μου μάγουλο που έχει μπλαβίσει σαν σάπιο ροδάκινο. Ο Στουμπομέγαλος είναι ήδη εδώ, πάνω στο γραφείο του, δεν φαίνεται όμως καθόλου ευχαριστημένος! Έχει σταυρωμένα τα χέρια του στο στήθος και με το πόδι του χτυπάει ανυπόμονα και ρυθμικά την επιφάνεια του γραφείου, πελαγοδρομώντας σε ωκεανούς ουράνιας απελπισίας και κολυμπώντας κόντρα σε χειμάρρους θεϊκής οργής. Ατμοί παραδείσιας τσατίλας εκτονώνονται ρυθμικά απ' τα αυτιά του και θερμοπίδακες καθαγιασμένης αδρεναλίνης ψεκάζονται σε αχλή απ' τη φαλάκρα του, συσσωρευόμενα νομοτελειακά στο ταβάνι σε μαύρα σύννεφα που όλο και πυκνώνουν.

Ξαφνικά ξεσπάει μια καταιγίδα, σκέτος κατακλυσμός μέσα στο δωμάτιο! Κεραυνοί κι αστραπές πέφτουν, ο άνεμος σφυρίζει, η βροχή με μαστιγώνει στο πρόσωπο, ενώ ο Μεζές εκρήγνυται κι αυτός βίαια κι οργισμένα, σαν τη θεομηνία του:

- Είσαι το πιο άχρηστο κι ανίκανο πλάσμα που πέρασε ποτέ από δω! Όχι μόνο απέτυχες, αλλά έφαγες και ξύλο από ένα μαθητευόμενο διαβολάκι και τώρα γελάει όλος ο Κάτω Κόσμος με μας! Όχι μόνο δεν σου 'κοψε να πάρεις μαζί σου νεφοτζέτ, αλλά κόντεψες να τσακιστείς εκατό φορές απ' την ατζαμοσύνη σου, με αποτέλεσμα να χαλάσεις και το αγγελικό κοστούμι σου!

Η μπόρα έχει γίνει τυφώνας, ένας ανεμοστρόβιλος που τριγυρίζει στο δωμάτιο και σηκώνει έπιπλα στροβιλίζοντας τους μπάτσους στον αέρα, οι οποίοι φαίνονται να το αντέχουν στωικά, συνηθισμένοι σε τέτοια ξεσπάσματα. Καδρόνια με χτυπάνε στο κεφάλι, ένας πίνακας ξεκολλάει απ' τον τοίχο και μου έρχεται κολάρο, ενώ διάφορα μικροαντικείμενα, ραδιόφωνα, γομολάστιχες, δικαστικές αποφάσεις, τυρόπιτες, τηλεοπτικά σήριαλ, θεωρίες συνωμοσίας, γαρδένιες, το ασφαλιστήριο συμβόλαιό μου κι ένα σμάρι σφήκες μαζί με την κυψέλη τους στροβιλίζονται γύρω μου και με κοπανάνε κι αυτά με τη σειρά τους.

Όμως εγώ χαίρομαι κι ο λόγος γι' αυτό είναι ότι αισθάνομαι σαν να στριφογυρίζω μέσα σε πλυντήριο, το οποίο με ξεπλένει και με ξαναασπρίζει! Αρπάζω μια βούρτσα με μακρύ χερούλι που στριφοπεταρίζει γύρω μου κι επωφελούμαι να τρίψω λίγο την πλάτη μου που δεν φτάνω. Ναι, σε λίγο είμαι πάλι άσπρος!

- ΧΑΣΟΥ ΑΠΟ ΔΩ ΑΝΙΚΑΝΕ! Χάσου απ' τα μάτια μου και να μην σε ξαναδώ μπροστά μου! Να πας στην Κόλαση τιποτένιε, εκεί είναι η θέση σου!

Με τα λόγια αυτά κροταλίζει τα δυο του χεράκια.

Ξαφνικά η θύελλα σταματάει, το ίδιο απότομα όπως ξεκίνησε. Μια τελευταία καρέκλα που στροβιλίζονταν ακόμα πέφτει πάνω μου, οι μπάτσοι σαβουρντίζονται κι αυτοί, αλλά σηκώνονται αμέσως ισιώνοντας τα ρούχα τους με ψυχραιμία, ενώ ένα ψάρι σπαρταράει στο πάτωμα. Αμέσως μπαίνει απ' το παράθυρο ένας μάγκας γλάρος και το αρπάζει...

Δεν προλαβαίνω να δω τίποτα άλλο. Οι μπάτσοι με αρπάνε απ' τον λαιμό - ε, σιγά τώρα, από πού αλλού; - και με πετάνε έξω απ' την πόρτα, κάνοντας νόημα στον Γολιάχ. Αυτός σηκώνεται αμέσως και πλησιάζει προς το μέρος μου. Το χαμόγελό του μου τη δίνει και το τεράστιο δόντι του που κρέμεται απ' το στόμα του είναι σαν σφύρα που αιωρείται από πάνω μου.

Αυτήν τη φορά αντιδρώ αμέσως.

- Μη! Στάσου! Περίμενε ένα λεπτό! του λέω τεντώνοντας τα χέρια μου για να τον σταματήσω.

- Κατ' αρχάς μην με αρπάξεις απ' τον λαιμό, δεν χρειάζεται, θα στηθώ μόνος μου!

Του γυρνάω τον πισινό μου και σκύβω. Γυρνώντας παίρνει το μάτι μου μια καινούρια πινακίδα που έχει κρεμάσει πάνω απ' το σκαμνί του:

Εκτοκσέφσεις "Ο Γωλι-Αχ"
Σασ κσαποστέλνουμαι μπαντου!

- *«Ρε "μπατζανάκη"! Έλεος πια, τα μάτια μας!!»*

Κάνω όμως πως δεν την είδα.

- Να, ορίστε! Μπορείς να μου δώσεις τώρα μιαν ωραία κλωτσιά, αλλά με στυλ! Σαν τερματοφύλακας που κάνει σέντρα.

Σκάει στα γέλια.

- Ωραία ιδέα! Πώς δεν το σκέφτηκα ποτέ αυτό;

Σηκώνομαι και γυρνάω προς το μέρος του.

- Επίσης δεν χρειάζεται να με ξαποστείλεις εσύ. Κάνε οικονομία στις δυνάμεις σου και στείλε με μαλακά στην Τουκ-Τούκ. Την ίδια δουλειά κάνει κι αυτή.

Με πλησιάζει και μου τσιμπάει το μάγουλο, αφήνοντάς μου μιαν ακόμα μελανιά απ' τις τανάλιες που έχει για χέρια.

- Πονηρούλη, σου άρεσε η μικρή, έ; Κανόνισε όμως: κανείς δεν την έχει καταφέρει, τουλάχιστον όχι σε αυτόν τον κόσμο. Μόνο χυλόπιτες μοιράζει...

- Ίσως δεν βρέθηκε ο κατάλληλος...

Γυρνάω και σκύβω. Δεν προλαβαίνω να καλοσκύψω και εκτοξεύομαι σαν πύραυλος απ' την καλοζυγισμένη κλωτσιά του. Πράγματι, σαν ποδοσφαιριστής θα είχε πολύ μέλλον ο τύπος...

Τρυπάω τα σύννεφα με μεγάλη ταχύτητα και φαίνεται ότι θα τρυπήσω και τον ουρανό, αλλά ευτυχώς μια τεράστια απόχη εμφανίζεται απ' το πουθενά και με αρπάζει.

- Πολύ βιαστικός μου φαίνεσαι πάλι! μου λέει η Τουκ-Τούκ. Αυτήν τη φορά όμως σε άρπαξα!

Κατεβάζει την απόχη προς το μέρος της, προσπαθώντας να με βγάλει από κει μέσα, αλλά έχει ξεχάσει να πάρει στο άλλο της χέρι το τηγάνι. Στην προσπάθειά της να το φτάσει, γλιστράει η απόχη απ' το χέρι της και τυλίγεται ακόμα περισσότερο γύρω μου, εγκλωβίζοντάς με σαν φρεσκοψαρεμένο μπακαλιάρο. Είναι τόσο σφιχτή πάνω μου που δεν μπορώ ούτε να σπαρταρήσω! Προσγειώνομαι αμαχητί με το κεφάλι στην κοτρόνα...

- Αουτς! Αυτήν την κοτρόνα τέλος πάντων γιατί την κουβάλησες εδώ;

- Την έχω για να σπάω τα καρύδια.

- Αφού δεν έχει καρυδιές εδώ!

- Πράγματι, τις έκαψα τον χειμώνα για να ζεσταθώ... Αλλά δεν μου είπες, για πού το 'βαλες τόσο βιαστικός; Δεν μου έχει έρθει καμιά διαταγή να στείλω κάποιον σε αποστολή.

- Σε σένα ερχόμουνα! Έλεγα να πιούμε κάνα καφέ. Αλλά δεν υπολόγισα καλά την εκτόξευση...

- Δεν έχω καφέ εδώ, πίνω μόνο δροσοσταλίδες. Θέλεις;

- Ναι, αμέ!

Παίρνει ένα πλατανόφυλλο κάτω απ' το ανάχωμά της και το σέρνει πάνω στα σύννεφα. Του κάνει κοίλωμα με τη χούφτα της και μου το δίνει. Είναι γεμάτο με ένα γαλαζωπό υγρό. Το δοκιμάζω.

- Μα, αυτό είναι δροσερό ρατκέν! αναφωνώ

- Και πού το ξέρεις εσύ το ρατκέν; με στραβοκοιτάει.

Δαγκώνομαι. Ξέχασα ότι το ρατκέν στο Κπεμάκ είναι προϊόν λαθρεμπορίου. Μάλλον δεν θα πρέπει να μαθευτεί αυτό εδώ...

- Μου έχουν μιλήσει γι' αυτό το θεϊκό ποτό. Έτσι ακριβώς το φανταζόμουνα!

Χαμογελάει. Ωραία, τα μπάλωσα!

Με το χαμόγελο είναι ακόμα πιο όμορφη. Θεϊκό χαμόγελο σε ένα αγγελικό πρόσωπο με τα εξίσου όμορφα στρογγυλά γυαλάκια της! Πρέπει να έχω πολύ αποχαυνωμένο ύφος κοιτώντας την, γιατί σηκώνεται όρθια.

- Βλέπω ότι κοντεύεις να με ερωτευτείς, μου λέει. Ωραία, να σου δείξω λοιπόν κάτι.

Σηκώνει γοργά τον χιτώνα της μέχρι τον αφαλό. Είναι γυμνή από κάτω, όμως δεν υπάρχουν γεννητικά όργανα, ούτε αρσενικά, ούτε θηλυκά! Πέρα απ' τις τέλειες αναλογίες που έχουν οι αρμονικές καμπύλες της, δεν υπάρχει κανένα ίχνος φύλου!

- Με πιστεύεις τώρα ότι οι άγγελοι δεν έχουμε φύλο; μου λέει ειρωνικά αφήνοντας τον χιτώνα της να ξανασκεπάσει τα άψογα, σμιλευτά πόδια της.

Ξεροκαταπίνω.

- Και τα στήθια σου που διαγράφονται τόσο όμορφα κάτω απ' το λεπτό ύφασμα;

- Ψεύτικα είναι! Έτσι, για να φαίνομαι σαν κανονική γυναίκα. Το πιο εύκολο πράγμα είναι τα ψεύτικα στήθια. Απ' τον Πάνω Κόσμο τα προμηθεύτηκα, εκεί που ζούνε μεσ' το ψέμα, εκεί φιάχνουν και τα καλύτερα, πολλά χρόνια εμπειρία...

Ξαναχαμογελάει δείχνοντας τα αλαβάστρινα δόντια της. Μου φαίνεται ότι δεν έχω τίποτα άλλο να κάνω πια εδώ. Προφανώς κανένας δεν την κατάφερε, ούτε κι εγώ θα το κάνω, στη γοργόνα του ουρανού έπεσα...

Πίνω το ρατκέν μου - πολύ γλυκόπιοτο το άτιμο! - και σηκώνομαι να την αποχαιρετήσω.

- Παρ' όλα αυτά είσαι πολύ καλή και φιλική, της λέω! Ειλικρινά χάρηκα που σε γνώρισα! Θα μου δώσεις τώρα μια γλυκιά κλωτσιά, αφού ανοίξεις μια πύλη για το Κπεμάκ; Ο Boss είπε να με πετάξετε έξω από δω!

Στραβομουτσουνιάζει.

- Και συ είσαι πολύ ευγενικός, μου λέει. Όμως δεν μπορώ να σε κλωτσήσω! Δεν μπορώ να ανοίξω πύλη αν δεν έχω διαταγή κι ο Boss δεν μου 'στειλε τίποτα στο κινητό. Μάλλον πάνω στα νεύρα του σε ξέχασε. Η ηλικία βλέπεις, αυτό το Emmental...

Δαγκώνεται, αυτό το τελευταίο μάλλον της ξέφυγε. Με κοιτάει μετανιωμένη και προσπαθεί να το διορθώσει.

- Στον Γολιάχ σε έστειλε, αυτός έπρεπε να σε ξαποστείλει... Τι του υποσχέθηκες και σε πάσαρε σε μένα;

- Του είπα ότι θα πάρει προαγωγή και θα τον κάνουν τερματοφύλακα στην Εθνική Παραδείσου!

Απορημένο βλέμμα. Μάλλον δεν έχει παίξει ποτέ της ποδόσφαιρο. Είναι δυνατόν; Όμως σοβαρεύεται γρήγορα, όπως το συνηθίζει, και σηκώνει τα σμιλευτά φρύδια της διορθώνοντας τα στρογγυλά γυαλάκια της. Προφανώς της ήρθε ιδέα...

- Πάρε ένα κομμάτι απ' το σύννεφο και κάν' το νεφοτζέτ. Θα σε πάει μέχρι το αεροδρόμιο να πάρεις την επόμενη πτήση.

Πώς δεν το σκέφτηκα! Τέλεια ιδέα! Δεν έχω να πω τίποτα άλλο, ξεκολλάω ένα μεγάλο κομμάτι σύννεφο και με μια αυθόρμητη κίνηση την αγκαλιάζω γι' αποχαιρετισμό.

Τρέμει! Αφήνεται στην αγκαλιά μου και τρέμει! Δεν το παρακάνω όμως, είμαι Κύριος εγώ! Χωρίζουμε και της χαμογελάω στέλνοντάς της ένα φιλί με την παλάμη μου. Μου κουνάει αργά το χέρι της κοιτώντας με με ύφος ζαβλακωμένου χρυσόψαρου καθώς εγώ πηδάω στο νεφοτζέτ κι απομακρύνομαι απ' το φιλόξενο, σαν την απέραντη παγωμένη στέπα, σύννεφό της...

Η διαδρομή μέχρι το αεροδρόμιο είναι αυτήν τη φορά χωρίς απρόοπτα. Το νεφοτζέτ γλιστράει απαλά στο γρασίδι, σαν να πάτησε την αιώνια μπανανόφλουδα, ενόσω εγώ απολαμβάνω τη διαδρομή χαζεύοντας το παραδείσιο δάσος που περνάμε. Χαιρετάω από μακριά τον Βασίλη Κιντ που δεν με αναγνωρίζει και τρέχει μέσα ξαναβγαίνοντας αμέσως με το δίκανο στο χέρι, και συνεχίζω να οδηγώ τη συννεφένια αιθεροβαμοσύνη μου ήρεμα και στιβαρά, σαν έμπειρος πιλότος που είμαι πια, προς το εντυπωσιακό κτίριο με τις τζαμαρίες που φαίνεται ήδη στο βάθος.

Δεν αντιμετωπίζω πρόβλημα με το γκρίζο διαβατήριο. Επιπλέον είμαι τυχερός γιατί το αεροπλάνο φεύγει σε ένα τέταρτο, ο σωστός χρόνος για να επιβιβαστώ και να ξεχαστώ για λίγο, παίρνοντας έναν ξεγυρισμένο ύπνο στο κάθισμα του αεροπλάνου, όσο αυτό απογειώνεται μαλακά με προορισμό το Κπεμάκ...

ΜΕΡΟΣ 5: Πέρα-δώθε

Στα πάτρια εδάφη

Τραβάω κατ' ευθείαν για τον Ρόζα. Με το που με βλέπει καταλαβαίνει αμέσως τι παίχτηκε.

- Πω, πω ξύλο που έφαγεεεες! Καλέ έλα μέσα γρήγορα! Τι σου κάνανε, πουλί μου;

- Άστα, τόσο ξύλο έχω να φάω από παιδί που έπαιζα στις αλάνες. Μπορείς να με μπαντάρεις και να με ξαναντύσεις μήπως;

Με τραβάει και κλειδώνει την πόρτα πίσω του. Τα μουστάκια του γελάνε όσο με γδύνει απ' τα κουρέλια μου. Μένω τσίτσιδος.

- Λοιπόν, έχουμε και λέμε: τουλάχιστον είκοσι μώλωπες, τρία καρούμπαλα στο κεφάλι σου, δυο πρησμένα μάτια (αλήθεια, τι σου βρήκε η Τουκ-Τούκ;), δεκατρείς εκδορές στα χέρια και στα πόδια σου, δυο ραγισμένα πλευρά και τσουρουφλισμένο δέρμα! Σε καυτό τηγανόλαδο έπεσες; Θα μου πάρει δυο ώρες να στα αλείψω όλα αυτά με βάλσαμο -εισαγωγής παρακαλώ! παραδείσιο!-, και να σε ταριχεύσω. Αλλά δεν μου λες παλιόπαιδο; Τι είναι αυτό το τεράστιο μελάνωμα στον πισινό σου; Ε; Τι αταξίες έκανες εκεί επάνω;

- Ο κολλητός σου φταίει, ο Γολιάχ. Κλωτσάει σαν μουλάρι, δυνατότερα κι από ποδοσφαιριστή...

Μαλακώνει αμέσως. Ένας ανεπαίσθητος αναστεναγμός κι ένα κρυφό δάκρυ περιπλανούνται στον χώρο. Αδιαφορώ! Το μόνο που με νοιάζει τώρα είναι να ξαναγίνω άνθρωπος, ή έστω ένα αξιοπρεπές, ροδαλό πτώμα. Με το νέο μου αστραφτερό σώμα που μου φόρεσαν εκείνοι οι ευσυνείδητοι νέγροι...

Όμως έχω υποτιμήσει τον Ρόζα! Είναι πραγματικός καλλιτέχνης, γρήγορος κι αποτελεσματικός! Σε μιάμιση ώρα είμαι έτοιμος, βαλσαμωμένος και μπανταρισμένος με επιδέσμους απ' την κορφή ως τα νύχια, σαν αστραφτερό ζόμπι που μόλις βγήκε από φρεσκοσκαμμένο τάφο. Μόνο μια σχισμή έχει αφήσει στα μάτια μου για να βλέπω, ο υπόλοιπος είμαι γνήσια απομίμηση πρωταγωνιστή του έργου «Ο Μπαμπούλας στον Δρόμο με τις Πεύκες»...

- Έτοιμοοοοος! Κούκλος έγινες, θα κάψεις καρδιές στις ζομπίνες! Άντε και να ξανάρθεις σε καμιά βδομάδα να σου βγάλω αυτό το σάβανο και να σου δώσω ανθρώπινα ρούχα...

Κινούμαι με δυσκολία, βγαίνω με προσπάθεια απ' την πόρτα και κατευθύνομαι προς το ξενοδοχείο του Μανόλο. Στο διάβα μου με γαβγίζουν τα σκυλιά κι οι γάτες φεύγουν τρομαγμένες. Κάτι παιδιά που έπαιζαν παραπέρα φεύγουν τσιρίζοντας και χώνονται στα φουστάνια των μανάδων τους, δυο περιστέρια με κουτσουλάνε, ενώ δεν αργεί να έρθει και η αστυνομία να με συλλάβει. Πάντα στην ώρα τους τα παιδιά και με χαμόγελο! Ευτυχώς που ο Ρόζα φρόντισε να βάλει το διαβατήριό μου να φαίνεται ανάμεσα στους επιδέσμους και με αφήσανε.

Μπαίνω εκνευρισμένος στο ξενοδοχείο. Χρειάζομαι οπωσδήποτε ένα ποτό!

- Τασία! Ένα παγωμένο ρατκέν! ΤΩΡΑ!

Ρομποτική φωνή απ' το ψυγείο:

- «Πελάτης πολύ μακριά. Ενεργοποίηση εκτοξευτήρα»

Πριν προλάβω να πλησιάσω, βγαίνει ένα λάστιχο του κήπου απ' το πλάι του τεχνοφρήκ ψυγείου κι εκτοξεύει στα μούτρα μου μια μερίδα παγωμένο ρατκέν. Μπράβο ακρίβεια!

Ο Μανόλο τρομάζει να με γνωρίσει. Του δείχνω κι αυτουνού το διαβατήριο για να πειστεί. Ας είναι όμως καλά, γι' αυτό είναι οι φίλοι, με κουβαλάει γελώντας στο δωμάτιό μου για να ξεκουραστώ και να ανανήψω.

- Γιατί βρωμάς ρατκέν; μου λέει γελώντας. Μεθυσμένη γελάδα σε έγλειψε;

- Το κωλοψυγείο σου δεν με χωνεύει!...

- Α, ναι! Ξέχασα να σου πω να είσαι κοντά όταν δίνεις την παραγγελία. Κι εγώ το ξεχνάω συχνά. Χθες μου πέταξε τα παγάκια στο κεφάλι...

Κλείνομαι στο δωμάτιό μου κοντά έναν μήνα, με τον Μανόλο να μου φέρνει φαγητό και ό,τι άλλο χρειάζομαι. Όμως γιατρεύομαι τελείως, οι αλοιφές και τα βάλσαμα του Ρόζα κάνουν θαύματα. Ο τύπος δεν είναι μόνο ράφτης τελικά, είναι ένας ουράνιος θαυματοποιός!

Πάνω στον μήνα όμως αρχίζω να ανησυχώ. Η Βεελζεμπούλ δεν έχει εδώ και καιρό νέα μου και μπορεί να μου θυμώσει. Εξετέλεσα βέβαια τουλάχιστον αυτήν την αποστολή σωστά, όμως αυτή δεν το ξέρει. Ή μήπως το ξέρει; Ένας τρόπος υπάρχει για να το μάθω.

Αποχαιρετώ λοιπόν τον Μανόλο και τραβάω κατά το μαγαζί του Ρόζα να τον αποχαιρετήσω κι αυτόν.

- Άντε κούκλε! Σε λίγο πάλι εδώ θα είσαι, χιχιχι...

- Φάε τη γλώσσα σου ρε! Καλύτερα να ξαναζωντανέψω παρά να ξανατραβήξω τα ίδια!

Χωρίζουμε γελώντας και τραβάω κατά το «**Πρακτορίο Ταξηδείων, "Ο Κέρβαιρος"**»...

Ένα προβληματικό πρόβλημα

Το ταξίδι της επιστροφής στην Κόλαση δεν έχει απρόοπτα αυτήν τη φορά. Ο Μαυροκαμτσίκης δεν ασχολείται καθόλου μαζί μου, μπορεί και να με ξέχασε, ενώ πίσω μου τραβάει κουπί ένας ροδαλός και χοντρός τύπος με κοτσίδες, που φοράει ένα αστείο βρακί σαν καζάνι με φαρδιές άσπρες και γαλάζιες ρίγες (Ολεβίξ μου είπαν αργότερα ότι τον λένε), που το μόνο που τον ενδιαφέρει είναι το φαΐ και το να κάνει ευσυνείδητα τη δουλειά του. Πράγμα που με απλά λόγια σημαίνει ότι η γαλέρα στρίβει συνεχώς προς τη μια μεριά με τον τιμονιέρη να έχει ιδρώσει προσπαθώντας να κρατήσει το πηδάλιο στην άλλη, για να φέρνει το πλεούμενο στα ίσα. Τελικά ο Μαυτοταμτάμ έχει τη σωστή ιδέα: τον πετάμε στο νερό απ' την πρύμνη, όπου αυτός αρπάζεται απ' το πηδάλιο. Χαρούμενος που ξέφυγε επιτέλους απ' τη στενότητα του καθίσματός του, επωφελείται για να ξεπιαστεί λίγο κι αρχίζει να κάνει την εξωλέμβιο. Οι υπόλοιποι σταματάμε το κουπί και κρατιόμαστε γερά απ' τις κουπαστές, καθώς με την ταχύτητα που παίρνει πλέον αυτή η αρχαιοπρεπής σακαράκα, η πλώρη της σηκώνεται απειλώντας το ουράνιο στερέωμα.

Όμως το ταξίδι μας δεν διαρκεί πολύ. Ο καπετάνιος μας δηλώνει ότι, εκτός απ' το ότι πήρε κλήση για υπερβολική ταχύτητα, είναι επίσης αδύνατο κάτω απ' αυτές τις συνθήκες να τηρήσει το δρομολόγιο. Πράγματι, φτάνουμε σημαντικά νωρίτερα στο Μαυρολίμανο, κερδίζοντας χρόνο που δεν έχουμε τι να τον κάνουμε. Η λεπτομέρεια ότι δεν υπάρχει κανείς να μας δέσει στο μουράγιο, αφού κανείς δεν μας περίμενε τόσο νωρίς, δεν μας αποθαρρύνει, καθώς ζητάμε απ' τον Ολεβίξ να μας πετάξει έναν έναν στην αποβάθρα, πράγμα που το κάνει ευχαρίστως, αφού το θεωρεί σαν επιπλέον διασκέδαση. Εμένα μάλιστα στοιχηματίζει με τον καπετάνιο να με βάλει γκολ στην ανοιχτή πόρτα του φημισμένου κωλόμπαρου "το Κολασμένο Ναυάγιο", πράγμα που το πετυχαίνει. Δεν χτυπάω όμως, γιατί ευτυχώς προσγειώνομαι στον πισινό της Κιμ Ντακαρσιάν που είναι κάτι σαν αεροδρόμιο, οπότε πέφτω στα μαλακά και βουλιάζω μάλιστα και λίγο ανάμεσα στην κυτταρίτιδα. Μου παίρνει βέβαια λίγη ώρα μέχρι να ξεμπλέξω από κει μέσα και να προσανατολιστώ, αλλά αφού κι αυτή διασκέδασε με το χαριτωμένο αυτό επεισόδιο, την αποχαιρετώ με νάζι και βγαίνω στον δρόμο.

Καταστροφή! Πάλι ξέχασα πού βρίσκομαι!...

Στον δρόμο γίνεται, όπως πάντα, χαμός! Μαζορέτες χορεύουν, λεωφορεία κορνάρουν, ανάπηροι έχουν βγάλει βόλτα τα καροτσάκια τους, ο κλασικός ελέφαντας με τους μεθυσμένους κόβει ακόμα βόλτες - περιττό να αναφέρω ότι οι μεθυσμένοι, μόλις με βλέπουν, εξακοντίζουν βροχή τα μπουκάλια πάνω μου, τα οποία όμως αποφεύγω κρυβόμενος πίσω απ' τον ινδό με το μηχανάκι, τον οποίο όμως πρέπει να τον πάμε τώρα στο νοσοκομείο! - ενώ από ένα στενό βγαίνει κάνοντας δαιμονισμένο θόρυβο η μοτοσυκλέτα με τον κοντοστούπη διαβολάκο που με ξυλοφόρτωσε στο σαλόνι εκείνου του πλούσιου ραμολιμέντου.

Να η ευκαιρία μου για εκδίκηση! Την ώρα που περνάει μπροστά μου χωρίς να με έχει αντιληφθεί, ορμάω στη μηχανή του και με τη δύναμη εργατικής σφιγμένης γροθιάς που έχει αρθριτικά, μπλέκομαι στη ρόδα του. Μπουρδουκλωνόμαστε και οι δυο και σαβουρντιζόμαστε στην καυτή άσφαλτο. Ορμάω πάνω του και τον αρπάζω απ' τον λαιμό. Τώρα είμαι τουλάχιστον τριπλάσιος απ' αυτόν, μια άγρια χαρά με κατακλύζει...

- Θα σε σκίσω διαβολοπερίληψη! Τώρα είσαι δικός μου!

- Α, όχι, όλα κι όλα! Η δουλειά είναι δουλειά! Μπορεί να σε έδειρα στου κωλόγερου, αλλά ήταν καθαρά για επαγγελματικούς λόγους! Δεν φαντάζομαι να το πήρες προσωπικά; Σε έχω για πιο αξιοπρεπή!

Με έπεισε το κάθαρμα! Του αφήνω τον λαιμό κι αυτός σηκώνεται και τινάζεται.

- Έλα, φίλοι τώρα έτσι; λέει και μου τεντώνει το χέρι.

- Άντε καλά, φίλοι! απαντάω και τεντώνω και το δικό μου.

Με αρπάζει και με ένα αεροπλανικό κόλπο με γυρνάει στον αέρα και με σκάει στην άσφαλτο, ακριβώς εκεί που περνάει μια ροζ κάντιλακ με κάτι τύπους με μοϊκάνα, κάτι κακέκτυπα του Έλβις Πρίτσλεϊ που είναι ντυμένοι σαν κι αυτόν και τραγουδάνε παράφωνα ροκ εντ ρολλ κρατώντας κάτι σπασμένες κιθάρες. Περνάνε όλοι από πάνω μου, όμως το τράνταγμα τους κάνει να παραφωνήσουν ακόμα πιο φρικτά. Σκέτη κόλαση, σου λέω!

Εντωμεταξύ η βρωμερή αυτή ποντικομαμή προλαβαίνει να ξανανέβει στη μηχανή της και να εξαφανιστεί μέσα σε ένα κοπάδι ροζ φλαμίνγκο που ακολουθούν μαγεμένα την κάντιλακ.

Το διαβολικό κάθαρμα, μου την ξανάφερε! Κάπου όμως θα τον ξαναπετύχω, δεν μπορεί! Τώρα προτεραιότητα έχει να πάω στο διοικητήριο.

Πηδάω στο επόμενο όχημα που περνάει μπροστά μου. Είναι ένα ψάθινο έλκηθρο. Το σέρνουν εφτά τάρανδοι, ο πρώτος μάλιστα έχει έναν φακό στερεωμένο με λαστιχάκι στη μύτη του.

- Στο διοικητήριο και γρήγορα! λέω στον οδηγό γυρνώντας να τον κοιτάξω. Είναι ένας χοντρός γεράκος με παχιά άσπρη γενειάδα και μουστάκια, που φοράει έναν μαύρο σκούφο κι ένα μαύρο σακάκι, γαρνιρισμένα με άσπρη γούνινη μπορντούρα και τα δυο!

- Τι γυρεύεις εσύ εδώ; του λέω ξαφνιασμένος. Άγιος δεν είσαι, δεν έπρεπε να είσαι πάνω;

- Σκάσε και κατέβασε το κεφάλι σου! Δεν πρέπει να μας δούνε μαζί! Είμαι σε μυστική αποστολή, δεν βλέπεις που μεταμφιέστηκα;

- Α, μπα; Δεν το πρόσεξα! Μπορείς τουλάχιστον να με πάς στον διάολο;

- Εντάξει, έγινε!

Φτάνω χωρίς άλλες επιπλοκές στο διοικητήριο. Κάτι σκοτεινοί τύποι της Κολαστικής Αστυνομίας στην είσοδο με αναγνωρίζουν και με λοξοκοιτάνε καθώς μπαίνω, αλλά δεν λένε τίποτα. Με την άκρη του ματιού μου όμως πιάνω τον έναν που κάτι ψιθυρίζει στο κινητό. Ωραία, η Μεγάλη ειδοποιήθηκε...

Προχωράω με θράσος στο γραφείο της και κάθομαι στον γνωστό καναπέ. Δεν αργεί να μπει. Είναι καλοδιάθετη, χαμογελάει μάλιστα και είναι, όπως πάντα, εξαιρετικά γοητευτική.

- Λείπεις αρκετόν καιρό, μου λέει, στο νοσοκομείο ήσουνα;

- Μπορείς να το πεις κι έτσι...

- Καλά να πάθεις! Άρα δεν έμαθες τις εξελίξεις, έτσι δεν είναι;

- Δηλαδή πέτυχε η αποστολή μου;

- Παραπέτυχε μάλιστα! Ο Λένιμ συνήλθε γρήγορα και φέρθηκε αρκετά έξυπνα για να μην πλησιάσει και πολύ στα κεντρικά. Μου είπαν ότι πήγε σε κάτι σαν σαλούν μέσα στο δάσος και άρχισε εκεί το κήρυγμα. Τώρα που μιλάμε πρέπει να έχει μαζέψει ήδη, σύμφωνα με τους υπολογισμούς μου, κοντά ένα εκατομμύριο οπαδούς! Ούτε ψύλλος στον κόρφο του συναδέλφου εκεί πάνω, ΜΠΟΥΧΑΧΑΧΑ!!

Το τρανταχτό γέλιο της κάνει τον φαλλό της να ταλαντεύεται πολύ αστεία. Σταματάει όμως απότομα κοιτώντας με με παιχνιδιάρικο βλέμμα.

- Έλα, πάμε μια βόλτα να σου δείξω τι ετοίμασα όσο έλειπες.

Βγαίνουμε στην πίσω αυλή όπου μας περιμένει ένα κατακόκκινο τρίκυκλο, σκεπαστό από πάνω, αλλά ανοιχτό στα πλάγια, κάτι σαν τρίκυκλο μοτοποδήλατο με σκέπαστρο.

- Τι είναι αυτό;

- Στραβός είσαι, δεν βλέπεις; Είναι ένα ΤουκΤουκ!

Τα μάτια μου κοντεύουν να πεταχτούν απ' τις κόγχες τους. Η Τουκ-Τούκ σε έκδοση ...μοτοσακό!

- Ένα τι;

- ΤουκΤουκ! Το λένε και riksha. Δεν το έχεις ξαναδεί;

- Όχι. Με αυτό κυκλοφορείς;

Γυρίζει και με κοιτάει στραβογελώντας. Σκέτη γοητεία!

- Με τι ήθελες να κυκλοφορώ σε αυτούς τους κολασμένους δρόμους; Με κάντιλακ;

Σωστά, η κάντιλακ είναι μόνο για τους ροκ εντ ρολλάδες...

- Θέλεις να το οδηγήσεις εσύ; Πλάκα έχει!

- Για να πω την αλήθεια, θα προτιμούσα να μην καθήσεις *εσύ* πίσω μου! Ευχαριστώ, άλλη φορά!

Μπαίνουμε μέσα και στριμωχνόμαστε στο στενάχωρο εσωτερικό. Το μοτοσακό φαίνεται σαν να έχει κλατάρει τελείως. Θα μπορέσει άραγε να κουνηθεί; Βγάζει το πόδι της απ' τη μια μεριά και πατάει τη μανιβέλα. Το ρημάδι παίρνει μπρος με ένα τσιριχτό δίχρονο ήχο που μας τρυπάει τα αυτιά κι ένα ντουμάνι καυσαέριου που μας τυλίγει ευωδιαστά. Για να δούμε αν θα ξεκινήσει κιόλας...

Ναι, ξεκίνησε! Προχωράει αγκομαχώντας με σατανικό θόρυβο, κάτι σαν τρομπετίστας που κλάνει συγχρόνως απ' το ζόρι, αφήνοντας πίσω του ένα γαλαζωπό νεφέλωμα που αρωματίζει δωρεάν τους περαστικούς. Να και δυο φθισικοί που τρέχουν πίσω μας προσπαθώντας να αναπνεύσουν λίγο απ' το θαυματουργό αυτό αέριο που ξεβουλώνει τις αναπνευστικές οδούς με τη μία. Βρε τι θαύμα της τεχνολογίας είναι αυτό!

Στρίβουμε απ' τον κεντρικό δρόμο στην πρώτη διασταύρωση. Η Βεελζεμπούλ πατάει συνεχώς την κόρνα που κάνει σαν γριπιασμένη καρακάξα, ενώ συχνά πυκνά τρακέρνει τους περαστικούς με μαεστρία, πετώντας τους στην άκρη, κάτι σαν ανθρώπινο πονγκ-πινγκ. Το ΤουκΤουκ σέρνεται με δυσκολία, όμως είναι πολύ ευέλικτο και σύντομα γίνεται φανερό ότι πρόκειται για το κατάλληλο όχημα στο κατάλληλο μέρος...

Ξαφνικά πέφτουμε σε διαδήλωση! Τα αιτήματα είναι περισσότερες συναυλίες και λιγότερο χαβιάρι, το οποίο χαλάει γρήγορα στη ζέστη της Κόλασης. Απ' την άλλη μεριά, οι περισσότεροι μουσικοί είναι πια εδώ, αφού τους έχει πάρει ο διάβολος με τη ζωή που κάνανε στον Πάνω Κόσμο. Γιατί να μην τους εκμεταλλευτούμε λοιπόν; Άλλωστε οι συναυλίες σε ζωντανεύουν κι άμα είσαι τυχερός μπορεί να πέσει και ξύλο, έξτρα διασκέδαση δηλαδή.

Οι μπάτσοι που περιφρουρούν τη διαδήλωση, αναγνωρίζοντας το κόκκινο ΤουκΤουκ, βοηθάνε με τα γκλομπ και μας ανοίγουν δρόμο, κάνοντας το καθήκον τους. Καταφέρνουμε έτσι να ξεπεράσουμε τη διαδήλωση, χωρίς να ικανοποιήσουμε τα αιτήματά τους. Τους τη σκάσαμε!...

Δεν έχουμε άλλα απρόοπτα, εκτός από ένα χαριτωμένο μικροσυμβάν όταν πέφτουμε σε έναν νερόλακκο στη μέση του δρόμου που μας αναγκάζει να κατεβούμε για να ξεκολλήσουμε το ΤουκΤουκ από τη λάσπη. Όμως ο κροκόδειλος που μένει εκεί ενοχλείται στη χώνεψη (μόλις έφαγε έναν διαδηλωτή) κι αναγκάζομαι να τον ταΐσω το ένα μου παπούτσι για να με αφήσει...

Τελικά φτάνουμε στις παρυφές της πόλης. Εδώ υπάρχει μια μεγάλη λίμνη με ένα νησάκι στη μέση. Πάνω στο νησάκι φαίνεται ένα μεγάλο γιαπί με εργάτες που δουλεύουν με μανία.

- Ορίστε το καμάρι μου! λέει με περηφάνια δείχνοντας το εργοτάξιο. Ο Πύργος της Φωτιάς! Ένα απόρθητο κάστρο που όταν τελειώσει θα το τριγυρίσω με φωτιά! Κανείς, ποτέ, στον αιώνα τον άπαντα δεν θα φύγει από κει μέσα, τύφλα να 'χει το Αλκαζάρτ! Μάντεψε ποιός θα είναι ο πρώτος ένοικος!

Ξεσπάει σε γέλια, αλλά δεν μπορώ και εγώ να μην θαυμάσω την εφευρετικότητά της. Περπατάμε για λίγο στις όχθες πλησιάζοντας έναν μικρό καταυλισμό. Μερικές σκηνές γύρω γύρω και στη μέση ένα μεγάλο τραπέζι που πάνω του βρίσκεται η μακέτα του κτιρίου. Εντυπωσιακό! Ένας τύπος με μουσάκι και γυαλάκια μας υποδέχεται.

- Να σου συστήσω τον μεγαλύτερο αρχιτέκτονα του κόσμου! Έχει χτίσει τα καλύτερα έργα στον Πάνω Κόσμο, από γέφυρες μέχρι ολυμπιακά στάδια, και τώρα εδώ φτιάχνει το αριστούργημά του!

Του δίνω το χέρι μου.

- Ζαχαρίας, χάρηκα!

- Σαντιάγο Καλιοτράβαμε, καταχάρηκα! Να σας κάνω μια ξενάγηση στη μακέτα μας; Στο νησάκι δυστυχώς δεν μπορούμε να πάμε, είναι πολύ επικίνδυνα ακόμα. Θα θέλατε όμως να σας περιγράψω στη μακέτα αυτό το θαύμα του Κάτω Κόσμου;

- Ναι, ευχαρίστως!

Πόσο ευχάριστα περνάει η ώρα, όταν σου εξηγούν κάτι που δεν σε ενδιαφέρει! Μετά από μια θυελλώδη και παθιασμένη επεξήγηση όλων των λεπτομερειών του έργου σε τεχνοκαλιαρντά, διανθισμένων με κρίσεις αυτοθαυμασμού κι αλαζονείας, έρχεται η ώρα της επιστροφής.

- Λοιπόν; Τι νομίζεις, το έλυσα το πρόβλημα; μου λέει η Βεελζεμπούλ θριαμβευτικά όπως αποχωρούμε απ' τον καταυλισμό των αρχιτεκτόνων.

- Φαίνεται πως ναι! Αν δεν συμβεί κάτι απρόοπτο...

Σκοτεινιάζει. Με κοιτάει άγρια. Ωχ! Δεν έπρεπε να την αμφισβητήσω. Ξεσπάει!

- Πάλι μου κάνεις τον εξυπνάκια; Δηλαδή τι μπορεί να πάει στραβά, ολόκληρος αρχιδιάβολος λες να κάνω λάθος; Δεν θα μου τη γλυτώσεις εσύ, θα σε γαμήσω κάποια μέρα!

Ακούγοντάς το αυτό, ο φαλλός της χαίρεται κι αρχίζει να μεγαλώνει και να σηκώνεται επικίνδυνα. Δηλαδή εγώ τώρα πρέπει να στριμωχτώ στο ΤουκΤουκ με αυτό το πράγμα να με απειλεί; Ζαχαρία σκέψου κάτι γρήγορα!

- Έχεις δίκιο, παραφέρθηκα! Για τιμωρία μου άσε με να γυρίσω με τα πόδια στην πόλη...

Με αγριοκοιτάει, μπαίνει στο ΤουκΤουκ και με μια γκαζιά που αδειάζει στη μούρη μου περίπου ένα διυλιστήριο καυσαέριο, απομακρύνεται με ταχύτητα βαρυσχομαχιασμένου νοτιοαμερικάνικου βραδύποδα...

Δεν μου μένει τίποτα άλλο παρά να περπατήσω. Όσο όμως πλησιάζω προς την πόλη, η κίνηση συνεχώς αυξάνεται και τελικά γίνεται ξανά ανυπόφορη. Να, κόσμος μαζεμένος γύρω από έναν τύπο που έχει μάθει μιαν αγελάδα να σηκώνεται στα δύο της πόδια και να χορεύει όσο αυτός διηγείται κρύα ανέκδοτα. Προφανώς πρόκειται για έναν γελαδοτοποιό. Τον προσπερνάω πετώντας του το τελευταίο μου παπούτσι, επιδοκιμάζοντας έτσι το νούμερό του. Αποφασίζω να επιταχύνω την πορεία μου. Πηδάω αρχικά σε ένα σχολικό λεωφορείο γεμάτο τούβλα, μετά σε μια καμήλα που πηγαίνει γρηγορότερα αφού δεν κολλάει στο μποτιλιάρισμα, για να εκτοξευτώ όμως στη συνέχεια απ' το πολύ ταρακούνημα στο κάρο ενός εμπόρου που πηγαίνει τα κοτόπουλά του στην αγορά για πούλημα. Δυστυχώς προσγειώνομαι μέσα στ' αυγά, εξασφαλίζοντας πάλι δουλειά για τον Ρόζα...

Πηδάω τελικά απ' το κάρο αφού έχουμε φτάσει μπροστά στο Διοικητήριο κι αφηρημένος προσπερνάω μιαν αρκούδα με τα αρκουδάκια της. Πιάνουν αμέσως με τις ευαίσθητες μύτες τους την ευωδία που αναβλύζω κι ορμάνε πάνω μου με χαρά αρχίζοντας να με γλύφουν σχολαστικά μέχρι που δεν μένει ίχνος αυγού πάνω μου! Τα αρκουδάκια χόρτασαν πάντως σίγουρα...

***

Μπαίνω με θάρρος στο γραφείο της Βεελζεμπούλ. Κοντεύει να γίνει και δικό μου γραφείο.

- Άντε ρε Ζαχαρία! Άργησες!

- Ε, να, με τόσο μποτιλιάρισμα... Κοίτα, δεν το εννοούσα πριν ότι κάτι μπορεί να πάει στραβά, αλλά να, για να είμαστε 100% σίγουροι μήπως θα ‘πρεπε να πάρεις και κάποια ακόμα μέτρα;

Σκοτεινιάζει πάλι, αλλά αυτήν τη φορά σηκώνει το ένα φρύδι.

- Δηλαδή; Για εξηγήσου...

- Να, όπως περπατούσα σκέφτηκα το εξής: Να κλείσουμε στον Πύργο κι άλλους! Τον Χίλτερ για παράδειγμα, κι αυτός δημιουργεί προβλήματα! Και μαζί με αυτούς τους δυο, να κλείσουμε και μερικές χιλιάδες οπαδούς τους, ξέρεις, απ’ αυτούς τους φανατικούς ανεγκέφαλους που στον Πάνω Κόσμο ψηφίζουν όποιον λαϊκιστή τους χαϊδέψει τα αυτιά. Η πρόβλεψη είναι ότι μόλις αρχίσουνε τους λόγους, ο μεν Λένιμ τα αντιφασιστικά του κηρύγματα, ο δε Χίλτερ τις αντικομουνιστικές του παρόλες, θα δημιουργηθεί ένταση και θα ξεσπάσει νεκροπόλεμος εκεί μέσα. Θα τους έχουμε έτσι απασχολημένους στον αιώνα τον άπαντα, κι αυτούς και τους ηλίθιους οπαδούς τους, αφού παρά το ξύλο που θα πέφτει, κανείς δεν θα πεθάνει για δεύτερη φορά. Εννοείται ότι η αστυνομία θα πάρει διαταγή να μην πλησιάσει...

Με κοιτάει με μάτια ανοιχτά. Σηκώνεται. Έρχεται και με αγκαλιάζει. Ανατριχίλα, τα στήθια της με ακουμπάνε, σκέτη κόλαση! Ο φαλλός της με ακουμπάει κι αυτός σκιρτώντας επικίνδυνα. Κρύος ιδρώτας! Ξεγλιστρώ με τη μεγαλύτερη μαεστρία.

- Είσαι μια μεγαλοφυΐα!, μου λέει με κροκοδείλια δάκρυα στα μάτια. Το σατανικότερο σχέδιο, ever!

Ωραία, ξαναφτιάξαμε ατμόσφαιρα! Πηγαίνει προς τον τοίχο κι ανοίγει μια κρυφή κρυψώνα. Είναι ένα μικρό μπαρ. Βάζει δυο ποτά και μου δίνει το ένα.

- Κάτσε τώρα αναπαυτικά, έχουμε κι άλλα νέα. Με πήρε τηλέφωνο ο Καλιοτράβαμε και με ενημέρωσε ότι, αν και δεν είναι ολόκληρο το κτίριο έτοιμο, έχουν ήδη τελειώσει την πτέρυγα με το κελί του λεγάμενου. Μπορούμε λοιπόν να τον φέρουμε άμεσα

- Και πώς θα γίνει αυτό;

- Σου είπα ήδη ότι κάτι πήρε το αυτί μου για προβλήματα που άρχισε να δημιουργεί εκεί πάνω. Υποθέτω λοιπόν ότι ο Boss θα χαρεί πολύ να τον στείλει πίσω με δικά του έξοδα και θα γλιτώσουμε εμείς τη φασαρία! Από σένα θέλω μόνο να επιβλέψεις τη μεταφορά του στον Πύργο...

- Εντάξει, δεν είναι δα και κάτι δύσκολο!

- Ωραία, θα τον πάρω αμέσως τηλέφωνο.

Σηκώνει με φανερή ικανοποίηση το κόκκινο τηλέφωνο και το βάζει στην ανοιχτή ακρόαση. Έτσι που γελάει είναι πάλι ιδιαίτερα γοητευτική και τα στήθια της λικνίζονται επίσης πολύ ερωτικά. Με κοιτάει με τα υπέροχα μάτια της όσο περιμένει την απάντηση απ' την άλλη μεριά. Βγαίνει γραμμή...

- Έλα Θεέ! Με ακούς;

Καταχθόνια φωνή απ' την άλλη μεριά.

- Θεός; Ποιος Θεός; Δεν υπάρχει πια Θεός! Εδώ σύντροφος Λένιμ! Ποιος είναι στη γραμμή;

Το κλείνει κοπανώντας το. Σηκώνεται, πετιέται μάλλον απ' το κάθισμα, διπλάσια σε μέγεθος απ' την οργή της, με τον φαλλό τεράστιο να σημαδεύει τον ουρανό, βγάζοντας φωτιές με πύρινα μάτια κι εκπέμποντας ραδιενέργεια απ' όλο της το κορμί καθώς εκρήγνυται διαθλώμενη στην αίθουσα, ίδια λαίλαπα!...

- ΤΟ ΚΑΘΑΡΜΑ! ΤΟ ΚΑΘΙΚΙ ΤΟΥ ΚΕΡΑΤΑ! Θα του δείξω εγώ! Αυτόν αν δεν τον γαμήσω μέχρι να ξαναψοφήσει να μην με λένε Βεελζεμπούλ! Θα τον χώσω στο βαθύτερο κελί και θα διατάξω να τον δέρνουν εικοσιπέντε ώρες το εικοσιτετράωρο. Με μαστίγιο από βοϊδόπουτσα! Θα του δείξω εγώ!

Γυρνάει προς το μέρος μου. Ωρύεται ακόμα.

- ΕΣΥ!

- Τι "εγώ"; Κάνω πάλι τον χαζό...

- Μην κάνεις πάλι τον χαζό! Εσύ θα πας να τον φέρεις πίσω! Είναι διαταγή! Θέτω την Κολαστική Αστυνομία στις διαταγές σου! Θα πάρεις απ' τον Δάγκουλα τα MAX του και θα πας πάλι επάνω να μου τον φέρεις εδώ! Νεκρό ή νεκρό!

- Τι είναι τα MAX;

- Ο επίλεκτος λόχος της Αστυνομίας μας. Μονάδες Αποκατάστασης Χάους, εκπαιδευμένες ακριβώς κατά τα πρότυπα του Πάνω Κόσμου. Προκαλούν έντεχνα, αρωματίζουν με αέρια κάνοντας τους ανθρώπους να κλαίνε από συγκίνηση, δέρνουν με συνέπεια και τελικά μπουζουριάζουν με επαγγελματισμό.

Ηρεμεί λίγο. Τα στήθια της πάλλονται ακόμα νευριασμένα, γίνονται ακόμα πιο σέξι.

- Θα πάρω αμέσως τον αδελφό μου τον Μεθυσοφελή...

Με κοιτάει στραβά πλησιάζοντας το κόκκινο τηλέφωνο.

- Μην ρωτήσεις! Ο αντιπρόεδρος της Σατανοκυβέρνησης είναι! Θα τον πάρω τηλέφωνο να κανονίσει τα διαδικαστικά για την άδεια εισόδου και να ετοιμάσει το απόσπασμα. Ελπίζω να μην είναι πάλι σουρωμένος...

Σηκώνει το ακουστικό.

Η εκστρατεία της ντροπής

Έτσι λοιπόν ξαναβρίσκομαι στον Παράδεισο. Κι αυτή είναι, όπως με πληροφορούν οι πράκτορές μου, η μοναδική φορά στους αιώνες των αιώνων που η Κολαστική Αστυνομία πατάει το πόδι της στον Παράδεισο.

Περνάμε απ' την πύλη που ανοίγει η Τουκ-Τούκ για μας. Τα παιδιά ζήτησαν να πετάξουμε με την Paradise Airlines για να "κάνουν πλάκα" (έτσι το ονόμασαν, σικ!) με τις λαγουδένιες αεροσυνοδούς, αλλά η Βεελζεβούλ θεώρησε ότι αυτή είναι η σημαντικότερη αποστολή στα κολαστικά χρονικά και προτίμησε την τουκτουκιανή τεχνολογία διακτίνισης, που τη θεωρεί αρκετά ώριμη για να μεταφέρει αστυνομικούς. Βρισκόμαστε λοιπόν τώρα όλοι στριμωγμένοι πατείς-με-πατώ-σε πάνω στο σύννεφο της Νεφονεράιδας. Υποθέτουμε ότι από εδω μπορούμε να αιφνιδιάσουμε αν εμφανιστούμε με τα νεφοτζέτ. Οι μπάτσοι κοιτάνε σαν χαζοί γύρω τους το συννεφένιο περιβάλλον προσπαθώντας να βγάλουν τις μπότες τους απ' την συννεφόσκονη.

- Γειά σου αγάπη! λέω στην ουράνια οπτασία. Ξανάρθα!

Κάνει πως ντρέπεται αλλά προσπαθεί να μείνει ανέκφραστη. Μου κλείνει όμως κρυφά το μάτι...

Δίνω τις οδηγίες μου. Τους δείχνω πώς να κόψουν ένα κομμάτι σύννεφο και πως να φτιάξουν νεφοτζέτ. Κάνω και μια μικρή επίδειξη πώς το οδηγάνε. Άδικα ανησυχώ, είναι όλοι τους σαΐνια, σε λίγη ώρα είναι όλοι έτοιμοι και χαμογελαστοί...

Οι πληροφορίες μου λένε ότι ο Λένιμ έχει φύγει απ' του Βασίλη Κιντ, αλλά κανείς δεν ξέρει πού βρίσκεται. Στέλνω λοιπόν ένα μικρό απόσπασμα στο σαλούν, μήπως και ξαναγυρίσει, κι ένα ακόμα στο αεροδρόμιο, μήπως προσπαθήσει να διαφύγει από 'κει. Πράγμα μάλλον απίθανο καθώς ο Άγριος Πέτρινος, το αγγελικό αυτό παιδοβούβαλο δεν "μασάει", έχει πάντα τα μάτια του ανοικτά και τα μούσκουλά του έτοιμα για καυγά, αλλά με τον Λένιμ ποτέ δεν μπορείς να είσαι σίγουρος...

Το μεγαλύτερο τμήμα με τους πιο έμπειρους το κρατάω για μένα. Κατεβαίνουμε στα αχανή Παραδείσια Πεδία, καθώς υποθέτω ότι θα προσπαθήσει να κρυφτεί ανάμεσα στον πολύ κόσμο, αφού παράλληλα έτσι θα μπορεί να ψαρεύει οπαδούς.

Γλιστράμε ομαλά μέχρι το έδαφος χωρίς πρόβλημα. Πρέπει τώρα να περιπολήσουμε σε όλη την πεδιάδα ψάχνοντας ψύλλο στ' άχυρα. Οι μπάτσοι κοιτάνε γύρω τους με περιέργεια, τόση ηρεμία και ειρήνη δεν την έχουν συνηθίσει. Οι άνθρωποι εδώ κάνουν τη βόλτα τους κουβεντιάζοντας σε μικρές παρέες στο chat ή λιάζονται στο γρασίδι τραγουδώντας mp3 τραγούδια. Οι πιο κολλητοί φίλοι κάθονται κολλημένοι πλάτη με πλάτη και συνομιλούν εγκάρδια στα κινητά τους...

Ερευνώντας συνεχώς φτάνουμε κάποτε αρκετά μακριά, πέρα στα Γαλήνια Πεδία, όπου οι σαολίν μοναχοί διαλογίζονται μαστουρωμένοι τέζα ανάσκελα ή καθιστοί στο γρασίδι, λικνιζόμενοι σαν τον Charonta στα κύματα. Κάποιοι προσπαθούν όρθιοι να ξαναβρούν την ισορροπία τους, αλλά μέσα στη ζαλάδα τους κινούν πολύ αστεία τα χέρια και τα πόδια τους με κινήσεις που φαίνονται σαν χορευτικές. Μάλλον αυτό θα έβλεπε τότε από μακριά ο μουσουλμάνος φίλος μου και νόμιζε ότι χορεύουν...

Όμως οι αρβύλες, τα γκλομπ και οι πτυσσόμενες τρίαινες που κουβαλάνε οι μπάτσοι κάνουν περίεργο και άγνωστο σε αυτά τα μέρη θόρυβο, με αποτέλεσμα κάποιοι μοναχοί να αφυπνισθούν και να διαμαρτυρηθούν έντονα για τη διατάραξη της ηρεμίας και της πρεζογαλήνης τους. Χωρίς εγώ να το πάρω αρχικά είδηση, δημιουργείται με αυτή την ασήμαντη αφορμή ένας διαπληκτισμός στις πίσω σειρές, εκπέμποντας τη σχετική βοή, μέχρι τη στιγμή που ένας μπάτσος φωνάζει αγριεμένος δυνατά:

- Ρε δεν πάτε να γαμηθείτε, παλιοαδερφές με ρόμπες!

Τότε συμβαίνει το αδόκητο. Οι μισοί μοναχοί το παίρνουν στην κυριολεξία κι αρχίζουν να γαμιούνται μεταξύ τους (Λες να είναι πράγματι αδερφές; Λες να ξέρουν κάτι οι διάολοι;) ενώ οι άλλοι μισοί παρεξηγιούνται και με επικεφαλής τον αρχηγό τους, κάποιον Λους Μπρί, επιτίθενται αμέσως στους μπάτσους ξεκινώντας μια φοβερή και τρομερή μάχη. Τα παλικάρια μου αμύνονται με τα γκλομπ και τις τρίαινες που βγάζουν φωτιά, όμως οι μοναχοί, μετά από εκατό και βάλε αιώνες άσκηση στο φούνγκ-κού είναι πλέον ανίκητες πολεμικές μηχανές και μας ρίχνουν το ξύλο της αρκούδας. Μιλάμε για τέτοιο ξύλο, που αν το έβλεπαν κάτι καλόπαιδα μπαχαλάκηδες στον Πάνω Κόσμο κι έπαιρναν μαθήματα, θα διέλυαν με την πρώτη και θα καταργούσαν δια παντός τα δικά τους ΜΑΤ.

Όμως δεν πτοούμαι και δίνω ψύχραιμα τις διαταγές μου. Σαν πρώτη στρατηγική μανούβρα, οι αστυνομικοί καταφέρνουν να γλιτώσουν απ' την οργή των μοναχών τρέχοντας μακριά απ' τα Γαλήνια Πεδία. Με τη δεύτερη επιτελική μανούβρα ομάδες μπάτσων διασκορπίζονται προς διαφορετικές κατευθύνσεις, παρασέρνοντας έτσι τους μοναχούς που τους κυνηγάνε αφιονισμένοι μακριά απ' τη φασαρία. Όμως στη συνέχεια, με την τρίτη επιτελική μανούβρα, ανασυντασσόμαστε και ορμάμε στο ψητό. Πετυχαίνουμε έτσι μετά από ένα σύντομο πτωματοκυνηγητό να συλλάβουμε τελικά τον Λένιμ, ο οποίος ξύρισε το κεφάλι του και το μουσάκι του, φόρεσε μια πορτοκαλί ρόμπα και κρύφτηκε ανάμεσα στους μοναχούς. Τον αναγνωρίσαμε όμως απ' το γιλέκο του, το είχε φορέσει από πάνω, ο κόπανος!

Ζητώ προσωπικά συγγνώμη απ' τον Λους Μπρί για τη μικρή αυτή αναστάτωση και δίνω διαταγή για αποχώρηση. Τα παλληκάρια μου αποχωρούν εφ' ενός ζυγού, ευτυχισμένοι και χαμογελαστοί με τα καρούμπαλα και τις μελανιές τους, κουβαλώντας τις σπασμένες τρίαινες στον ώμο και τον Λένιμ στο γνωστό πορδομυρωδάτο (με άρωμα RedOx) τσουβάλι...

Όλα τα προβλήματα έχουν λύσεις

Στην Κόλαση μας υποδέχονται σαν ήρωες. Κόρνες και ντουντούκες θορυβούν παράφωνα απ' όπου περνάμε, ενώ αυτοσχέδιες μαντινάδες τρυπούν μελωδικά τα αυτιά μας. Οι κολασμένοι μάλιστα αποφασίζουν να επεκτείνουν τους πανηγυρισμούς τους επ' αόριστον, μόλις πληροφορούνται ότι η Κολαστική Αστυνομία πρέπει να ξεκουραστεί και να ανανήψει γι' αρκετόν καιρό μετά απ' την επιτυχημένη αυτή ντροπιαστική εκστρατεία...

Κλείνουμε τον Λένιμ στο βαθύτερο μπουντρούμι των φυλακών, αλυσοδεμένο χέρια-πόδια μαζί με δέκα κουφούς δεσμοφύλακες. Φεύγοντας, τον ακούμε που αρχίζει να βγάζει λόγο...

Η Βεελζεμπούλ εντωμεταξύ, τηρώντας τον λόγο της, έχει ήδη προμηθευτεί είκοσι κατάλληλα μαστίγια απ' τον Πάνω Κόσμο.

- Τα αγόρασα, μου λέει, από έναν παλαιοπώλη που ειδικεύεται στον εξοπλισμό της Ιεράς Εξόντωσης. Τα συγκεκριμένα μαστίγια χρησίμευαν για την επαναφορά των πιστών στον ορθό δρόμο...

- Τι να σου πώ, απαντάω σκεφτικός, σύμφωνα με τη γνώμη μου πεταμένα λεφτά έδωσες...

- Γιατί;

- Δεν θα προλάβει ο Λένιμ να τα ευχαριστηθεί αρκετά! Αύριο δεν είναι η μεγάλη μέρα; Αύριο δεν θα τον χώσουμε στον Πύργο της Φωτιάς για πάντα;

Βλέμμα χαμένο, βλέμμα απογοήτευσης.

- *«Ώρες ώρες μου φαίνεται ότι εσείς οι διάβολοι πιάνεστε απ' τη μύτη, σαν τα έξυπνα πουλιά...»*

***

Αποσύρομαι για να περάσω τη νύχτα και να ξεκουραστώ σε ένα γραφικό ξενοδοχείο που βρίσκεται απέναντι απ' το Διοικητήριο και το έχω σταμπάρει απ' την προηγούμενη φορά. Δεν πρόλαβα βέβαια να το περιεργαστώ με την ησυχία μου τότε, αλλά μπορώ να το κάνω τώρα που είμαι πιο χαλαρός. Έχει μια πολύ όμορφη πρόσοψη, ρομαντική, μισοερειπωμένη που ταιριάζει απόλυτα με την κολασμένη αρχιτεκτονική που επικρατεί εδώ. Έχει μεγάλα σάπια παράθυρα με σπασμένα τζάμια, στραβά δοκάρια που το κάνουν να λικνίζεται τρίζοντας αποκοσμικά, κεραμίδια που κρέμονται, συγκρατούμενα μόνο απ' τους ιστούς αράχνης και τις περικοκλάδες που φυτρώνουν ανάμεσα στις ανάποδα κρεμασμένες νυχτερίδες που κράζουν επίσης ανάποδα, θεσπέσια και μελωδικά, σαν επιδημία διάρροιας σε γηροκομείο.

Το μάτι μου πέφτει σε μιαν ωραία ταμπέλα (ναι, έχει ταμπέλα!) που γράφει... Για να δω. Ας πλησιάσω πιο κοντά. Ναι, λέει:

Ξενωδοχοίον "ο Άδις".
Ιδηοκτίτις: Λούση-Φαίρ Εοσφορήδου

- *«Έλεως! Πατσανάκι νήκοισες! Παραδύνωμαι!»*

Εσωτερικά είναι όλο ζωντάνια, με τις κατσαρίδες και τα ποντίκια να ξεφαντώνουν ολημερίς κι ολονυχτίς σε χαρούμενα πάρτι, ένα γλυκό ξενοδοχείο που σε αποπλανεί με τη ζεστή του ατμόσφαιρα καθώς είναι φτιαγμένο από ξύλινες σανίδες από παλέτες, που αφήνουν όμως αρκετά κενά, έτσι ώστε να μπορείς να ευχηθείς καληνύχτα στον γείτονά σου. Τι ευγένεια! Υπάρχει βέβαια ένα μικρό προβληματάκι με το ταβάνι που είναι φτιαγμένο απ' τις ίδιες σανίδες, ένα προβληματάκι το οποίο γίνεται φανερό όταν η χοντρή και δυσκίνητη καθαρίστρια του ξενοδοχείου αποφασίζει βραδινιάτικα να σφουγγαρίσει το πάνω δωμάτιο με κελαρυστό πισσόνερο απ' την πηγή στα Μαύρα Λιβάδια. Ε, εντάξει, δεν έγινε και τίποτα, το πρωί θα μαζέψει τα νερά ο από κάτω ένοικος...

Με παίρνει αμέσως ο ύπνος, αφού με νανουρίζει ο πλαϊνός μου, ο οποίος είτε αγόρασε λιοντάρι, είτε σέρνει τσιμεντόλιθους στο πάτωμα. Αλλά κι αυτός ο θόρυβος σκεπάζεται τελικά απ' τη μελωδική κακοφωνία του δρόμου με τα ασταμάτητα κορναρίσματα, που τη νύχτα ακούγονται καθαρότερα, συνοδευόμενα απ' τις καντάδες που τραγουδάνε πάντα παράφωνα οι μεθυσμένοι, τραβώντας πού και πού τα αυτιά του ελέφαντα για να τρομπετίσει κι αυτός τις νότες του στο ρεφρέν...

Όμως δεν μου είναι γραφτό να κοιμηθώ πολύ. Πρόκειται για τη νύχτα που η Κόλαση ξαγρύπνησε! Ακριβώς τα μεσάνυχτα, την ώρα δηλαδή που συμβαίνουν όλα τα κακά σε όλους τους Κόσμους, ρωτήστε και τον Κίτσχοκ, μια τρομερή έκρηξη, ίδια ατομική βόμβα τραντάζει συθέμελα και σωριάζει σε ερείπια το ξενοδοχείο μας! Απεγκλωβίζομαι με δυσκολία απ' τον βροντόσαυρο με το σφουγγαρόπανο που με καταπλάκωσε και ξεθάβομαι αγκομαχώντας απ' τα ερείπια. Βγαίνω στον δρόμο.

Πανικός επικρατεί παντού! Η έκρηξη δεν έγινε μέσα στην πόλη, αλλά μακριά, εκεί που είναι ο Πύργος της Φωτιάς. Η νύχτα έχει γίνει μέρα απ' τη λάμψη που επιμένει ακόμα, ενώ ένα ωστικό κύμα έρχεται να ισοπεδώσει και τα υπόλοιπα κτίρια, αφήνοντας μόνο τα απαραίτητα όρθια. Τέλος, έρχεται σφυρίζοντας σαν πεινασμένο φίδι και η ραδιενέργεια, η οποία είναι η τελευταία που μας ενδιαφέρει. Φοβάται ο βρεμένος τη βροχή;

Όμως, για στάσου! Ατομική βόμβα στην Κόλαση; Είναι δυνατόν; Αρπάζω το πρώτο ΤουκΤουκ που βρίσκω μπροστά μου και δίνω τέρμα γκάζια κατευθείαν για τον Πύργο της Φωτιάς. Τρέχοντας μέσα στον πανικό με 20 και σκοντάφτοντας σε ό,τι υπάρχει στον δρόμο του, το ΤουκΤουκ παραδίδει τελικά το πνεύμα και διαλύεται στα εξ ων συνετέθη. Δεν μου μένει τίποτα άλλο παρά να πηδήξω σε μια λεοπάρδαλη που περνάει κατά τύχη και να ξεφωνίσω στ' αυτί της, για να ακουστώ μεσ' την ανείπωτη οχλαγωγία που ακολούθησε την έκρηξη:

- Στον Πύργο και γρήγορα!

Η λεοπάρδαλη τρέχει σαν αίλουρος και σε χρόνο $t=\int(3x+1)^2dx$ φτάνουμε στην όχθη.

Μένω άφωνος. Ο Πύργος της Φωτιάς, το αρχιτεκτονικό καμάρι του Καλιοτράβαμε εξαφανίστηκε τελείως και μαζί του εξαφανίστηκε και το νησάκι! Νερό, μόνο νερό υπάρχει μπροστά μου! Δεν έχω τίποτα άλλο να κάνω εδώ, πετάω τσατισμένος στο νερό τον αριστερό καθρέφτη απ' το ΤουκΤουκ που κρατάω ακόμα αφηρημένος και γυρνάω να φύγω. Η λεοπάρδαλη είναι εδώ και με περιμένει.

- Πώς σε λένε; τη ρωτάω

- Μόλγι! Έτσι απλά, Μόλγι...

Τον κοιτάω με απορία. Αλλά στο κάτω κάτω, ο καθένας μπορεί να διαλέξει το σώμα που του αρέσει εδώ πέρα, έτσι δεν είναι;

Αφήνω έναν αναστεναγμό και τον καβαλάω πάλι.

- Άντε Μόλγι, παιδί μου, πάμε πίσω να κλάψουμε, μας την έσκασαν αυτήν τη φορά!...

Στο Διοικητήριο επικρατεί χαμός. Όλοι τρέχουν βιαστικοί πάνω-κάτω, αναγκάζοντάς με να μοιράσω μπουνιές και αγκωνιές, αλλά τελικά καταφέρνω να μπω στο γραφείο. Η Βεελζεμπούλ είναι ήδη εκεί σε υπερδιέγερση, σαν ξαναμμένη γάτα, δίνοντας διαταγές δεξιά κι αριστερά. Διάβολοι, σατανάδες και δαίμονες έρχονται και φεύγουν παίρνοντας τις σατανικές διαταγές τους, εναλασσόμενοι με διαβολική ταχύτητα.

Προχωράω προς το μπαρ και μου βάζω ένα ποτό. Ακουμπισμένος στον τοίχο παρατηρώ τον επαγγελματισμό της Βεελζεμπούλ και την ακρίβεια των διαταγών της. Σε σύντομο διάστημα η ατμόσφαιρα αρχίζει να ηρεμεί, ο κόσμος αραιώνει και το πηγαινέλα καλμάρει σημαντικά. Πλησιάζω και κάθομαι στον καναπέ μπροστά στο γραφείο. Κοιταζόμαστε σιωπηλοί. Τελικά σπάει τη σιωπή.

- Βρισκόμαστε στο μάτι του Κυκλώνα. Λίγη ηρεμία ακόμα και σε λίγο θα αρχίσουν να έρχονται οι απαντήσεις. Θα μάθουμε τότε τι παίχτηκε εδώ... Θα ξέρουμε ποιος προσπάθησε να το παίξει πιο πονηρός κι απ' τον Αρχισατανά τον ίδιο! Υπομονή...

Σκύβει και βγάζει έναν φορητό υπολογιστή, τον βάζει στο γραφείο και τον ανοίγει.

- Δεν συμπαθώ ιδιαίτερα την τεχνολογία, αφαιρεί όλον τον ρομαντισμό απ' τις σχέσεις μας. Ίδιο είναι να βασανίζεις έναν κρατούμενο με τις παραδοσιακές μεθόδους και ίδιο είναι να τον βάζεις να παρακολουθεί ειδήσεις στην τηλεόραση; Όχι βέβαια! Θα μου πεις, εδώ υπάρχουν άνθρωποι που παρακολουθούν εθελοντικά ακόμα και τις διαφημίσεις! Έχει τελικά πολλούς μαζοχιστές ο Πάνω Κόσμος...

Ο υπολογιστής αρχίζει να χτυπάει κουδουνάκια, οι πρώτες αναφορές έρχονται κιόλας. Μπράβο οργάνωση! Τέτοια ταχύτητα δημόσιας διοίκησης είναι αδιανόητη στον Πάνω Κόσμο, αλλά θα μου πεις, τι δουλεύει εκεί σωστά;

Για λίγη ώρα ανοιγοκλείνει η πόρτα καθώς διάφοροι διαβόλοι φέρνουν γραπτές αναφορές, φωτογραφίες και διάφορα άλλα τεκμήρια. Όμως σε λιγότερο από πριν, η ησυχία αποκαθίσταται και τότε η Βεελζεμπούλ παραμένει για λίγο σιωπηλή, κοιτώντας πότε την οθόνη και πότε εξετάζοντας κάποιο απ' τα πειστήρια που έφεραν. Τελικά σηκώνει τα μάτια της προς εμένα.

- Ένα πράγμα απομένει ακόμα να γίνει και τότε θα έχω έτοιμη τη μαγιονέζα. Κι εδώ υπεισέρχεσαι εσύ! Σου αναθέτω άλλη μια αποστολή! Θα πας στα Μαύρα Λιβάδια να φέρεις πίσω τον Χίλτερ που κάνει το άλογο!

- Ο Χίλτερ κάνει το άλογο;

- Ναι, ξέχασα να στο πω! Έλειπες στον Παράδεισο με την προηγούμενη αποστολή σου όταν αποφάσισα την τιμωρία του. Έβαλα τον Φραγκοστάιν να του μεταμοσχεύσει εγκέφαλο αλόγου και τον αμολήσαμε στα λιβάδια. Ησύχασε το κεφάλι μας από τότε. Αλλά τώρα τον θέλω πίσω, θα πω στον Φραγκοστάιν να ετοιμάσει εντωμεταξύ το χειρουργείο για να του ξαναβάλει τον δικό του διεστραμμένο εγκέφαλο...

Συμφωνώ κι αποδέχομαι ευχαρίστως τη νέα μου αποστολή. Βγαίνω έξω και σφυρίζω κλέφτικα. Ο Μόλγι εμφανίζεται αμέσως, γάτα είναι!

- Στα Μαύρα Λιβάδια!

- Έγινε...

Ωραία φάση! Πάω να κυνηγήσω έναν μεξικάνο ναζιστή που καλπάζει σαν άλογο σε κάτι Μαύρα Λιβάδια με άρωμα ποδαρίλας πάνω σε μια λεοπάρδαλη που μιλάει! Λογικά πράγματα!

Σύντομα φτάνουμε εκεί και διακρίνουμε σχεδόν αμέσως τον μεξικάνο να ροβολάει χλιμιντρίζοντας. Ομολογώ ότι χωρίς τον Μόλγι δεν θα τον έφτανα ποτέ, ο άτιμος ο Χίλτερ τρέχει σαν τον άνεμο. Όμως ο βοηθός μου δεν αστειεύεται. Μετά από σύντομο κυνηγητό τον προλαβαίνει κι ορμάει σαν αίλουρος στο σβέρκο του, σαβουρντίζοντας εμένα στην πίσσα. Ο Χίλτερ πέφτει κάτω χλιμιντρίζοντας και τσινώντας με τα ποδάρια του στον αέρα. Σαν έμπειρος κάου-μπόϋ, σαν άλλος Λάκης Λάκ πετιέμαι πάνω και ορμάω κι εγώ. Με δυο κινήσεις του δένω και τα τέσσερα πόδια μαζί. Τον φορτώνω στον Μόλγι κι επιστρέφουμε θριαμβευτικά. Τον παραδίνω στον Φραγκοστάιν που περιμένει την επιστροφή μου και ξαναμπαίνω στο γραφείο.

- Ωραία, λέει η Βεελζεμπούλ, όλα είναι πια έτοιμα και η κατάσταση έχει ξεκαθαρίσει. Να λοιπόν τι μάθαμε. Ο Λένιμ, με το που ήρθε εδώ δημιούργησε κάτω απ' τη μύτη μας δική του παρακρατική υπηρεσία πληροφοριών, που την ονόμασε μάλιστα Γκε-Κα-Μπε! Όταν έμαθε ότι σχεδίαζα να τον "αφοπλίσω", έδωσε κρυφά τα σχέδια της βόμβας στον Χίλτερ, σε μια κρίση λυκοφιλίας που παθαίνουν συχνά οι πολιτικοί. Άλλωστε υπάρχει τέτοιο σχετικό προηγούμενο, μόλις έναν αιώνα πριν! Του ζήτησε σαν αντάλλαγμα να ανατινάξει το Διοικητήριο με εμένα μαζί. Εγώ φυσικά δεν μπορώ να πεθάνω, αλλά στην αναμπουμπούλα θα έβρισκαν την ευκαιρία οι οπαδοί του να κάνουν την "Κομματική Επανάσταση" όπως την ονόμασε ο ίδιος, και να εγκαθιδρύσουν κομμουνιστικό καθεστώς στην Κόλαση, όπου όλοι, εκτός φυσικά απ' τον ίδιο, θα ήταν ίσοι. Αστεία πράγματα!

Ειρωνικό χαμόγελο. Τα πιο σέξι χείλια του Κάτω Κόσμου...

- Ο Χίλτερ όμως, όπως και την άλλη φορά, πρόδωσε τη συμφωνία τους! Αποδείχθηκε (και τα βρήκαμε) ότι διατηρούσε κρυφά εργαστήρια όπου έφτιαχνε με τους οπαδούς του λαθραία τσιγάρα που τα πουλούσαν στους κολασμένους, αλλά για τις ανάγκες της στιγμής τα τροποποίησαν και κατάφεραν με τα σχέδια του Λένιμ να φτιάξουν τελικά τη Βόμβα! Αμέσως την έκρυψε για να την χρησιμοποιήσει ο ίδιος και να πάρει αυτός την εξουσία με τη δική του "Επανάσταση της Καθαρής Φυλής". Εκεί ήταν που τον συνέλαβες όμως εσύ και του χάλασες τα σχέδια, πάνω στην προσπάθειά του να κερδίσει τους απαραίτητους οπαδούς για την "Τελική Λύση" που ετοίμαζε...

Σταματάει για λίγο, αλλά συνεχίζει σχεδόν αμέσως.

- Ο Χίλτερ είχε κρύψει την έτοιμη βόμβα σε ένα υποβρύχιο σπήλαιο κάτω απ' το νησάκι που εμείς χτίζαμε τον Πύργο της Φωτιάς! Η τέλεια κρυψώνα! Το μόνο που δεν ξέρουμε ακόμα είναι πώς την ανακάλυψε ο Λένιμ και την πυροδότησε. Ποιός πρόδωσε τον Χίλτερ; Αλλά πού θα μου πάει; Θα το μάθω κι αυτό κάποτε, έχω αρκετές αιωνιότητες στη διάθεσή μου!

Γελάει δυνατά.

- Τέλος καλό, όλα καλά!

- Δεν νομίζω ότι τελείωσες! λέω με θάρρος. Τι θα τους κάνεις τώρα αυτούς τους δύο;

- Μμμ, για να πω την αλήθεια, σκέφτομαι να χτίσω κάπου αλλού έναν καινούριο Πύργο. Ο Καλιοτράβαμε περιμένει μόνο την έγκρισή μου.

- Είσαι σίγουρη ότι αυτήν τη φορά θα πετύχει; την ρωτάω με θράσος κι ένα μικρό ειρωνικό γελάκι.

Με κοιτάει έντονα, αλλά δεν απαντάει. Όχι, δεν είναι καθόλου σίγουρη!

- Ωραία! Θα ήθελες να σου πω μια δικιά μου ιδέα που μου ήρθε όσο κυνηγούσα στα λιβάδια;

Το πρόσωπό της παίρνει μια διαβολική έκφραση.

- Μα το Θεό! Ωπ! Συγγνώμη, δεν κάνει να βλαστημάω! Τέλος πάντων, εσύ σαν κάτι να σκαρφίστηκες πάλι! Για λέγε!

- Από κοντά, να μην μας ακούσουνε...

Σηκώνομαι και σκύβω στο μυτερό αυτί της, προσέχοντας να μην μπει το κέρατο στο μάτι μου. Ανάθεμα αυτήν την αύρα της κάθε φορά που την πλησιάζω! Σκέτη Κόλαση! Η ερεθιστική μυρωδιά της με τυλίγει, η θέα των υπέροχων στηθιών της με ζαλίζει κι ο φαλλός της ανασκιρτά και λαγνοτρέμει από χαρά, κάθε φορά που κάποιος πλησιάζει. Όχι τώρα κούκλε, έχουμε δουλειά, και προπαντός, όχι παιχνιδάκια με 'μένα...

Της λέω την ιδέα μου. Τα μάτια της λάμπουνε.

- Εσύ παιδάκι μου έχεις διεστραμμένο μυαλό, σχεδόν αντάξιο με το δικό μου!

Πετιέται πάνω και βγαίνει στην εσωτερική πίσω αυλή.

- Φέρτε μου εδώ τα δυο καθίκια! ορύεται. Και φέρτε μου και ένα ωραίο, χοντρό παλούκι!

Σε σύντομο χρονικό διάστημα οι επιθυμίες της ικανοποιούνται. Οι δεσμοφύλακες φέρνουν τους δυο λεγάμενους και τους στήνουν μπροστά της. Ο Λένιμ και ο Χίλτερ την κοιτάζουν με μίσος, λες κι είναι έτοιμοι να της χιμήξουν, όταν όμως αντιλαμβάνονται ποιος είναι ο άλλος συγκρατούμενος, τινάζονται και ξεφεύγοντας απ' τους δεσμοφύλακες, ορμάνε ο ένας στον άλλον! Σαν λυσσασμένοι αρπάζονται και χτυπιούνται με μίσος, κλωτσιές, μπουνιές... Πέφτουν στο χώμα συνεχίζοντας να ξυλοφορτώνονται με όλην τους τη μανία...

Η Βεελζεμπούλ και οι μπάτσοι κοιτάνε σκασμένοι στα γέλια. Δεν κάνουν προσπάθεια να τους χωρίσουν, είναι οι διαταγές της Κολαστικής Αστυνομίας όταν οι κρατούμενοι ξυλοφορτώνονται μεταξύ τους να μην επεμβαίνουν, άστους να βγάλουν άκρη...

- Ααα, ωραία! Καιρό είχαμε να δούμε λίγη τέτοια διασκέδαση, λέει, ενώ τα στήθια της πάλλονται απ' τα γέλια.

Όμως ο καυγάς δεν διαρκεί πολύ. Είναι κι οι δυο ψοφίμια, τεμπέληδες πολιτικάντηδες που κουράζονται γρήγορα. Κείνται κι οι δυο σαν αναποδογυρισμένες χελώνες στο έδαφος, χέρια πόδια ανοιχτά, καρούμπαλα, μώλωπες, ανοιγμένες μύτες, βαριανασαίνοντας και σαλεύοντας σαν μισοπατημένα σκουλήκια...

Η Βεελζεμπούλ τους πλησιάζει κρατώντας ένα πλαστικό μπουκάλι ξίδι κι αρχίζει να τους πιτσιλάει τις πληγές.

- Εμπρός, σηκωθείτε τεμπέληδες γραφειοκράτες, είναι ώρα...

Φωνάζει τους δεσμοφύλακες.

- Πάρτε τώρα αυτό το παλούκι και χώστε το στον κώλο τους. Ο καθένας σε μια άκρη. Χώστε το βαθιά, να μην βγαίνει. Και κολλήστε το με τσιμεντόκολλα, να σταθεροποιηθεί καλά.

Η διαταγή της εκτελείται. Οι κρατούμενοι αρχικά ουρλιάζουν, αλλά στη συνέχεια σαν να άρχισε να τους αρέσει. Οι δεσμοφύλακες όμως τους κρατάνε γερά, μέχρι να τελειώσουν τη δουλειά.

- Στέγνωσε η κόλλα; ρωτάει η Βεελζεμπούλ.

- Σε ένα λεπτό, απαντάει ο αρχιμάστορας. Είναι σατανική κόλλα στιγμής, φτιαγμένη στα δικά μας εργαστήρια με την αλάνθαστη δαιμονική συνταγή μας...

- Ωραία, μόλις στεγνώσει η κόλλα θέλω να τους πετάξετε στον δρόμο! Ελεύθερους!

Οι δεσμοφύλακες κοιτιούνται και δεν πιστεύουν στ' αυτιά τους. Ελεύθερους; Όμως οι διαταγές είναι διαταγές...

***

Η Βεελζεμπούλ μου κάνει νόημα και ξαναμπαίνουμε στο κτίριο. Ανεβαίνουμε στον πρώτο όροφο και βγαίνουμε στο μπαλκονάκι που βλέπει στην πλατεία. Καθόμαστε σε δυο ψάθινες πολυθρόνες κήπου που στην ούγια τους γράφουν made in Tsina. Έχουν air condition τεσσάρων ανέμων με πέντε αρώματα (ρόδο, τσουκνίδα, ούζο, μπαρούτι και πατσά), αυτορυθμιζόμενη κλίση, πτυσσόμενη υφασμάτινη οροφή με οθόνη αφής, φωτορυθμιζόμενο σκιάδιο για τον ήλιο που δεν υπάρχει εδώ, ρομποτικό βραχίονα για να σου σερβίρει τον καφέ και το σάντουϊτς και δυνατότητα λικνίσματος σε τέσσερα επίπεδα, από ουράνιο μέχρι διαβολεμένο. Παραγγέλνουμε από ένα ρατκέν.

- Δεν σου λείπουν οι ανέσεις! σχολιάζω.

- Α! Έχουμε κάτι κωλόπαιδα που κάνουνε λαθρεμπόριο κι έχουν την έδρα τους κάπου στο Κπεμάκ. Αρχηγός τους είναι ο Αλί Μπουμπά κι έχει μαζέψει γύρω του σαράντα τσογλάνια. Εμείς απλά κάνουμε πως δεν βλέπουμε όταν προσπαθούν να μπουν για να πουλήσουν τα λαθραία. Όμως μόλις μπουν, τους συλλαμβάνουμε και κατάσχουμε το εμπόρευμα. Καλό, ε;

- Τέλειο. Όμως γιατί ήρθαμε εδώ;
- Για να απολαύσουμε τους καρπούς των κόπων μας...

Πράγματι, δεν περνάει πολλή ώρα και το πορτάκι της αυλής ανοίγει τρίζοντας. Οι δεσμοφύλακες βγάζουν προσεκτικά έξω τους κρατούμενους, πλάτη με πλάτη με το παλούκι σταθερά σφηνωμένο στον κώλο τους, τους λύνουν και με δυο κλωτσιές τους πετάνε στον δρόμο.

Αρχικά πέφτουν κάτω, αλλά σηκώνονται. Προσπαθούν να κοιτάξουν ο ένας τον άλλον πίσω τους, αλλά δεν είναι εύκολο. Προσπαθούν στη συνέχεια να απομακρυνθούν ο ένας απ' τον άλλο τείνοντας προς διαφορετικές κατευθύνσεις, αλλά το μόνο που πετυχαίνουν είναι να ξανασωριαστούν κάτω, η κόλλα είναι πραγματικά δυνατή. Προσπαθούν να χτυπήσει ο ένας τον άλλο, αλλά το παλούκι είναι αρκετά μακρύ ώστε να μην φτάνουν...

Κόσμος αρχίζει να μαζεύεται με περιέργεια. Δεν είναι δα και συνηθισμένο θέαμα δυο τύποι με ένα παλούκι στον κώλο να προσπαθούν να βαρέσει ο ένας τον άλλον...

Αυτοί κοιτάνε τον κόσμο που μαζεύεται και στην αρχή κομπιάζουν. Σύντομα όμως κορδώνονται σαν πετεινοί κι αρχίζουν να μιλάνε, στην αρχή παρακαλώντας να τους ελευθερώσουν, πράγμα που οι παριστάμενοι ουδόλως σκοπεύουν να πράξουν, καθώς, αντιθέτως, το απολαμβάνουν κι έχουν ξεραθεί στα γέλια. Στη συνέχεια, σε μια προσπάθεια να ανακτήσουν το πάνω χέρι, επιστρατεύουν τον μόνο τρόπο, τη μόνη δουλειά που ξέρουν να κάνουν: αρχίζουν να βγάζουν λόγο! Με δυνατές φωνές, πλάτη με πλάτη με τον αμείλικτο εχθρό τους, χωρίς να μπορούν να απαλλαγούν, αρχίζουν τα κηρύγματα με πάθος και έντονες χειρονομίες, ο ένας με τα ναζιστικά συνθήματά του, ο άλλος με τα κομμουνιστικά τσιτάτα του. Στην αρχή ο κόσμος γελάει ακόμα περισσότερο, όμως σιγά σιγά κάποιοι αρχίζουν να τους παρακολουθούν, μερικοί μάλιστα απαντάνε στα συνθήματα που εκστομίζουν σηκώνοντας τις γροθιές τους.

Εμείς απ' το μπαλκόνι μας απολαμβάνουμε τη σκηνή. Η Βεελζεμπούλ παρακολουθεί με ενδιαφέρον τις μπούρδες που λένε, σαν να βλέπει ταινία αραχτή στην πολυθρόνα με το ρατκέν στο χέρι, ενώ εγώ χρονομετρώ ενθουσιασμένος την ταχύτητα προσηλύτισης κουφιοκέφαλων. Για την ώρα έχουμε ισοπαλία. Γνωρίζουμε άκρες-μέσες τι θα συμβεί και το ευχαριστιόμαστε και οι δυο. Πράγματι, δεν αργούν οι πρώτοι ανεγκέφαλοι απ' το κοινό να δηλώσουν "οπαδοί" του ενός ή του άλλου, έτοιμοι να θυσιαστούν για τη δόξα του κόμματος.

Αμέσως ο Λένιμ και ο Χίλτερ ζητάνε από τους νεόκοπους οπαδούς τους να τους ελευθερώσουν, όμως για δες ένα θαύμα! Μόλις η μια ομάδα πλησιάζει για να ελευθερώσει τον αρχηγό της, η άλλη ομάδα τους επιτίθεται και δεν τους αφήνει! Το ξύλο που αρχίζει να πέφτει θα μπορούσε να γίνει ταινία του Κουεντίν Ταραντούλα με τίτλο "Η Μεγάλη Οδομαχία" καθώς οι σκηνές που εκτυλίσσονται ξεπερνάνε κάθε προσδοκία. Δέρνονται με μανία, δέρνονται με στυλ, με κομματικά συνθήματα, με θούριους κι εμβατήρια, με εργατικές γροθιές σηκωμένες ανεμίζοντας λάβαρα αιώνιας εθνικιστικής υστερίας και τραγουδώντας βροντερά παιάνες πατριωτικής έπαρσης. Και δώσ' του καρούμπαλα. Και δώσ' του μαύρα μάτια. Σωροί από κορμιά συνεχίζουν να δέρνονται όλη τη μέρα. Μόνο στο μεσημεριανό τους φαγητό χωρίζονται σε βάρδιες ρίχνοντας κλήρο, ώστε να μπορούν οι μισοί να παραγγείλουν on-line πίτσες και πιτόγυρα με μπόλικο κρεμμύδι που τους τα φέρνουν επί τόπου ντελιβεράδες με κράνη, οι οποίοι στη συνέχεια προστίθενται κι αυτοί στο δερνόμενο συνοθύλευμα. Δημιουργούνται βέβαια κάποια μικροεπεισόδια όταν οι υπόλοιποι βλέποντας τα κράνη τους περνάνε για ΜΑΤατζήδες και τους επιτίθενται, αλλά δεν έχει τελικά και μεγάλη σημασία ποιός δέρνει ποιόν. Ακόμα λοιπόν κι έτσι, οι συμπλοκές διαρκούν, χωρίς διακοπές παρακαλώ, όλη τη νύχτα και την επόμενη ημέρα. Και την επόμενη. Και την επόμενη...

Εμείς κάθε μέρα πουρνό-πουρνό βγαίνουμε να πιούμε το ρατκέν μας στο μπαλκονάκι και να απολαύσουμε το τσίρκο από κάτω, όμως κάπου στην τρίτη μέρα αρχίζουμε να βαριόμαστε.

- Α, περίμενε! μου λέει η Βεελζεμπούλ. Τώρα αρχίζουν τα ωραία! Κι αυτό είναι κάτι που δεν το πρόβλεψες!

Τι εννοεί άραγε; Με βάζει σε σκέψεις...

- Δηλαδή; της λέω

- Κοίτα! Έφτασε η ώρα...

Μου δείχνει προς το ασταμάτητα δερνόμενο συνονθύλευμα με τους δυο σωτήρες των λαών στη μέση, οι οποίοι συνεχίζουν τις αγριοφωνάρες τους. Κάποιοι μάλιστα τους έχουν προμηθεύσει με μεγάφωνα για να ακούγονται δυνατότερα, οπότε η οχλαγωγία είναι ανείπωτη, θυμίζει καβγά σε ελλαδιστανική εφορεία!

Όμως ξαφνικά ο Χίλτερ σταματάει καθώς κάτι σαν ρέψιμο του ξεφεύγει. Κρατάει προς στιγμήν την κοιλιά του κι αμολάει ένα δεύτερο δυνατότερο ρέψιμο. Σχεδόν την ίδια στιγμή ο Λένιμ αρχίζει να ταρακουνιέται από έναν ασταμάτητο λόξιγκα.

Ο κόσμος από κάτω σταματάει με τη σειρά του το ξύλο απορημένος, καθώς οι εμετικές αυτές ανθρώπινες λειτουργίες περνάνε μέσα απ' τα μεγάφωνα δημιουργώντας μια αηδιαστική συμφωνική μουσική, ανήκουστη, σκέτη κόλαση. Όμως τα χειρότερα δεν έχουν έρθει ακόμα. Λες και είναι συνεννοημένοι, ο Λένιμ και ο Χίλτερ σχεδόν ταυτόχρονα αρχίζουν να ξερνάνε. Όμως αυτό που βγαίνει απ' το στόμα τους δεν είναι εμετός, αλλά σκατά. Ναι σκατά! Παλουκωμένοι τόσες μέρες με τα σκατά να μην μπορούν να βγουν απ' τον κώλο τους κρατήθηκαν μέχρι το δεν πάει άλλο, συγκεντρωμένοι μόνο στο ποιος θα κερδίσει τους περισσότερους ανεγκέφαλους. Τώρα όμως που φτάσανε στο "δεν πάει άλλο" το ποτήρι ξεχείλισε, ή μάλλον το άντερό τους και τα σκατά ξεχύνονται ποταμός απ' το στόμα τους!

Προσπαθούν να το ξεπεράσουν, συνεχίζοντας ακάθεκτοι και με μεγαλύτερη ζέση τους λόγους τους, όμως ό,τι και να λένε πια, σκατά είναι! Ο Κόσμος αρχίζει να τους εγκαταλείπει απομακρυνόμενος με αηδία από κοντά τους, αλλά αυτοί, αντιλαμβανόμενοι το πατατράκ της προσπάθειάς τους και το επερχόμενο ναυάγιο της κατωκοσμικής πολιτικής φιλοδοξίας τους, συνεχίζουν να φωνάζουν τις παρόλες και τα συνθήματα όσο δυνατά τους επιτρέπουν τα πνευμόνια τους. Όμως το παιχνίδι έχει πια χαθεί τελεσίδικα. Σκατά βγαίνουν, σκατά και μπόχα, ενώ τα λόγια τους αντηχούν πλέον σαν σκατομπουρμπουλήθρες. Ο δε κόσμος έχει εξαφανιστεί εντελώς, ψάχνουν όλοι τρομαγμένοι να κρυφτούν...

- Ορίστε λοιπόν η "τελική λύση" για όλους τους πολιτικούς, λέει η Βεελζεμπούλ σηκωνόμενη, δείχνοντας προς τους δυο ξεφτιλισμένους που προσπαθούν να κρυφτούν, πλάτη με πλάτη, σε ένα στενάκι πιο πέρα. Παλούκωμα για όλους τους πολιτικούς, ώστε να γίνουν φανερά τα σκατόλογα που βγαίνουν απ' το στόμα τους. Κουράδες πλουμιστές, σκατά με μπούκλες, περιττώματα με φιόγκους, αυτά ακριβώς είναι όλοι οι πολιτικοί λόγοι. Αν οι άνθρωποι στον Πάνω Κόσμο ήταν πιο έξυπνοι και μπορούσαν να συγκρίνουν τι ακριβώς ΛΕΝΕ και τι πραγματικά ΚΑΝΟΥΝ οι πολιτικοί, θα τους έπαιρνε όλους ο διάβολος! Δεν θα προλάβαινα να στέλνω ταξιτζήδες επάνω να τους κουβαλάνε εδώ. Και είναι αρκετά μιλιούνια οι αθεόφοβοι! Ούπς! Σόρρυ!

Συνέρχεται απ' το παραλήρημα, αναστενάζει και με κοιτάει.

- Ευτυχώς ή δυστυχώς όμως, οι άνθρωποι δεν είναι τόσο έξυπνοι. Ή είναι πολύ μαζοχιστές και ψηφίζουν μόνοι τους τη διαιώνιση της δυστυχίας τους! Πράγμα που εμάς δεν μας χαλάει, κάθε άλλο μάλιστα...

Ξαφνικά ξαναβρίσκει το κέφι και υψώνει τη φωνή της.

- Το πιο ωραίο όμως είναι ότι αυτούς τους δύο μπορούμε να τους αφήσουμε πλέον να περιφέρονται έτσι ελεύθεροι στην Κόλαση. Δεν κινδυνεύουμε πια απ' αυτούς κι ο κόσμος δεν θα πει όχι για λίγη παραπάνω διασκέδαση. ΜΟΥΧΑΧΑΧΑ!!

Δεν συμμερίζομαι τη χαρά της.

- Δεν σου φαίνεται ότι μάλλον καλό παρά κακό κάνουμε με αυτήν τη λύση; της λέω και το εννοώ. Αν το μάθουνε στον Πάνω Κόσμο, μπορεί το παράδειγμα να δημιουργήσει σχολή και να κάνουν τα ίδια στους δικούς τους πολιτικούς. Μπορεί να είναι μιλιούνια και να μην προλαβαίνουμε να τους φέρνουμε εδώ, όπως λες, αλλά χωρίς πολιτικούς εκεί πάνω, θα σταματήσουν και οι πόλεμοι. Γνωρίζεις καλύτερα από μένα ότι κανείς άλλος δεν μπορεί να πείσει τόσο έντεχνα τον Λαό να πάει να σκοτωθεί για το καλό της "Πατρίδας". Και σαν "Πατρίδα" εννοούν βέβαια οι πολιτικοί το Κεφάλαιο, αφού αυτό τους θρέφει και αυτό υπηρετούν! Έτσι ο λαός τρέχει πρόθυμα να σκοτωθεί για το καλό του Κεφαλαίου. Όμως άμα κάποτε ξυπνήσει ο Λαός και σταματήσει τους πολέμους, τότε πού θα βρίσκουμε εμείς την πελατεία; Έ;

Με κοιτάζει. Μαρμαρωμένη, το γέλιο της κόπηκε μαχαίρι. Η απειλή είναι υπαρκτή! Τα μάτια της ανοικτά σαν του Μεγαλομπόμπιρα, όμως μια διαβολική σπίθα περνάει μέσα τους...

- Τότε να μην το μάθουν! Το εμπιστεύομαι σε σένα...

ΜΕΡΟΣ 6: Αγαλλίαση

Θεϊκές ραδιουργίες

Βρίσκομαι πάλι στο Κπεμάκ, στο δωμάτιό μου στο ξενοδοχείο του Μανόλο κι έχω πέσει σε βαθιά περισυλλογή. Το πρόβλημα είναι υπαρκτό. Αν πάψουν να υπάρχουν πολιτικοί, θα πάψουν να υπάρχουν και κάτι καθίκια σαν τον κωλόγερο που τον καθάρισε ο Διαβολάκος, οι οποίοι χρησιμοποιούν τους πολιτικούς για να πλουτίζουν. Θα πάψουν οι πόλεμοι, θα εκλείψει και η φτώχεια, αφού η ανθρωπότητα, μην μπορώντας να οργανωθεί σε κράτη, θα επιστρέψει στην ανταλλακτική κοινωνία, οπότε ίσως ακόμα και το χρήμα να μην έχει πια ιδιαίτερη αξία. Οι άνθρωποι θα ζουν εκατό χρόνια και ο Παράδεισος κι η Κόλαση θα περάσουν μαύρες μέρες, με κεσάτια χειρότερα κι απ' του Κορονοϊού...

Αυτό δεν ακούγεται κατ' ανάγκην άσχημο, όμως δεν μπορεί κανείς να είναι σίγουρος για το αν τόσο μεγάλες αλλαγές δεν προκαλέσουν τελικά μεγαλύτερη καταστροφή! Κάποια λύση πρέπει να υπάρχει, κάποια λύση όπου η ισορροπία θα μπορεί να διατηρηθεί. Εγώ καλούμαι δηλαδή τώρα να κάνω τον ...θεό και να ισορροπήσω τον Κόσμο!

Απ' την άλλη μεριά, μου ανέθεσε ένα έργο τιτάνιο! Να αποκρύψω από ολόκληρο τον Πάνω Κόσμο ένα γεγονός που βούιξε ακόμα κι ο Κάτω Κόσμος! Αν είναι δυνατόν, πώς θα γίνει αυτό; Μόνο με θαύμα!

Θαύμα είπα;

Πετιέμαι πάνω και βγαίνω τρέχοντας στον δρόμο. Κρίμα που δεν έχει οχήματα στο Κπεμάκ, αλλά θα μου πεις, τι να τα κάνουνε σε αυτό το κατσικοχώρι; Τρέχοντας φτάνω στο αεροδρόμιο, ευτυχώς είμαι τυχερός, το αεροπλάνο είναι εκεί. Όμως στον έλεγχο διαβατηρίων μια κακιά έκπληξη με περιμένει.

- Το διαβατήριό σας κύριε έχει προσωρινή φραγή για Παράδεισο! Διαταγή από πάνω. O Big Boss...

Κεραμίδα, αλλά αναμενόμενη! Δεν μου το συγχώρησε ο Γερομπάμπιακας... Τώρα τι κάνουμε; Ξέρω!

Βγαίνω στον δρόμο και πηγαίνω σε μιαν απόμερη γωνιά, λίγο πιο έξω απ' την πόλη. Εκεί βγάζω τη μεγαλύτερη φωνή που έβγαλε ποτέ πτώμα:

- ΤΟΥΚ-ΤΟΥΥΥΥΥΥΥΥΥΚΚΚ! Τράβα με πάνω!

"Πουφ!" Το κλασικό συννεφάκι εμφανίζεται και η τεράστια απόχη βγαίνει και με αρπάζει θερίζοντας παράλληλα τα πόδια μου, ρίχνοντάς με άτσαλα μέσα στο δίχτυ. Όπως με τραβάει μέσα στο συννεφάκι δεν μπορεί να με ισορροπήσει, αφού είμαι πεσμένος κι αρπαγμένος απ' τα σχοινιά, οπότε και το τηγάνι αστοχεί, προσγειωνόμενο ακριβώς στο κεφάλι μου.

- Γιατί καλέ δεν κάθεσαι όρθιος; Πώς να σημαδέψω σωστά; Άντε πάμε πάλι! ακούγεται η φωνή της.

Δοκιμάζει για δεύτερη φορά, αλλά εγώ έχω πια σηκωθεί και παλεύω να ξεμπλέξω το δίχτυ με το ένα χέρι, ενώ κρατώ με το άλλο το ολόφρεσκο και ροδαλό καινούριο καρούμπαλό μου. Η τηγανιά πέφτει αυτήν τη φορά στα πλευρά μου, τι πόνος!

- Αούτς!

- Έλα τώρα! Εσύ είσαι δυνατό παιδί, ο ήρωάς μου, δεν μπορεί να πονάς!

Τουλάχιστον κατάφερε να με τραβήξει πάνω. Ελευθερώνομαι και κάθομαι στην κοτρόνα να συνέλθω. Ακριβώς εκεί που έχει αφήσει τις βελόνες του πλεξίματος. Γίνομαι σουβλάκι...

- Αούτς και ξανα-αούτς! Με διάλυσες!...

Με κοιτάει λυπημένη και βάζει τα κλάματα.

- Εγώ που σε προσέχω σαν τα μάτια μου και σου φέρομαι τόσο γλυκά! Πώς τολμάς να μου μιλάς έτσι; Θα πέθαινα για σένα!...

Σκουπίζει τη μύτη της με τον χιτώνα της, ο οποίος σηκώνεται σχεδόν ολόκληρος, αποκαλύπτοντας τα αλαβάστρινα πόδια της.

- Έστω, θα ξαναπέθαινα... Δεν με αγαπάς καθόλουουουου...

Δεν αντέχω, είναι ακόμα πιο όμορφη όταν κλαίει. Κάνω τις βελόνες στην άκρη και κάθομαι πλάι της, παίρνοντάς την στην αγκαλιά μου. Κουρνιάζει μέσα μου και μυρίζει υπέροχα, κουλουριάζεται κι αρχίζει να γουργουρίζει σαν ευτυχισμένη γάτα, αλλά συνεχίζει να κλαίει. Τα δάκρυά της τρέχουνε στο στήθος μου, είναι πολλά και καυτά, τα μάτια της έχουν γίνει δυο χαλασμένες βρύσες, που ξεχύνουν νερό! Όσο περνάει η ώρα η ροή όλο και δυναμώνει, τρέχει πάνω στο σύννεφο και ξεσπάει από κάτω μας, στον κάμπο, σαν βροχή στην αρχή και σαν καταρρακτώδης μπόρα στη συνέχεια, κάνοντας τους ευτυχισμένους διαλογιστές να τρέχουν αλαφιασμένοι να προφυλαχθούν. Μόνο ένας τύπος με καράφλα κι ανεμίζουσα κόμη τρελλού επιστήμονα, τρέχει χαρούμενος με ένα σφυρί κι ένα πριόνι στο χέρι προς ένα σκελετό καραβιού που ορθώνεται στο κέντρο της μπόρας.

- Ποιός είναι αυτός; ρωτάω.

Κοιτάει με προσπάθεια μέσα απ' τα δάκρυά της κι απαντάει.

- Ο τρελός, ο Νοέ-Οέ. Κάθε φορά που κλαίω τρέχει στο παλιοκάραβό του και δουλεύει σαν μανιακός! Τούχει μείνει κουσούρι απ' τον Κατακλυσμό...

Το μπουρίνι της όμως με έχει μουσκέψει κι εμένα από πάνω μέχρι κάτω, τα νερά μπαίνουν στο παντελόνι μου και το διαβρέχουν για τα καλά φτάνοντας μέχρι την παγωμένη κοτρόνα που καθόμαστε, όπου παγώνουν αμέσως. Σε λίγο βρίσκομαι κολλημένος με πάγο σε μια πέτρα απ' την οποία δεν μπορώ να σηκωθώ, ενώ το καυτό ντουζ συνεχίζεται από πάνω. Κάτι πρέπει να κάνω, θα πνιγούμε εδώ στο τέλος! Της πιάνω τα μάγουλα και τη γυρίζω προς εμένα. Πρόσωπο με πρόσωπο, τα γυαλάκια της έχουν θολώσει απ' τα νερά...

- Έλα τώρα, πρέπει να σταματήσεις να κλαις! Είσαι πια μεγάλο κορίτσι!

- Δεν μπορώ, είναι μηχανικό! Έχω το σύνδρομο του άκρατου δακρυβρέξιμου και δεν μπορώ να το σταματήσω αν δεν φάω πρώτα κάτι...

Τι μου λέει τώρα;;; Δεν υπάρχουν τρόφιμα εδώ πάνω! Αλλά ίσως υπάρχουν στο λαθρεμπορικό του Βασιλάκη. Σηκώνομαι με δυσκολία, με την κοτρόνα κολλημένη ακόμα στον κώλο μου και κόβω ένα κομμάτι σύννεφο. Το καβαλάω και πηδάω στο κενό.

Το βάρος μου είναι υπερβολικό για το καημένο το νεφοτζέτ. Πέφτω σαν βόμβα με έναν ελαφρό συριγμό που δυναμώνει όσο πλησιάζω στο έδαφος. Όπως πέφτει το κογιότ μετά την αποτυχία του να πιάσει το Μπιπ-Μπόπ. Για καλή μου τύχη όμως, υπάρχει ακριβώς από κάτω το κλασικό κάρο με τον σανό, ξέρετε, αυτό που υπάρχει σε όλα τα σοβαρά έργα όταν κάποιος πέφτει. Προσγειώνομαι με πάταγο πάνω του, τινάζοντας τον σανό ψηλά και διαλύοντας το καημένο το κάρο. Ένα καλό: η κοτρόνα ξεκολλάει απ' τον κώλο μου, παίρνοντας μαζί της και το πίσω μέρος του παντελονιού μου. Ωραία, μπορώ τώρα επιτέλους να δείξω στον κόσμο το ωραίο, μοδάτο σώβρακό μου με τις πασχαλίτσες, που μου φόρεσε την τελευταία φορά ο Ρόζα...

Μπαίνω στο σαλούν. Εδώ με περιμένει όμως η επόμενη έκπληξη. Μέσα στο σπιτάκι με περιμένουν οι τύποι με τα αυτιά του λαγού, τους άσπρους χιτώνες, τις μαύρες γραβάτες και τις βίτσες της τριανταφυλλιάς στο χέρι...

- Καλώς το πουλάκι μας! Ήταν λοιπόν σωστή η πληροφορία του Όργουλερ ότι κάποιος παρείσακτος διείσδυσε στον Παράδεισο!

- Ποιος είναι πάλι αυτός; ρωτάω με αφέλεια.

- Ο Γιώργος Όργουλερ; Ο διευθυντής της ΑΥΠ, της Αλλοκοσμικής Υπηρεσίας Πληροφοριών! Αρχιχαφιές σου λέω, στον Πάνω Κόσμο ήταν ειδικός στις παρακολουθήσεις. Να φανταστείς, έπεισε όλον τον κόσμο να αγοράσει τηλεοράσεις και μετά τους παρακολουθούσε μέσα απ' αυτές, από μια ενσωματωμένη, κρυφή κάμερα! Τρομερή ιδέα! Την εξέλιξε όμως κι άλλο, πείθοντάς τους να αγοράσουν όλοι κινητά. Από δω και πέρα τους είχε πια συνεχώς στο πλάνο, αφού οι βλάκες είχαν το κινητό πάντα μαζί τους, ανοικτό! Χαζοί ήμασταν να τον αφήσουμε εδώ ανεκμετάλλευτο; Ο Μεθυστοφελής αμέσως προσπάθησε να τον απαγάγει, ενώ εμείς προσπαθήσαμε να τον δελεάσουμε με καμιά δεκαριά παραδείσια ουρί. Αποτύχαμε και οι δυο, καθώς αυτός πληροφορήθηκε από πριν τα σχέδιά μας και μπόρεσε να αποφύγει όλες τις παγίδες με ευκολία. Λένε ότι έχει ανοίξει γραφείο κάπου στο Κπεμάκ, αλλά κανείς δεν μπορεί να τον ανακαλύψει. Η μόνη ασαφής πληροφορία που έχουμε είναι ότι έχει στο γραφείο του έναν παπαγάλο...

- *«Ο Παντελής! Γι' αυτό είναι εκεί θεοσκότεινα! Γι' αυτό έχουν και τον πιτ-μπούλ φύλακα που δεν βγαίνει ποτέ απ' το σπίτι!...»*

- Και γιατί δεν ερευνάτε αυτήν την πληροφορία; Όλες οι έρευνες από κάτι μικρό ξεκινάνε...

- Χμμ, για να πούμε την αλήθεια, "προσπαθούμε" να τον πιάσουμε μόνο για τα μάτια. Στην πράξη, τόσο σε μας όσο και στους κάτω, μας συμφέρει αυτή η κατάσταση, αφού ο Όργουλερ μας σφυρίζει όλες τις πληροφορίες που χρειαζόμαστε, με το αζημίωτο βέβαια. Οπότε κι εμείς τον αφήνουμε ήσυχο να κάνει τη δουλειά του. Πολιτική το λένε. Πάντως, όπως βλέπεις, τα καταφέρνει πολύ καλά. Η πληροφορία για την αφεντομουτσουνάρα σου ήρθε έγκαιρα...

***

Έτσι βρίσκομαι πάλι στο σκονισμένο δωμάτιο με το τεράστιο, σκουληκοφαγωμένο γραφείο, περιμένοντας τον σαραντάποντο Γίγαντα να κάνει την εμφάνισή του.

Δεν αργεί. Η πόρτα ανοίγει τρίζοντας φρικτά, όμως τώρα ξέρω που πρέπει να κοιτάξω για να τον διακρίνω. Μπαίνει στο δωμάτιο, αλλά αυτήν τη φορά δεν πηδάει πάνω στο γραφείο, παρά έρχεται προς εμένα.

- Έλα μαζί μου στο πλαϊνό δωμάτιο, μου λέει και γυρίζει να βγει απ' την πόρτα που μπήκε. Τον ακολουθώ.

Έκπληξη! Ένα παραδεισένιο δωμάτιο, κανονικό γραφείο, αντάξιο ενός θεού, με ωραία μοντέρνα έπιπλα, υπέροχη διακόσμηση, καταπληκτική ατμόσφαιρα, φυτά, λουλούδια, χαμηλή μουσική, αρωματικά στικς. Κάθομαι στον άνετο δερμάτινο καναπέ ενώ αυτός κάθεται σε μια υπερυψωμένη διευθυντική πολυθρόνα, πίσω απ' τη χλιδάτη έξι επί τρία μέτρα γραφειάρα του με την τεράστια οθόνη πάνω του. Και το κόκκινο τηλέφωνο.

- Ωραίο γραφείο έχεις εδώ! Αλλά γιατί το άλλο δωμάτιο είναι τόσο διαφορετικό; ρωτάω, δείχνοντας με το χέρι μου προς το πλαϊνό δωμάτιο.

- Ε, εκείνη είναι η επίσημη αίθουσα υποδοχής των επισκεπτών! Αντίθετα εδώ που δουλεύω δεν χρειάζομαι πολυτέλειες...

Γυρίζει την οθόνη προς το μέρος μου. Η πρώτη σελίδα απ' τα "Παραδείσια Νέα" βρίσκεται ανοιχτή με τη φάτσα μου μοστραρισμένη σε πρώτο πλάνο.

- Έγινες πρωτοσέλιδο!, μου λέει. Φαντάζομαι ότι κι ο "Κολασμένος Κήρυκας" θα σε έχει επίσης στην πρώτη σελίδα...

- Μάλλον θα έχεις δίκιο...

- Κανονικά θα έπρεπε να σε ξαποστείλω από εκεί που ήρθες, αλλά με τις παρούσες συνθήκες προτιμώ να συζητήσουμε λίγο...

- Το θέμα μας;

Κάνω ξανά τον Πεκινέζο...

- Μην κάνεις ξανά τον Πεκινέζο! Εδώ πάνω έχουμε ούτως ή άλλως ελάχιστους πελάτες, αν το μάθουν όμως οι του Πάνω Κόσμου και ξεφορτωθούν κι αυτοί τους πολιτικούς τους, τότε δεν θα έρχεται πια κανένας εδώ. Θα το κλείσουμε τελείως το μαγαζί.

- Και γιατί παρακαλώ;

- Γιατί συντηρούμαστε απ' τους πολέμους, να γιατί! Δεν το ξέρεις; Εμείς παίρνουμε τα αθώα θύματα, άμαχους, θύματα γενοκτονιών και τέτοια και οι κάτω τους υπόλοιπους. Τέλος οι πόλεμοι, τέλος και η πελατεία...

- Ναι αλλά στον Πάνω Κόσμο υπήρξαν μεγάλες περίοδοι στην Ιστορία με ειρήνη. Τι κάνατε τότε;

- Πραγματική ειρήνη δεν υπήρξε ποτέ. Απλά κάποιες περίοδοι ηρεμίας. Θυμάμαι τότε με την επικράτηση των Ρωμαίων, την Pax Romana, τη ρωμαϊκή ειρήνη. Τα χρειαστήκαμε τότες! Ευτυχώς είχα την ιδέα να στείλω τον γιό μου να ιδρύσει μια νέα θρησκεία και οι ηλίθιοι οι άνθρωποι ξανάρχισαν να σκοτώνονται στο όνομά της! Σκότωναν τους άλλους, σκότωναν και τους δικούς τους, να φανταστείς! Άπιστοι λέει, αλλόθρησκοι λέει, μάγισσες λέει, αιρετικοί λέει, τρίχες! Όλα για το πλιάτσικο γίνονταν. Τότε με τις σταυροφορίες δεν έπεφτε καρφίτσα εδώ από σφαγμένους "αλλόθρησκους" στο όνομα του γιού μου!...

- Έστειλες τον Γκάφη;;; πασχίζω να κρατήσω το γέλιο μου.

- Ποιόν Γκάφη; Αυτός είναι ηλίθιος! Τον μεγάλο μου έστειλα, τον αγαθιάρη τον Μανώλη. Το φέρει βαρέως που απέτυχε και τώρα μονάζει σε μια σπηλιά στο τέλος των Γαλήνιων Πεδίων, εκεί που αρχίζουν τα βουνά, γι' αυτό δεν τον συνάντησες...

- Α! Μάλιστα! Και γιατί λέει ότι απέτυχε;

- Βασικά ήθελε να τους διδάξει την Ηθική , όμως αυτοί τον εκμεταλλεύτηκαν. Τους δίδαξε τη Λιτότητα, την Εγκράτεια, τον Αλτρουϊσμό και τους μίλησε γι' ανώτερες Αρχές. Τρίχες κατσαρές, κανείς δεν κατάλαβε τίποτα ή κανείς δεν γούσταρε να αλλάξει τη ζωή του. Μόνο κάτι λίγοι κατάλαβαν το νόημα και πίστεψαν στην ορθότητα των λόγων του, αφιερώνοντας τη ζωή τους στις ανώτερες αρχές της Πενίας, της Πίστης και της Αγάπης, γινόμενοι οι ίδιοι φωτεινά παραδείγματα για όλους τους γύρω τους, καθώς και αρκετοί άλλοι που αφιέρωσαν τη ζωή τους στο να απαλύνουν τα βάσανα των συνανθρώπων τους με φιλανθρωπίες, ιδρύοντας γηροκομεία, σχολεία, νοσοκομεία και ξοδεύοντας όλην τους την περιουσία γι' αυτόν τον σκοπό. Άγιοι άνθρωποι πραγματικά, με όλη τη σημασία της λέξης, φωτεινά παραδείγματα για όλη την ανθρωπότητα! Τους έχουμε πάρει όλους εδώ και τους έχουμε δώσει από ένα διαμερισματάκι στην πόλη με όλες τις ανέσεις, ασανσέρ, κλιματιστικό και δωρεάν κινητό με Internet. Οι υπόλοιποι όμως κάτω εκεί στη γη, έκαναν μόνο πως τον ακούνε, αλλά με το που έφυγε απ' τη μέση, διαστρέβλωσαν τα λόγια του, ξέχασαν τις διδαχές του και διάφοροι επιτήδειοι έστησαν όλο αυτό το οικοδόμημα που ξέρεις για να εκμεταλλευτούνε τη φήμη του σαν άγιου ανθρώπου και να τραβήξουν όλα τα αφελή κορόιδα, είτε εκφοβίζοντάς τα με αφορισμούς, κόλαση, ιερά εξέταση, βασανιστήρια και άλλα τέτοια, είτε χτίζοντας εντυπωσιακά οικοδομήματα κι επιστρατεύοντας διάφορα κόλπα όπως μεγαλοπρεπείς λειτουργίες μετά μουσικής, με πολύ λιβάνι για μαστούρωμα κι εκτυφλωτικά χρυσοποίκιλτα άμφια για να τους εντυπωσιάζουν. Τί σχέση έχουν αυτά με τις διδαχές του γιού μου; Όμως όλοι οι μπουμπούνες και οι θεούσες τους ακολουθούν, είτε εντυπωσιασμένοι, είτε τρομοκρατημένοι. Όσοι καταλαβαίνουν τι παίζεται και τολμούν να βάλουν τις φωνές, κυνηγιούνται κι εξοντώνονται. Στο όνομα της θρησκείας πάντα, ενώ το δίπτυχο "Εντυπωσιασμός και Τρομοκρατία" δουλεύει ασταμάτητα, εδώ και αιώνες. Απ' την εποχή του μαντείου των Δελφών, το δούλεμα πάει σύννεφο!...

Αναστενάζει.

- Εγώ υποτίθεται ότι είμαι η πηγή του Καλού. Με αυτήν την ιστορία, ανάθεμα με κι αν καταλαβαίνω πια, ποιο είναι το Καλό και ποιο το Κακό!...

Με κοιτάει μέσα απ' τα κιάλια του.

- Συγγνώμη, παραφέρθηκα!

Σαν να σκουπίζει ένα δάκρυ. Όμως εγώ φλασάρω! Αφού ΑΥΤΟΣ μπερδεύεται, άρα υπάρχει ακόμα ελπίδα! Μια ιδέα αρχίζει να σχηματίζεται στο μυαλό μου.

- Κοίτα, του λέω. Τι θα 'λεγες να στείλουμε πάνω και τον Γκάφη; Αφού η πρώτη απόπειρα έφερε εδώ πελατεία, ακόμα κι αν εκεί απέτυχε όπως λες, ίσως η δεύτερη πετύχει και για εκείνους και για εμάς...

Τινάζεται στην καρέκλα του.

- Α, μπα! Δεύτερη προσπάθεια στο ίδιο πράγμα πάει πολύ. Άσε που θα πρέπει να εξηγήσω στον Μανώλη τα ανεξήγητα...

- Δεν με κατάλαβες! Δεν θα προσπαθήσει ξανά για καινούρια θρησκεία, αλλά για κάτι άλλο, έναν αντιπερισπασμό ας πούμε...

- Αντιπερισπασμό; Τι αντιπερισπασμό; Αυτός; Αυτός μου βγήκε τελείως γκα-γκα, δεν βλέπεις τα χάλια του; Γιός δικός μου με την ηθική ενός δολωμένου σκουληκιού, η ντροπή της οικογένειας! Να φανταστείς, βουτάει το νεφοτζέτ του αδελφού του για τις τσάρκες του... Το μόνο που ξέρει είναι να ζητάει χαρτζιλίκι και να ασχολείται όλη μέρα με τα ηλεκτρονικά. Ό,τι gadget κυκλοφορήσει στον Πάνω Κόσμο, το θέλει αμέσως εδώ!...

- Και πώς τα προμηθεύεστε;

- Έχει κάτι καλόπαιδα εκεί στο Κπεμάκ με αρχηγό τον Αλή Μπουμπά που φέρνουν διάφορα εδώ. Παράνομα φυσικά, καθαρό λαθρεμπόριο. Κάνουμε πώς δεν βλέπουμε, αλλιώς τι Παράδεισος θα 'μασταν αν τα κατάσχαμε; Τα αγοράζει όλα ο Βασιλάκης στο σαλούν του και τα πουλάει μαύρη αγορά, από κει τα παίρνουμε και μεις...

Χαμογελάω...

«Και φεύγοντας σας ξαφρίζουν και μερικά βαρέλια ρατκέν»...

Δεν λέω όμως τίποτα, κάποια πράγματα είναι καλύτερα να παραμένουν μυστικά. Ανακάθομαι και συνεχίζω.

- Αφού λοιπόν του αρέσουν τα χαρτζιλίκια σου και τα ηλεκτρονικά γκατζετίδια, να τον στείλουμε επάνω να "προωθήσει τις πωλήσεις"! Άκου την ιδέα μου...

Ανακάθεται και μου κουνάει το χέρι σαν να μου λέει "παρακάτω" κοιτώντας με έντονα με τα δυο γαλάζια λαμπατέρ του.

- Και να λοιπόν οι νέοι Θεοί: Χρήμα και Τεχνολογία! Και τα δύο γνωρίζουν μέρες ραγδαίας εξέλιξης, οι άνθρωποι γίνονται όλο και πιο πλούσιοι, λίγες περιοχές στον πλανήτη είναι ακόμα πραγματικά φτωχές, ενώ η τεχνολογία αντικαθιστά σταδιακά όλες τις λειτουργίες με μηχανές που τα κάνουν όλα ξεκούραστα. Οι άνθρωποι δεν κάνουν πια σχεδόν τίποτα, και όποιος δεν κάνει τίποτα, βαριέται και γίνεται μαλθακός!

- Μα το Θεό -εμένα δηλαδή- έχεις δίκιο! Όμως δεν είναι αυτό λίγο ασύμβατο με τις αρχές μας εδώ; Σαν Κακό μου ακούγεται. Εμείς όμως πρέπει να φροντίζουμε πάντα για το Καλό...

- Οι άνθρωποι λατρεύουν την τεχνολογία και το χρήμα. Λάθος έκανες να τους στείλεις τον Μεγάλο να τους μιλήσει για εγκράτειες και τέτοια. Πλούτο και χλιδή θέλουν, εσύ τους έπλασες έτσι, δεν μπορεί να κάνεις λάθος!!...

Τον μπέρδεψα! Τα λαμπατέρ του αναβοσβήνουν, κάνουν βόλτες μεσ' τα φινιστρίνια του, πρέπει να συνεχίσω τις μπούρδες...

- Αυτή είναι μόνο η μια όψη του νομίσματος. Η άλλη λέει ότι δεν θα έχουν πια καμιά όρεξη να ασχοληθούν με τους πολιτικούς, αφού ο Γκάφη θα τους δίνει γρήγορα την επόμενη έκδοση του Αϊ-Σιχτίρ-Φον. Με έναν Γκάφη δυο τρυγόνια δηλαδή...

- Ας συνοψίσουμε λοιπόν. Προτείνεις να στείλουμε αυτόν τον ηλίθ..., τον Γκάφη στον Πάνω Κόσμο για να ολοκληρώσει την "επανάσταση της τεχνολογίας";

- Ο γιός σου έχει ταλέντο, πίστεψέ με, το ένιωσα όταν ήμουν πλάι του, ένιωθα σαν να κάθομαι σε ηλεκτρική καρέκλα. Θα δώσει ασύλληπτη, θεϊκή ώθηση στον Πλούτο και στην Τεχνολογία, μόνο και μόνο με την παρουσία του εκεί και την αγάπη που έχει σε αυτά. Ο κόσμος θα είναι πάντα σε μια μόνιμη κατάσταση τεχνολογικής προόδου, πλούσιος κι ευτυχισμένος, οπότε απ' αυτήν την άποψη είμαστε εντάξει, συμβατοί με τις αρχές μας!

Με ακούει προσεκτικά. Τελικά σηκώνεται - τρόπος του λέγειν, δεν έχει και μεγάλη διαφορά όρθιος ή καθιστός - αναγγέλοντας με επίσημο ύφος:

- Ας το δοκιμάσουμε λοιπόν! Θα του πω να ετοιμαστεί. Να ανέβει στον Πάνω Κόσμο σαν ο Άγγελος της Τεχνολογίας! Και το όνομά του θα είναι, θα είναι.... Αλήθεια, τι όνομα να του δώσουμε για εκεί;

- Γκίλ Μπεϊτς! Τι άλλο; προσθέτω εγώ με το φυσικότερο ύφος του κόσμου...

Η γοητεία του μέλλοντος

Δεν ξέρω πόσος καιρός έχει περάσει, ο χρόνος εδώ δεν παίζει και μεγάλο ρόλο, αλλά είμαι αρκετό καιρό στο δωμάτιό μου στο Κπεμάκ κι έχω ξεκουραστεί τελείως.

Η "επιχείρηση Γκάφη" στον Πάνω Κόσμο ολοκληρώθηκε ακόμα καλύτερα απ' ό,τι προβλέψαμε. Οι άνθρωποι ξετρελάθηκαν με όλα τα καλούδια που προφήτεψε και υλοποίησε ο Γκάφη, ή αλλιώς Γκίλ Μπέϊτς. Τόσο οι άνθρωποι, όσο και οι πολιτικοί, αλλά και η συμπαθής τάξη των τραπεζιτών και οι πάντα ευγενικοί ασφαλιστές, όλοι τους ασχολούνται πλέον με τα χιλιάδες καλούδια που έχουν κάνει τη ζωή τους άνετη. Έννοιες όπως συντροφικότητα, οικογένεια, ανατροφή, φιλία, συλλογικότητα και άλλα τέτοια χαζά που ταλάνιζαν πάντα την ανθρωπότητα περιορίζοντας την ελευθερία του ανθρώπου, έχουν εξασθενίσει πια μπροστά στη Γοητεία της Τεχνολογίας που έκανε πραγματικότητα την απελευθέρωση του Ατόμου και την ανάδειξη της Ύπαρξης του Καθενός στην κορυφή των Αξιών: Εγώ υπεράνω Όλων! Η συνειδητοποίηση της παντοδυναμίας τους, ενίσχυσε τους ανθρώπους σε τέτοιο βαθμό, ώστε να μην φοβούνται πλέον τίποτα και να μην έχουν ανάγκη κανέναν πλάι τους. Η ζωή από δω και πέρα είναι για εμάς, ΜΟΝΟ για εμάς, γιατί όλα μας αξίζουν!

Η Τεχνολογία μπορεί να τα κάνει όλα! Κάποιοι υπαγορεύουν τα κείμενα τους στην υπεραυτόματη ηλεκτρική σκούπα τους την ώρα που καθαρίζει, ενώ ζητάνε απ' το μικροκυματικό πλυντήριό τους να ετοιμάσει και το μεσημεριανό, αφού είναι online συνδεδεμένο με τη βιοτεχνολογική κουζίνα τους. Στην τουαλέτα υπάρχουν πια ολογραμμικά συστήματα για αντιβακτηριδιακό καθαρισμό του πισινού, βασισμένα στην υπεριώδη ιοντική ακτινοβολία ατόμων προπανίου με άρωμα ινδικής κάνναβης, ενώ για τους δασύτριχους ένα κύμα μετεστεροποιημένου αέρα απ' τις εξωτικές Αντίλες μπορεί να τους φρεσκάρει για ακόμα μεγαλύτερη άνεση στο αυτόματα βιοκαθαριζόμενο μοριακό σλιπ.

Τα αυτοκίνητα παραλαμβάνουν τους ανθρώπους απ' το σαλόνι τους για να μην κουράζονται. Μπαίνουν απ' τα αυτόματα φωτορυθμιζόμενα υπεραγώγιμα παράθυρα ρωτώντας ευγενικά "Για που γουστάρεις σήμερα, Μεγάλε;". Όλα τα αυτοκίνητα είναι πλέον εκτυπωμένα από 6D-εκτυπωτή και είναι μονοθέσια. Επιβάτες και κολοκύθια δεν υπάρχουν πια, παιδιά, ζημιές, κλάματα, λασπωμένα ρούχα και άλλες τέτοιες αηδίες ανήκουν στο παρελθόν. Μπαίνεις λοιπόν στο όχημά σου, κάθεσαι στην άνετη πολυθρόνα σου που σου κάνει αρωματικό υδρομασάζ (ακόμα και ερωτικό αν θέλεις, μερικά έχουν ενσωματωμένα στο κάθισμα βοηθήματα τύπου flash-blight ή για τις κυρίες love-no-sence) και σουλατσάρεις αιωρούμενος σε μέσο ύψος χαζεύοντας την υπέροχη αυτοφωτιζόμενη, αυτοποτιζόμενη και αυτοϊκανοποιούμενη πόλη σου, χτισμένη εξ ολοκλήρου από κρυσταλλομπετόν. Όχι και πολύ ψηλά, γιατί ακόμα δεν έχουμε λύσει τελείως το πρόβλημα του νέφους, αλλά πάντως είμαστε σε καλό δρόμο! Η νέα πολλά υποσχόμενη τεχνολογία της αυτόματης αιολικής υπερκβαντικής βιοανακύκλωσης υπόσχεται ότι μια φορά την εβδομάδα ένας αρωματισμένος άνεμος με άρωμα 64bit ψηφιακής γαρδένιας θα σπαμάρει cookies εικονικής πραγματικότητας, στέλνοντας το νέφος στη διπλανή πόλη. Η υπηρεσία είναι συνδρομητική, αν δεν γίνεις συνδρομητής στο υπέροχο αυτό πρότζεκτ, πληρώνοντας φυσικά με κρυπτονόμισμα απ' το ηλεκτρονικό σου πορτοφόλι, θα πρέπει να μετακομίσεις κι εσύ στη διπλανή πόλη. Όμως όλοι οι συνδρομητές παίρνουν σαν δώρο για επιπλέον απόλαυση ένα πολυνηματικό ιστιοπλοϊκό πόλης με τρία μικροκαλωδιακά κανάλια δυναμικής υπερπλοήγησης, που μπορεί να σουλατσάρει και μόνο του, βασισμένο στην τριφασική τεχνολογία των συντηξιακών κρυστάλλων δεδομένων.

Η αλήθεια είναι ότι τα σύγχρονα αυτοκίνητα χρησιμεύουν πια μόνο για βόλτες, αφού σπάνια χρειάζεται να βγει κανείς απ' το σπίτι του. Η εργασία γίνεται μόνο εξ αποστάσεως αφού υπάρχουν τα ανάλογα ρομπότ που την κάνουν για μας. Για παράδειγμα, αν είσαι οικοδόμος στέλνεις το ρομπότ σου στην οικοδομή με τα σχετικά εργαλεία μέσα σε μια cyber-ηλεκτροστατική τσάντα από βιοανακυκλώσιμο, υπερβαρικό δέρμα από πράσινα άλογα. Εσύ απλά παρακολουθείς το ρομπότ απ' την τρισδιάστατη ολογραμμική σου οθόνη να εργάζεται, παίζοντας συγχρόνως mutlitasking κυβερνοπασιέντζα με βραζιλιάνες.

Αν πάλι είσαι δικηγόρος, στέλνεις το ρομπότ σου στο δικαστήριο με κόκκινη γραβάτα και τσάντα από βιοδιασπώμενο δέρμα φιαγμένο απ' τα ανακυκλωμένα περιεχόμενα του κάδου απορριμάτων του λειτουργικού σου συστήματος. Οι κατηγορούμενοι εμφανίζονται με χαλασμένα ρομπότ, φιαγμένα στην Τσίνα. Χωρίς γραβάτα. Αν θέλουν, φοράνε στον λαιμό τους μια θηλιά...

Τα ψώνια πάλι τα φέρνει το micro-organic παιδί του σούπερμάρκετ και τις multimedia εφημερίδες ο νανοκβαντικός εξαπύρηνος σκύλος μας, που μπορεί επίσης να κάνει γαβ-γαβ σε δεκατέσσερις γλώσσες. Ψηφιακά. Οι κουζίνες είναι εφοδιασμένες με ηλεκτροφωνική δυνατότητα ολογραμμικής ανάδρασης σε πραγματικό χρόνο, ενώ το σαλόνι μας μεταμορφώνεται ανάλογα με τα κέφια μας, πάντα σύμφωνα με το πρωτόκολλο TGP/WP σε περιβάλλον 128bit hyperthreading. Το ίδιο πρωτόκολλο χρησιμοποιεί και το πλυντήριό μας που πλένει, στεγνώνει, σιδερώνει και διπλώνει τα ρούχα με νανοσωματιδιακή τεχνολογία AB/CD βασισμένη σε πλατινοκρυστάλλους υπερσυμπίεσης μεταβαρικών μορίων. Το βιονικό Κυβερνοχρυσόψαρο δυναμογραφικής σιλικόνης στην αυτοταϊζόμενη γυάλα από πυρίτιο, η οποία διαθέτει και ολόγραμμα ποταμίσιου καρχαρία για να μας πληροφορεί για την υπερφόρτωση της νανοσωματιδιακής ραδιοακτινοβολίας, είναι συγχρόνως κβαντικός μετεωρολογικός σταθμός που προβλέπει τον καιρό για έξι μέρες, ενώ κάθε βράδι φωτίζει γλυκά κι απαλά τον χώρο με λάμψη υγρού βιοάνθρακα. Φυσικά μπορεί να σου ρυθμίσει την υγρασία του χώρου αυτόματα, ψεκάζοντας ή απορροφώντας αντιστατική υγρασία, αλλά μπορεί να σου ρυθμίσει και τη θερμοκρασία, αν αγοράσεις το κατάλληλο ιονοσφαιρικό Υπερχρυσόψαρο που μπορεί και πέρδεται με πορδές ψυχρής σύντηξης!

Α! Ναι! Όλα είναι επιτέλους εντάξει και τακτοποιημένα στον Πάνω Κόσμο! Πάει η κούραση, πάει αυτή η αντιπαθητική γυμναστική, τώρα μπορούμε επιτέλους όλη μέρα να απολαμβάνουμε και να διασκεδάζουμε! Η διαφήμιση τώρα δικαιώνεται! Απόλαυση pure, οι ευτυχισμένοι άνθρωποι των διαφημίσεων τώρα κυκλοφορούν και στους δρόμους μας! Χάρη στην Τεχνολογία!

***

Εγώ όμως έχω άλλη προτεραιότητα αυτήν τη στιγμή. Πρέπει να ξυριστώ, να αρωματιστώ και να ετοιμαστώ, γιατί σε μια ώρα σε μια σεμνή τελετή με 3000 καλεσμένους, όπως μου είπανε, που θα γίνει στο αεροδρόμιο (γιατί δεν βρήκαμε αλλού αρκετά μεγάλη αίθουσα), θα παρασημοφορηθώ!

Ναι, θα παρασημοφορηθώ! Για τις υπηρεσίες που προσέφερα στον Κάτω Κόσμο, τόσο στην Κόλαση όσο και στον Παράδεισο, θα μου απονείμουν το Χρυσό Παράσημο του Ανωτάτου Πτώματος, ή κάτι τέτοιο τέλος πάντων, κάπως έτσι μου το 'πανε.

Φτάνω στην ώρα μου στο αεροδρόμιο. Με υποδέχονται ευγενικά, αλλά δεν βλέπω κόσμο. Αργήσανε οι καλεσμένοι!

- Ποιοί καλεσμένοι; μου λέει η υπάλληλος. Δεν καλέσαμε κανέναν!

- Μα πώς; Δεν θα παρασημοφορηθώ; Μόνος μου θα το καρφιτσώσω το παράσημο;

- Να παρασημοφορηθείτε; Δεν έχω ακούσει τίποτα σχετικό, εμένα μου είπανε μόνο να σας οδηγήσω. Εδώ!...

Λέει και ανοίγει μια πόρτα. Δεν είναι δυνατόν! Το ίδιο σκονισμένο, άδειο δωμάτιο με το σάπιο γραφείο στη μέση και τα δύο παράθυρα πίσω του! Μόνο που τώρα μπροστά απ' τα παράθυρα, στις δύο άκρες του γραφείου κάθονται η Βεελζεμπούλ και ο Ρεβυθοκοντούλης κοιτώντας με με διάπλατα χαμόγελα.

- Καλώς τον! μου λέει ο Γερομπισμπίκης.

Θα έβαζα τα γέλια που τους βλέπω και τους δυο μαζί, αλλά η υπόθεση είναι σοβαρή. Είναι δυνατόν αυτό; Στον Πάνω Κόσμο μας τους παρουσίασαν σαν τους μεγαλύτερους ανταγωνιστές, σαν τους μεγαλύτερους εχθρούς. Τι δεν καταλαβαίνω;

Η Βεελζεμπούλ σηκώνεται και με πλησιάζει χαμογελώντας φιλικά, κρατώντας κάτι στο χέρι της. Λάμπει ολόκληρη, είναι πιο γοητευτική από ποτέ, έχει βάλει τα καλά της για την περίσταση. Πούδρα στο πρόσωπο, χρυσόσκονη στα στήθια της που αστράφτουν και ροζ προφυλακτικό με φιόγκο στον φαλλό της...

Απ' την καρέκλα του ο Στούμπος παίρνει τον λόγο.

- Αποφασίσαμε τελικά να μην σου δώσουμε παράσημο, αλλά κάτι πιο χρήσιμο! Το παράσημο το παίρνει κανείς μια φορά και τέρμα! Σκεφτήκαμε όμως ότι κάτι που θα διαρκέσει αιώνια θα σου είναι πιο πολύτιμο...

Η Βεελζεμπούλ τεντώνει τα λεπτεπίλεπτα χεράκια της με τα περιποιημένα νύχια (αυτή η αύρα της τέλος πάντων!) και μου λέει χαμογελώντας με τα υπέροχα κατακόκκινα χείλια της.

- Ορίστε το νέο σου διαβατήριο! Ασημένιο! Για τις υπηρεσίες που προσέφερες στον Κάτω Κόσμο, σου απονέμουμε σήμερα το ασημένιο διαβατήριο που σου επιτρέπει, εκτός από εμάς, να πας και στο αεροδρόμιο του Νεκροταφείου και να ανέβεις με τα ασανσέρ επάνω! Ή ακόμα και με άλλον τρόπο που θα διαλέξεις εσύ. Δεν είναι αυτή μια παντοτινή αλλοκοσμική ανταμοιβή;

- Πρόκειται για ένα θαύμα της Τεχνολογίας, πετιέται ο Κοντοπρόκας. Ένα απ' τα θαύματα του Γκάφη μου! Μόνο εμείς οι τέσσερις μπορούμε να το διαβάσουμε. Εμείς και τα μηχανήματα στα σημεία μεταγωγής! Οι υπόλοιποι, άνθρωποι, πτώματα, άγγελοι και διάβολοι βλέπουν μόνο λευκές σελίδες... Δεν είναι θαύμα, κι ας μην το έκανα εγώ;

Το παίρνω στα χέρια μου. Η έκπληξη που μου επιφύλασσαν είναι παραπάνω από ευχάριστη, είναι διαβολικά θεϊκή! Ένα τέτοιο διαβατήριο με φέρνει στο Νο.2 σε αυτόν τον Κόσμο και ποιός ξέρει; Ίσως κάποτε μου ανοίξει και τον δρόμο για το Νο.1, να γίνω *και* Θεός *και* Διάβολος, ο Απόλυτος Κυρίαρχος ΟΛΩΝ των Κόσμων! Όχι, δεν είμαι μεγαλομανής! Με την αξία μου τα πέτυχα όλα αυτά, όλα μου αξίζουν, όλα τα δικαιούμαι εγώ!

Ασυναίσθητα έχω βάλει την παλάμη μου ανάμεσα στα κουμπιά του σακκακιού μου στο στήθος και τους κοιτάω κορδωμένος. Αισθάνομαι σαν να αλλάζει και η φορεσιά μου, σαν να φοράω τώρα ένα μυστήριο λοξό καπέλο με κρόσια. Η χαρά μου όμως είναι πολύ μεγάλη, ακτινοβολεί κι αντανακλάται στα χαμόγελά τους!

- Δηλαδή μπορώ να ξαναγυρίσω πίσω; Δεν βρίσκω λόγια να σας ευχαριστήσω!

- Βεβαίως! λέει η Βεελζεμπούλ. Από δω και πέρα μπορείς να πας να ζήσεις ή να πεθάνεις όπου θέλεις κι όσες φορές θέλεις! Το ασημένιο διαβατήριο είναι το ανώτερο! Για εσάς. Εμείς οι δύο έχουμε χρυσό. Μόνο εμείς...

- *«Αυτό θα το δούμε...»* καταπνίγω μια σκέψη...

Δείχνει τον Λιλιπούπολη-Κίνγκ που λάμπει ολόκληρος, τα λαμπατέρ αναβοσβήνουν γιορταστικά και τα σαλιγκαρομουστάκια του ανοιγοκλείνουν χαρούμενα σαν ντουντούκες...

- Πάντως θα θέλαμε να σε βλέπουμε κι εδώ κάτω. Εκτός απ' τις ιδέες σου, μας άρεσε τελικά και η παρέα σου...

Γελάμε και οι τρεις, εκτονώνοντας λίγο την ατμόσφαιρα. Η χρυσόσκονη απ' τα στήθια της διαχέεται στο δωμάτιο...

Όμως η κεντρική ερώτηση με βασανίζει ακόμα, αφού έχει αποκτήσει στις παρούσες συνθήκες ιδιαίτερη βαρύτητα!

Δεν κρατιέμαι, θα την κάνω.

- Μια χαρά σας βλέπω τους δυο σας! Συναντιόσαστε συχνά για να σκαρώνετε τις σκανταλιές σας σαν συνεταιράκια;

- Μπα, όχι! λέει ο Τρισπίθαμος. Την τελευταία φορά που είχαμε ξαναβρεθεί, έπρεπε να μοιράσουμε τους νεκρούς του Δευτέρου Παγκοσμίου Πολέμου. Μαλώσαμε...

Η Βεελζεμπούλ σοβαρεύει. Με κοιτάει έντονα.

- Μάλλον δυσκολεύεσαι να καταλάβεις ότι ουσιαστικά είμαστε το ίδιο πράγμα. Είμαστε οι δυο όψεις του ίδιου νομίσματος. Κάνουμε την ίδια δουλειά, αλλά με διαφορετικές μεθόδους, με διαμετρικά αντίθετες μεθόδους, αν θέλεις.

Πετιέται ο Περίληψης και συμπληρώνει.

- Δεν έχει νόημα να συναντιόμαστε, αφού δεν συμφωνούμε ποτέ. Εσύ σήμερα είσαι απλά η εξαίρεση που επιβεβαιώνει τον κανόνα. Το σύστημα δουλεύει καλύτερα όταν δουλεύουμε ξεχωριστά, αφού πορευόμαστε σε παράλληλους δρόμους. Κάτι σαν τις ράγες του σιδηρόδρομου που πάνε στην ίδια κατεύθυνση, χωρίς να συναντιούνται ποτέ. Κάποιοι αρχαίοι εκεί πάνω έλεγαν ότι «ουδέν κακόν αμιγές καλού». Και τούμπαλιν, θα 'λεγα εγώ...

- Είμαστε ινκόγκνιτο εδώ τώρα... προσθέτει η Βεελζεμπούλ. Αλλά μάλλον ήρθε η ώρα να του δίνουμε, δεν έχουμε τίποτα άλλο να κάνουμε εδώ...

- Ναι, σήμερα συμφωνήσαμε για σένα! επαναλαμβάνει ο Μπασμένος, κοιτώντας με πάντα μέσα απ' το διπλό περισκόπιό του. Αλλά τώρα πρέπει πράγματι να φύγουμε, πολύ κάτσαμε... Άντε, σου ευχόμαστε καλή σύνταξη, τώρα που την κέρδισες με τον ιδρώτα σου...

Μου σφίγγουν θερμά το χέρι κι εξαφανίζονται βιαστικά στις δύο αντίθετες πόρτες του δωματίου. Παραμένει η χρυσόσκονη να αιωρείται αιθέρια και να κατακάθεται αργά στους ώμους μου, δημιουργώντας μου μια περίεργη ταραχή...

Συνέρχομαι όμως γρήγορα. Είμαι μόνος! Μόνος με την ατέλειωτη χαρά μου και το νέο ασημένιο διαβατήριό μου! Όλοι οι Κόσμοι είναι πλέον ανοικτοί για μένα! Στοίχημα ότι ο Μανόλο ο παντογνώστης δεν ξέρει καν ότι υπάρχει τέτοιο πράγμα! Τέλος πάντων, να η ευκαιρία να πάω ξανά στον Πάνω Κόσμο να δω πώς έχουν εξελιχθεί εντωμεταξύ τα πράγματα. Δεν λέω, καλό το ρατκέν, αλλά με το καραμελόζουμο ανδρωθήκαμε, τι στο καλό, να μην πιώ ένα στην υγειά μου;

Βγαίνω γρήγορα απ' την αίθουσα και τρέχω προς τα γκισέ εισιτηρίων.

- Ένα εισιτήριο γρήγορα για το αεροδρόμιο του Νεκροταφείου!, φωνάζω στη σαστισμένη υπάλληλο που κοιτάει με περιέργεια έναν αναψοκοκκινισμένο, παλαβό τύπο ντυμένο σαν τον Μεγάλο Παντολέοντα, αρωματισμένο και πασπαλισμένο με χρυσόσκονη να της κουνάει ένα βιβλιαράκι με λευκές σελίδες...

Ένα φινάλε αλλιώτικο απ' τα άλλα

Ε! Ποιος με χτυπάει μπάτσες; Ζαλίζομαι, άστε με να κοιμηθώ!

Θολές φιγούρες πηγαινοέρχονται, μια μυρωδιά περίεργη, αλλόκοτη, λαχανοντολμάδες βράζουνε ή ξέχασαν να θάψουν τον παππού; Κλείνω σφιχτά τα μάτια μου προσπαθώντας να μην ξυπνήσω ακόμα. Μια φωνή πλάι μου.

- Εντάξει, επανέρχεται...

- Κύριε Ζαχαρία, με ακούτε; Μπορείτε να ξυπνήσετε, είσαστε πια σε καλή κατάσταση.

Άσπρες μπλούζες! Μυρωδιά απολύμανσης είναι! Πέντε έξι φάτσες γύρω μου, είμαι ξαπλωμένος και με κοιτάνε. Γιατροί είναι;

- Είμαι ο χειρούργος Χάμπιναλ Λόκτορ. Σας έβγαλα τη σφαίρα που ευτυχώς είχε σφηνωθεί επιπόλαια. Μείνατε έναν μήνα στην εντατική, αλλά τώρα περάσατε τον κίνδυνο! Σε δέκα μέρες θα ξαναγυρίσετε σπίτι σας!

- Φτού! μου ξεφεύγει. Φτού που να πάρει! Ποιος σου είπε βρε απόβρασμα της κοινωνίας να με αναστήσεις;

Υποθέτω πως είμαι ο πιο αγενής κι αχάριστος ασθενής που υπήρξε ποτέ!... Σκασίλα μου! Ο γιατρός συνοφρυώνεται.

- Άμα επιμείνετε λίγο ακόμα, μπορώ να σας την ξαναφυτέψω! μου λέει με θιγμένο ύφος, θυμωμένος. Να φέρω το πιστόλι μου;

- Μπα, τώρα ό,τι έγινε, έγινε! Ασ' το, την άλλη φορά!
- Σκοπεύετε να ξαναπυροβοληθείτε;
- Πού ξέρεις καμιά φορά; Μπορεί να είναι καλύτερα...
- Πάντως, για να μην μπαίνετε στον κόπο, μπορώ να το κάνω κι εγώ! Ό,τι ώρα θέλετε...

Με τα λόγια αυτά ο χειρούργος, βαθύτατα προσβεβλημένος, μου γυρνάει την πλάτη και βγαίνει περήφανα απ' τον θάλαμο, ακολουθούμενος απ' τους παρατρεχάμενούς του. Η τελευταία νοσοκόμα, μια όμορφη ξανθούλα, σταματάει στην πόρτα και γυρνάει προς το μέρος μου. Βάζει το μεσαίο δάχτυλο στο στόμα της και το σαλιώνει παθιάρικα, λικνιζόμενη σαν γάτα σε οργασμό. Όμως σοβαρεύεται απότομα, τεντώνεται και μου το κοτσάρει όρθιο, με προτεταμένο το χέρι της προς εμένα...

Αφήνω έναν αναστεναγμό. Δεν είμαι σίγουρος αν είναι ανακούφισης ή απελπισίας...

***

Είμαι πάλι ζωντανός! Κι έχω επιστρέψει σπίτι μου! Όλη η περιπέτειά μου δηλαδή στον Κάτω Κόσμο ήταν απλά ένας κακόγουστος εφιάλτης! Όλα ήταν ένα απατηλό, σαδιστικό όνειρο και η πανανθρώπινη απορία για το τι μας περιμένει, παραμένει ακόμα αναπάντητη. Για δες βρε παιδί μου, πάνω που νόμιζα ότι έλυσα το αίνιγμα της Ζωής και του Θανάτου, έρχεται ο Μεγάλος Άγνωστος Φαρσέρ να μου τα ανατρέψει όλα!

Θλίψη είναι το μόνο συναίσθημα που με κατακλύζει πια. Δεν θέλω να κάνω τίποτα, δεν θέλω να δω κανέναν, αποσύρομαι στο σπίτι μου και διπλοκλειδώνω την πόρτα. Δεν θέλω να ξανακούσω κουβέντα για ΤΙΠΟΤΑ! Θέλω να ζήσω όπως στις διαφημίσεις: να καταναλώνω τα υπέροχα προϊόντα που διεισδύουν απ' τους πόρους μου παραβιάζοντας την ύπαρξή μου, έτσι ώστε να παραμείνω για πάντα νέος, ωραίος, ευτυχισμένος, όλο χαμόγελο! Αφήστε με ήσυχο!

Μόνο να μπορούσα να ξανανιώσω, για μια στιγμή έστω, εκείνη την αιθέρια αύρα της και να ξαναδώ εκείνα τα φωτεινά λαμπατέρ να γυρίζουν χαρούμενα μέσα στις γυάλες τους!...

Το μόνο καλό στην περίπτωσή μου είναι ότι τουλάχιστον η Κυβέρνηση μου έβγαλε σύνταξη. Με αναγνώρισε σαν αθώο θύμα πολέμου, οπότε εγώ μπορώ πλέον να υλοποιήσω την απόφασή μου να την αράξω για να απολαύσω τα τελευταία μου χρόνια χωρίς άλλες σκοτούρες. Ποιος ξέρει τι με περιμένει όταν έρθει η ώρα μου. Πάνω που είχα βρει την απάντηση! ΚΩΛΟΖΩΗ, όλο φάρσες είσαι! Καλύτερα να πεθάνω! Να ξαναπεθάνω...

Πάω να φτιάξω καραμελόζουμο. Έχω βρει μια καινούρια μάρκα, τη RedCow, που κυκλοφόρησε μετά το σκάνδαλο που κόντεψε να μας βάλει σε πόλεμο. Ανταγωνίζεται, λέει, το RedOx με μια γεύση πιο δυναμική που υπόσχεται να μας κρατήσει για πάντα νέους! Άσε που περιέχει, λένε, βουβαλίνη, μια ουσία που σε δυναμώνει δυό φορές περισσότερο απ' το RedOx...

Έχω ανάψει το τζάκι αφού έξω λυσσομανάει το χειμωνιάτικο χιόνι, ενώ στο στερεοφωνικό παίζει η αγαπημένη μου μουσική, heavy metal που με ηρεμεί. Ένα ρομαντικό, ήσυχο και όλο θαλπωρή βράδυ είναι ακριβώς αυτό που χρειάζομαι τώρα...

***

Χτυπάει η πόρτα! Καλά δεν είπα να με αφήσετε ήσυχο; Ποιος &$%@^$!@& είναι πάλι;

Ανοίγω νευριασμένος. Ένας χλωμός νεαρός με καλοχτενισμένο μαλλί και κοντομάνικο μέσα στο καταχείμωνο, μου χαμογελάει τουρτουρίζοντας, λικνιζόμενος με φιδίσια χάρη από πόδι σε πόδι, έχοντας πλεγμένα τα ντελικάτα και περιποιημένα χεράκια του γύρω από ένα σακίδιο που το κρατάει σφιχτά στην αγκαλιά του. Δεν φοράει μπουφάν ούτε χειμωνιάτικα ρούχα, φαίνεται σαν να έχει έρθει κατ' ευθείαν απ' τους τροπικούς...

- Γειά σου, μου λέει με εμφανώς επιτηδευμένο γυναικείο νάζι, παρά το ελαφρύ χτύπημα των δοντιών του. Είμαι ο Bolly Bee...

Τον κοιτάω περίεργα, με μισό μάτι. Το καλό που του θέλω είναι να πάει παραπέρα να παγώσει, δεν θέλω απρόσκλητους επισκέπτες τώρα...

- Ή, αν προτιμάς, η Τουκ-Τούκ!

Μένω άγαλμα!

- Με ανακάλυψαν αμέσως την τελευταία φορά που σε έμπασα παράνομα στον Παράδεισο, θυμάσαι; Με πήραν στο "γραφείο" και με απείλησαν με δυσμενή μετάθεση στην Κόλαση. Άρχισα να κλαίω, οπότε ο Boss τα χρειάστηκε! Λίγο πριν πλημμυρίσουμε και πνιγούμε όλοι, δέχτηκε τελικά την επιθυμία μου να με ξαποστείλει σε σένα. Μου επέτρεψε να ανοίξω την τελευταία μου πύλη. Και να 'μαι!

Μου χαμογελάει. Ανοίγει νευρικά το σακίδιο. Βγάζει τα στρογγυλά γυαλάκια και τα φοράει. Αδέξια, του ξαναπέφτουν μέσα. Ψάχνει λίγο ακόμα άγαρμπα.

- Να! Ο Ρόζα σου στέλνει κι αυτό το σάλι. Τα ξανάφιαξε, ξέρεις, με τον Γολιάχ, χι χι χι....

Παραμένω μαρμαρωμένος, αλλά δεν είναι απ' το κρύο. Ο νεαρός συνεχίζει να ψάχνει με το χέρι του άτσαλα μέσα στον σάκο.

- Μου είπαν να σου δώσω κι αυτό! Κάποιος Μανόλο απ' το Κπεμάκ. Το βρήκε, λέει, στο δωμάτιό σου, αλλά έχει μόνο το όνομά σου επάνω, οι άλλες σελίδες είναι λευκές...

Το ασημένιο διαβατήριό μου!

ΤΕΛΟΣ

Ο δρ. Φρίξος Κλάρας είναι λίγο ...φευγάτος.

Έχει κάτι περίεργες εμμονές με διάφορες πτυχές της ζωής μας, όπως για παράδειγμα με τα θρησκευτικά θέματα που θεωρεί ότι μάλλον μπερδεύουν τους ανθρώπους παρά τους υποστηρίζουν, με τα διάφορα κοινωνικά στερεότυπα που θεωρεί ότι μάλλον προσβάλλουν παρά προβάλλουν την προσωπικότητα (ιδιαίτερα της γυναίκας), όπως επίσης και με τα τεχνολογικά θέματα που θεωρεί ότι μάλλον σκλαβώνουν παρά απελευθερώνουν το δυναμικό της ανθρώπινης ευφυίας. Και με άλλα πολλά, κάτι για τον καπιταλισμό ψελλίζει, κάτι για τη διαφθορά μουρμουρίζει...

Όμως κάθε φορά που προσπαθεί να μιλήσει για τέτοια πράγματα, τον παίρνουν με τις λεμονόκουπες, οπότε κι αυτός άρχισε να τα λέει ...αλληγορικά.

Κάπου μάλιστα πήρε το αυτί του ότι οι σουρεαλιστές συγγραφείς θεωρούνται ψώνια και κατά συνέπεια δικαιούνται να λένε ό,τι τους κατέβει αφού κανείς δεν τους παίρνει στα σοβαρά, οπότε αποφάσισε κι αυτός να γράψει με αυτόν τον τρόπο ένα ανεκδιήγητο (που δεν το έχει διηγηθεί άλλος δηλαδή) και αναθεματισμένο (με ταξινομημένα τα θέματά του αλλιώς δηλαδή) κείμενο που ή θα το πετάξει κανείς στο τζάκι του στις δυο πρώτες σελίδες ή θα το λατρέψει μέχρι την τελευταία...

Άβυσος η ψυχή του ανθρώπου, σου λέω!

(- "Ποιανού, ρε; Του συγγραφέα ή του αναγνώστη;"
- "Εεεε... Και πού να ξέρω εγώ;;!...")